予測不能の時代

データが明かす新たな生き方、企業、そして幸せ

矢野和男
株式会社日立製作所フェロー／株式会社ハピネスプラネットCEO

草思社

まえがき

我々は、大きな変化の中にいる。

2020年に起きた新型コロナウイルスの感染拡大は、我々の生活も経済活動も大きく変えた。

このウイルスの中国での感染が報道された後でさえ、その後の展開は、ほとんどの人の予測とは、大きく異なったのが実情であろう。

このような予測不能な変化は、この感染症の件に限らない。今世紀に入ってからでも、同時多発テロ、リーマンショック、東日本大震災、イスラム国の台頭、北朝鮮問題、イギリスのEU離脱、豪雨災害の頻発など、どれ一つとっても、それ以前には予測不能で、それでいて、ビジネス、経済、エネルギー、政策などに大きな影響を与えた。

もともと、世界は、予測不能に変化しているのである。特に、ヒトモノカネがグローバルかつネットワーク状に相互依存を強める中で、変化はますます加速する。一国で生じた変化は、グローバルにネットワーク化された相互依存の網を通して、世界を揺さぶる。

我々は、「予測不能の時代」にいる。

これについて、ドラッカーは、印象的なことを書いている。


われわれは未来について、二つのことしか知らない。一つは、未来は知りえない、二つは、未来は、今日存在するものとも今日予測するものとも違う。

（P・F・ドラッカー『創造する経営者』上田惇生訳）[1]

予測もできない未来に備え、今日何をすべきかこそが、ビジネスであり、人生である。

しかし、それでも我々は未来が予測可能と考えがちだ。未来が、過去の延長線上にあると考えてしまうのである。たとえば、広く使われているPDCA（計画・実施・評価・対処＝Plan-Do-Check-Act）という考え方は、未来が過去の延長線上にあることを前提にしている。このために、予測に基づいた計画が可能だと考え、その予測との乖離を修正するのである。もしも、この世が予測不能ならば、計画からの乖離を修正するPDCAはそもそも意味を失う。

未来が予測可能で過去の延長線上にあるという考えは、データや人工知能の意義にも大いに関係する。現代は、人工知能（AI）やデータの時代といわれ、多くの人が、データを大量に集めれば、AIを使って未来の予測がある程度できると期待している。そのような能力のAIを持つかどうかが、企業や国家の浮沈に強い影響を与えると考えている。そして、データ量に勝る国が、AIの技術力でも適用力でも圧倒的に有利だといわれている。

実は、いくら過去のデータを大量に集めても、AI技術が進歩しても、未来が予測不能なことは何も変わらない。未来は、過去のデータをいくら大量に集めても、原理的に予測はできない。未来が予測可能で過去の延長線上にあるという、人の淡い期待は原理的に間違っている。一種の錬金術のようなものであり、その期待は、常に裏切られる運命にあり、前記の議論も的外れなのである。

本書のテーマはシンプルである。

そろそろ頭を切り替えて「未来は予測不能」であることを前提に、あらゆることを考え直そう、というものだ。ビジネスも、人生も、社会や経済の判断も、この「予測不能」を前提にするとどうなるか。


私は、人間・組織・社会行動に関する大量のデータを過去15年以上にわたり収集、解析してきた。データはのべ1000万人日を超え、計測した対象の組織には、小売、製造業、IT企業、コールセンタ、病院、学校、役所まで多様な業種が含まれ、さらに営業、企画、人事、エンジニア、研究開発までの幅広い業務が含まれる。

その中で見えてきた新たな人間や組織に関する知見を、2014年に拙著『データの見えざる手：ウエアラブルセンサが明かす人間・組織・社会の法則』[2]に綴った。お陰様で、望外の多数の読者を得た。これにより、いかに多くの人々が、個人の経験談を越えた、現実のデータに基づく人間や社会の真実を知りたいと思っているかを実感した。

前著から6年あまりを経て、本書を書こうと思ったきっかけは、「予測不能にいかに向き合うか」に対し、この大量のデータと解析結果が、再び大いに威力を発揮するからだ。

我々がデータを収集したどの組織も、それぞれに異なる変化の中にあったはずだ。その中でも、変化にうまく適応できている組織もあれば、適応できていない組織もあった。活性化し幸せな組織も、そうでない組織もあった。

我々は、このような多様で変化する組織において、人の無意識の行動や人間関係のパターンをデータにより客観的に捉えてきた。

もちろん、いくら大量のデータを収集し、解析したとしても、それで急速に変化する世界の未来を予測することはできない。しかし、効果的に変化と闘い、適応している人や組織に共通する特徴が、人間の行動や関係性のデータに隠されている可能性は高いと思われた。人間行動や人間関係に表れる無意識のパターンは、生物種としてのヒトの本能に基づくため、変化に適応できる組織に見られるパターンがあれば、それは普遍的で、今後も変わらないものだろう。

このような理由から、本能的で無意識な人間行動や人間関係の客観データを活用すれば、「予測不能な変化にいかに向き合うべきか」を論ずることができると考えたのだ。

大事なのは、予測不能であっても、打つ手がないわけではないことだ。むしろ、必ずあるといえる。予測不能な変化に向き合う主体は、常に人であり、人が互いに協力・対立しあう組織や社会である。社会的な存在である人類にふさわしい、予測不能な変化への向き合い方がある。

そして、予測不能と闘う道具こそが、個々人の生き方であり、企業のマネジメントであり、データやAIである。本書が明らかにするその方法は、過去の延長線上に未来を位置づけた従来の組織論や、経験則による判断や行動とは、まったく異なるものだ。

この鍵となるのが「幸せ」だ。変化への適応を求めるときこそ、変わらないものを知ることが一層大事になる。それが「幸せ」である。人が幸せを求めることは仏陀、孔子、ソクラテスの時代から現代にいたるまで、何も変わらない。本書では一貫して「予測不能な時代の幸せな生き方、企業、社会とはどのようなものか」を問う。

本書が、変化に立ち向かい、変化を機会に変えるすべての人にとって、何かの参考になれば著者として望外の幸せである。

2021年3月

矢野和男

目次

第2章　新たな幸せの姿　53

第5章 変化に向き合うマネジメント 163

第7章 格差の本質 225

第8章 予測不能な人生を生きる 263

リストバンド型と名札型のウエアラブル端末。

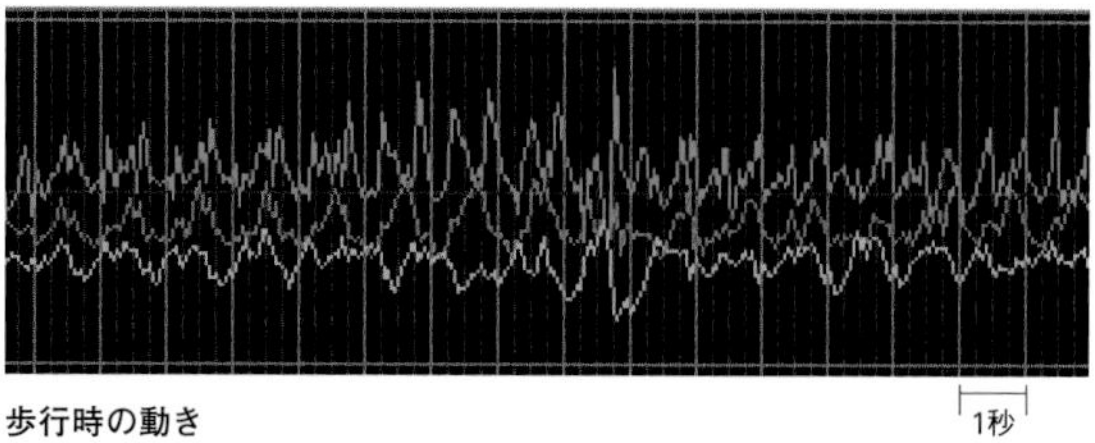

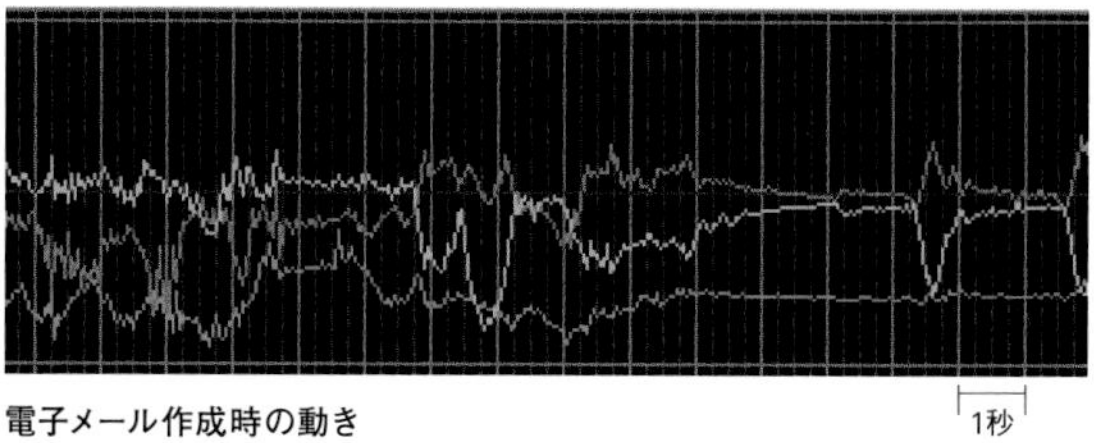

口絵1　歩行時と電子メールを読み書きしているときの三次元の加速度波形。

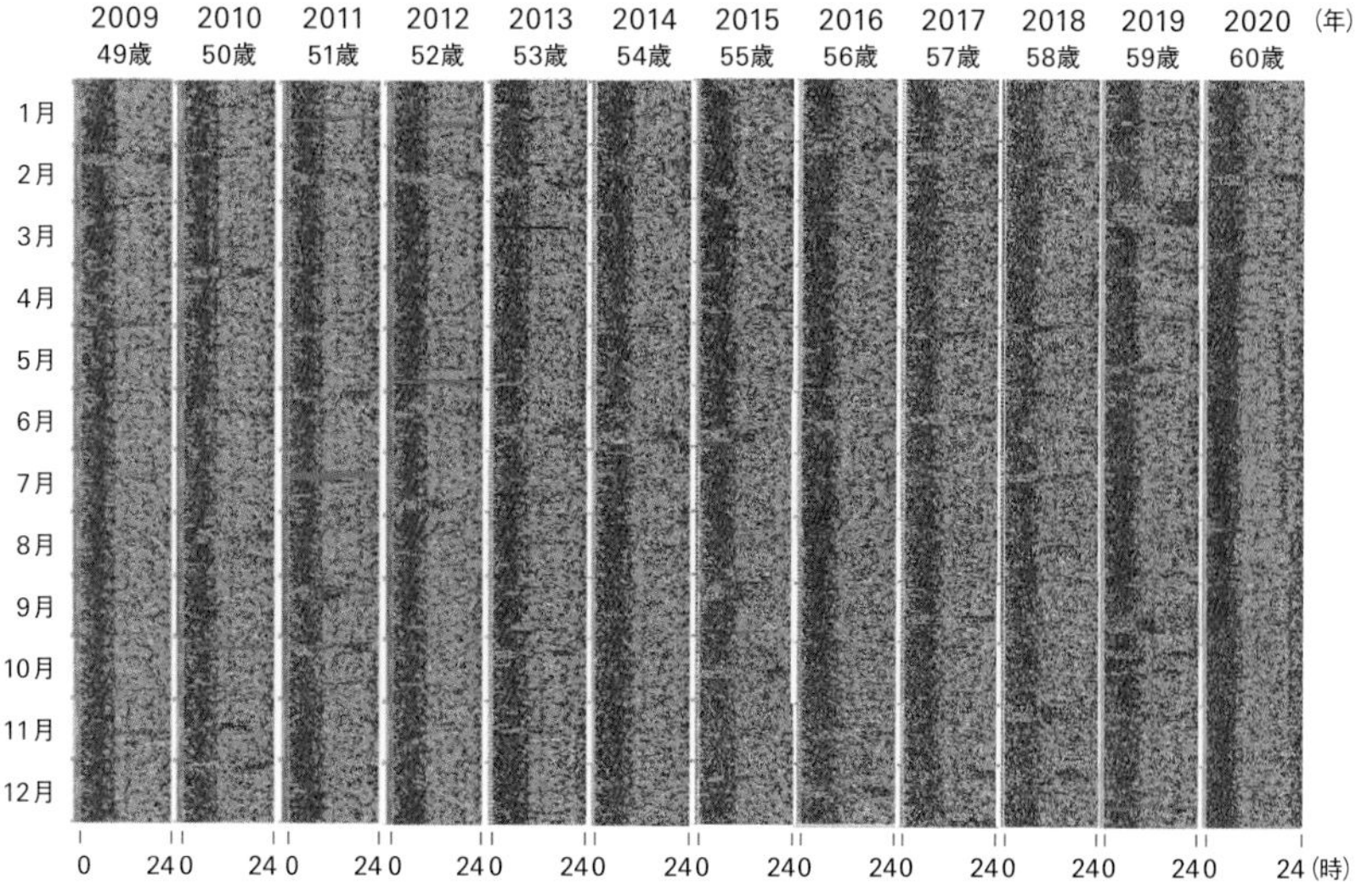

口絵2 (a)　ライフタペストリ（著者の12年分）。横軸が24時間で、縦軸が1月から12月までの1年を示す。身体（左腕）の動きの活発さを赤（活発）から青（静止）までの色で表現した。海外出張のときには、時差によって夜中に活発に身体が動いており、日中に睡眠（静止）のパターンが見える。

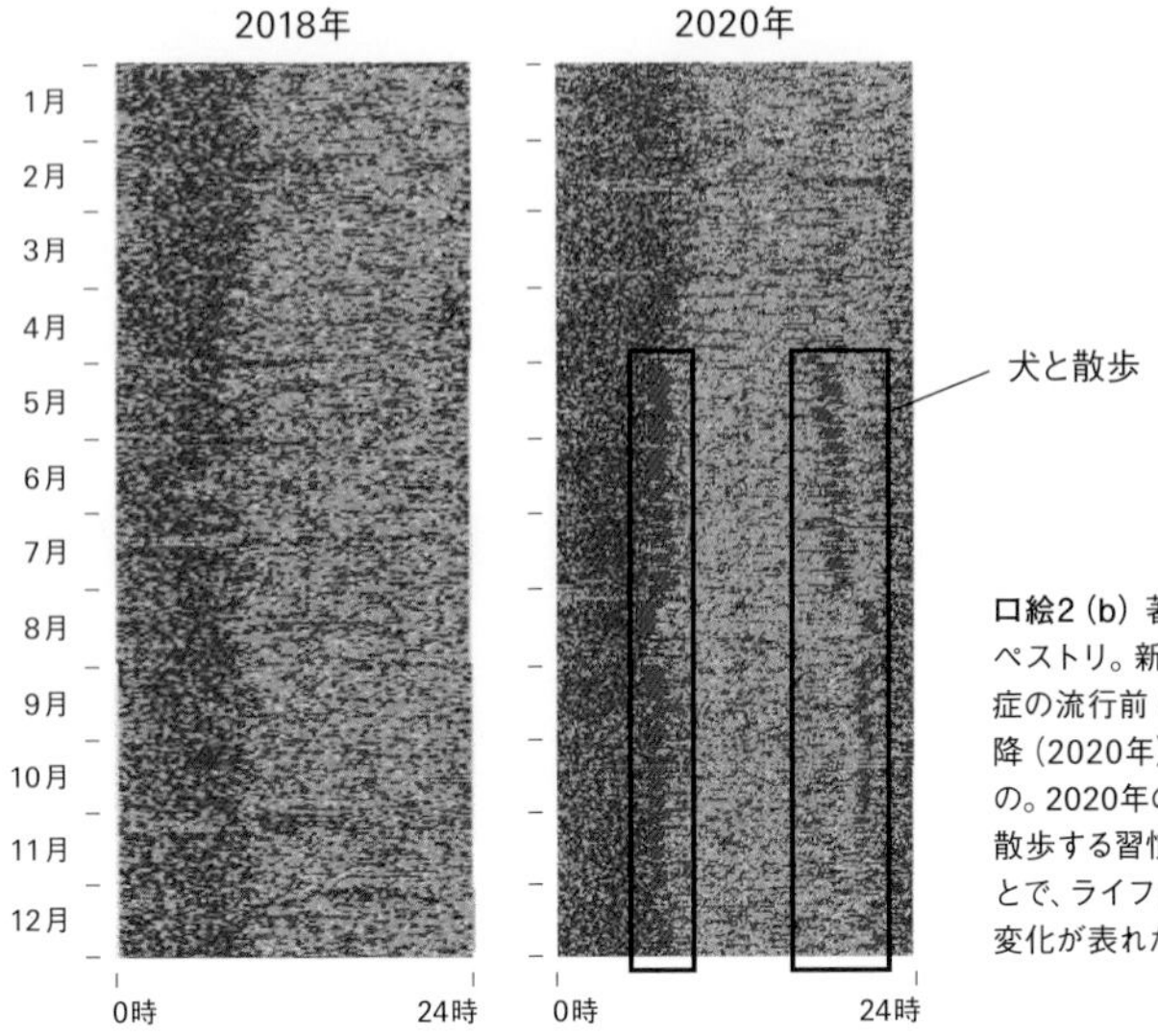

口絵2 (b) 著者のライフタペストリ。新型コロナ感染症の流行前（2018年）と以降（2020年）を比較したもの。2020年の途中から犬と散歩する習慣が加わったことで、ライフタペストリにも変化が表れた。

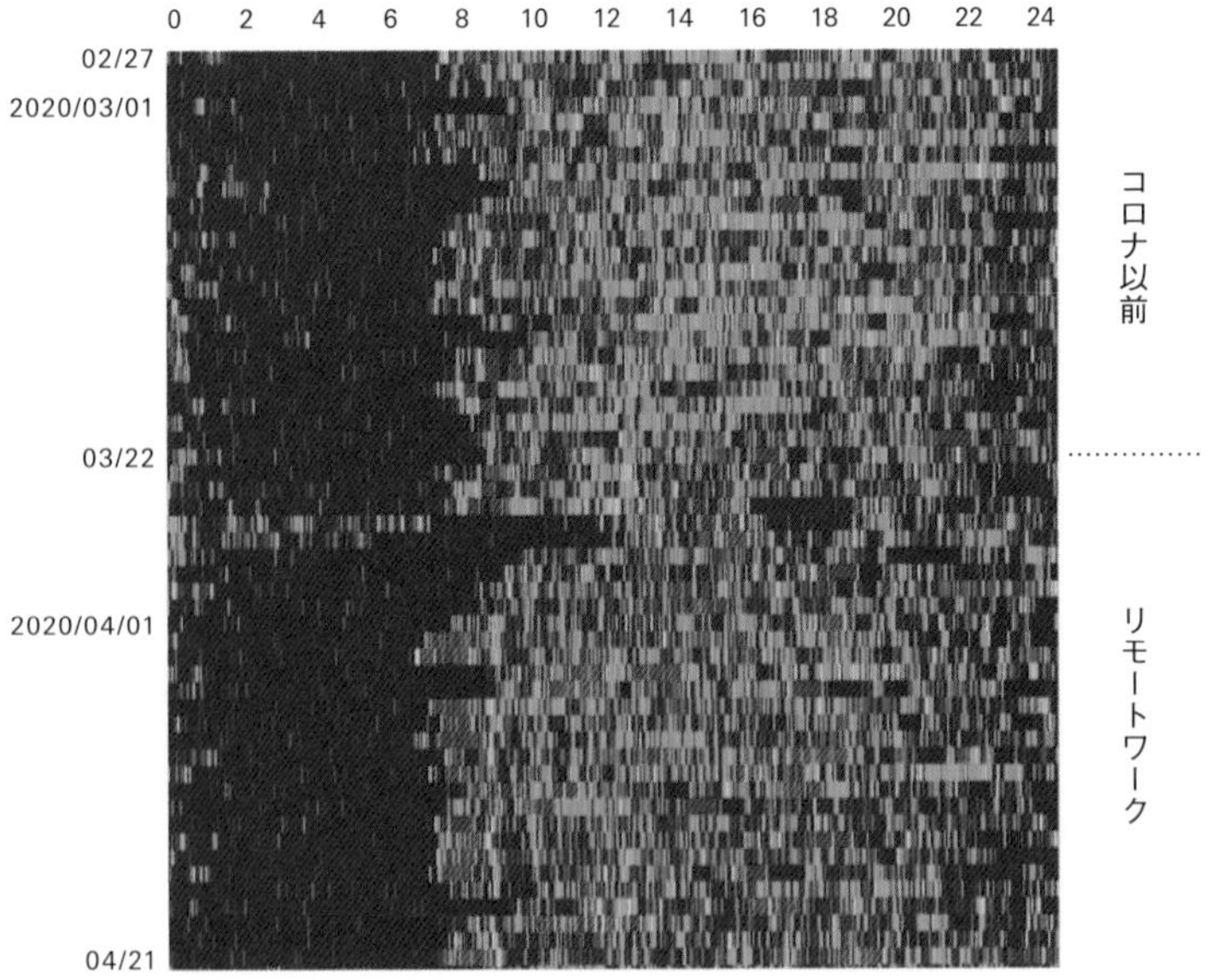

口絵2 (c) 著者のライフタペストリ拡大版。粒度は1分間。新型コロナ感染症の流行前と、感染拡大によりリモートワークが始まってからを比較した。リモートワークでは、日中に静止（青）が増えていることが見てとれる。

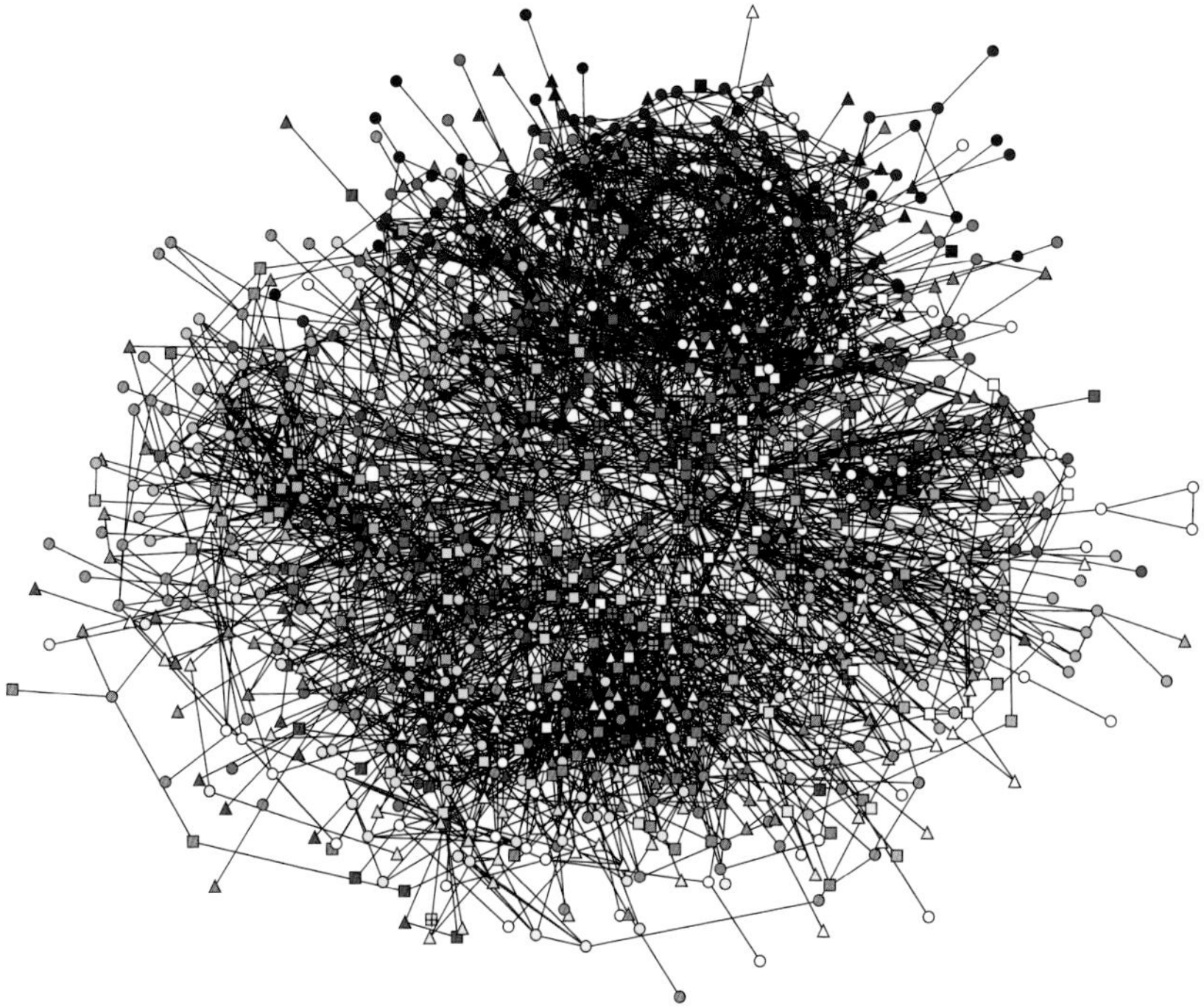

口絵3　製造業における約1500人分のソーシャルグラフ（設計、生産管理、総務などの部署を含む）。人をノード（○や△、□など）によって表し、対面によるコミュニケーションのある人どうしを線で結んだ。組織全体の中心的な人は図の中央に、周辺的な人は図の周辺部に配置されるようにしている。

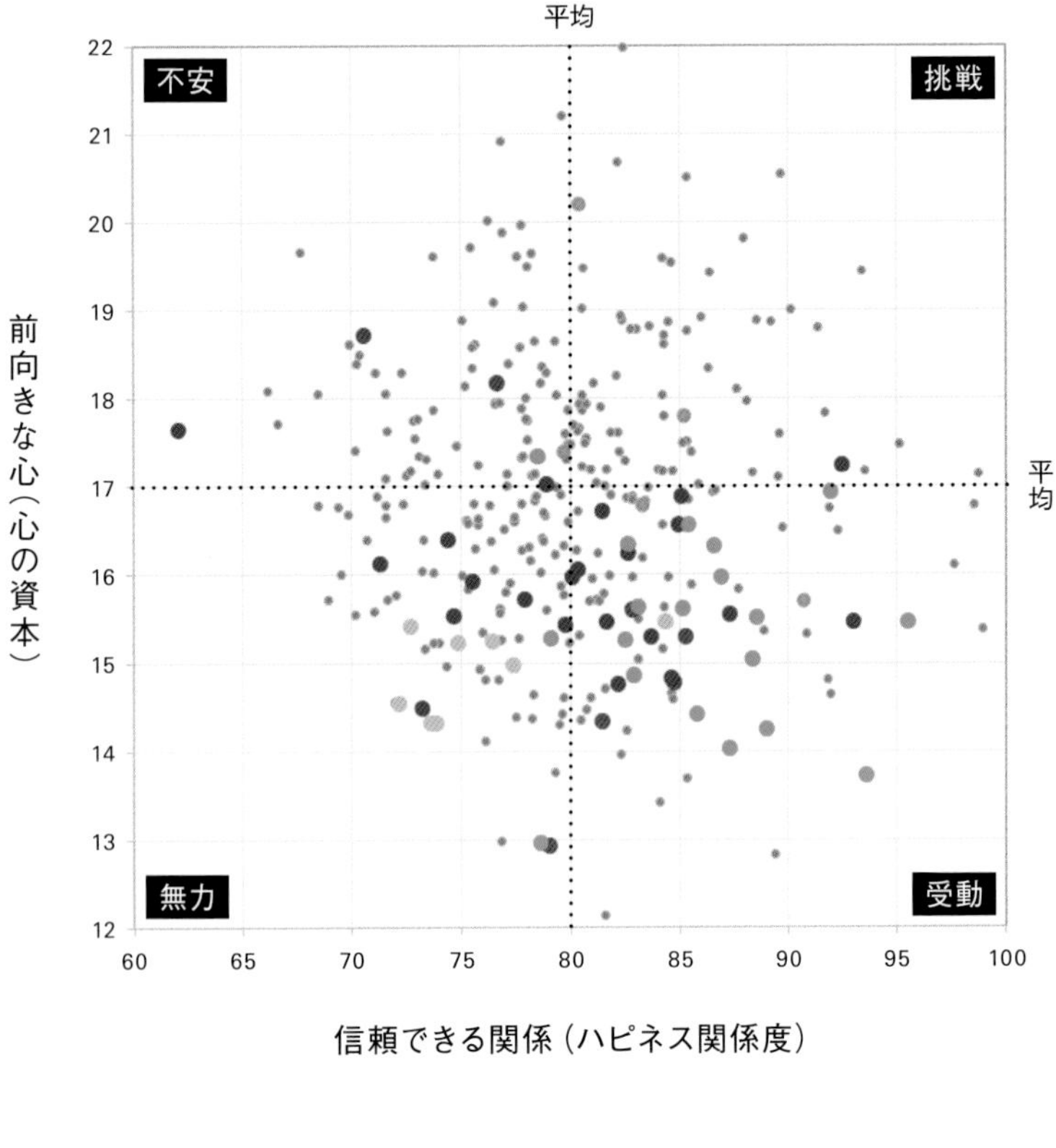

口絵4　組織のレントゲン写真としての人的資本マップ。横軸の「ハピネス関係度」はスマートフォンを3時間装着してもらいアプリで計測。縦軸の「心の資本」は質問紙に答えてもらうことで計測する。グラフ中の灰色の点は、ベンチマークとして測定した83社のデータで、ここから一般的な組織の平均やばらつきの大きさを評価した。色つきの点は、色ごとに異なる5社の測定例。同色の複数の点は、異なる部署のデータである。

第1章

予測不能な変化に立ち向かう

変化への適応を阻む組織の構造

経営や社会を独自の視点から観察し、組織や経営に関する基本概念の多くを生み出したのが、ピーター・ファーディナンド・ドラッカー（1909-2005）である。ドラッカーは未来について重要かつ印象的なことを書いている（重要なので再掲する）。

われわれは未来について、二つのことしか知らない。一つは、未来は知りえない、二つは、未来は、今日存在するものとも今日予測するものとも違う。

（『創造する経営者』上田惇生訳[1]）

この『創造する経営者』は、経営に関する最も有名な書籍の一つなので、この一節を読んだ人はそれなりにいるであろう。未来に関する本質を鋭く表現した言葉に「さすがドラッカー」と感心した人も少なくないことと思う。

実際、今世紀に入ってからも毎年のように、事前にはとうてい予測不能な形で、大規模な災害や経済危機やテロやパンデミックが起きている。まさにドラッカーの書いていることは、実績上はまったく疑いようがない。

しかし問題は、このドラッカーが指摘し、実績上も疑いのないことを、正面から受け取っている人や組織がまったくないことである。少なくとも私が知る限り、企業も政府も役所も、ドラッカーの言葉を前提としたシステムにはなっていない。

企業、政府、役所が、今も基盤にしているのは、真逆な前提である。

「ある程度は、未来は知り得る。だから既に知っている情報やデータを的確に使えば予測や計画が可能である」

すなわち、実態としては、ドラッカーの指摘も否定し、確かに予測不能であった過去の実績をも真っ向から無視する前提を置いて、今も活動しているのだ。そして、この誤謬は、将来に向けた投資をはじめ、さまざまな判断を大きく歪めているのである。

誰でもわかることがある。予測不能な変化の中で大事なことは、変化に柔軟に適応することである。逆に、最もやってはいけないことは、それまでやってきたことにこだわって、変化を無視することである。

「そんなこといわれなくともわかっている」というかもしれない。だが、現実には、前記の間違った前提を基本に置いた組織となっているため、状況に適応できず、結果として変化を無視していることの方が多い。

組織の変化への適応を阻む構造は、根深く存在している。以下にそれを具体的に指摘しよう。

「ルール」という罠

状況への柔軟な適応を阻むのが、ルールである。

ルールは、通常、過去に起きた問題が再び生じることを避けるために制定されている。ルールを決めて守ることは、その意味で、過去に起きた悲劇や不具合を避けるためなので、通常はよいことと思われている。まったくの無法地帯に比べれば、ルールで統治されている状態は、確かによりよい状態といえる。

しかし、世界が予測不能であることを前提にすると、ルールの負の側面がクローズアップされてくる。ルールは、過去の経験に基づいてつくられる。しかし、予測不能に状況が変化すると、そのルールを制定したときには想定していなかった状況が、次々に起こる。そして、ルールに従うことは、多くの場合、その変化する状況に適応せず、変化を無視することを強いる結果になってしまうのである。

このルールの持つ硬直性や、適応を阻む特性には、根の深い理由がある。ルールとは、元をたどればただの言葉だ。ただの言葉に力を持たせるために存在しているのが、体制であり、体制に与えられる権力である。国家であれば、法律というただの言葉を守らせるために警察や裁判所などに権力が与えられている。そして、権力を使えば、人を監獄に入れることすら可能になる。この一見強く見える権力は、元をたどれば、ルールというただの言葉に力を持たせるという必要性から生じているのだ。

この強力な権力構造が、恣意的に勝手なことができてはもちろん困る。逆にいえば、体制や権力は、元のルールの言葉に忠実である必要がある。状況が変わっても、恣意的に解釈を変えたりしては困るわけである。

ルールがただの言葉に過ぎないという弱さゆえに、それに実体を与える体制とその権力には強さがともなう。ルールが必然的に持つこの権力との結びつきのために、ルールを否定するような行動や発言は、通常、しにくいようになっているし、体制そのものもルールに従って動くよう強い圧力を受ける。

だから、ルールは必ず硬直的になるのである。

硬直的というのは、状況が変化しても柔軟に合わせられない、ということだ。

ルールをちゃんと守る、というのは、一面よいことのようだが、予測不能な変化や複雑な多様性に向き合うときには、むしろマイナス面が目立つようになる。

過去の経験に基づいて変化や多様性を考慮せずにつくられたルールと、それを支える権力の構造が、むしろ弊害となるのである。ルールを守ることを正義として、使命感を持って進めている人や組織があることも、硬直化をもたらす。どんな理由であれ、ルールを破るのは難しい構造になっているのである。

私の知人にアメリカで大学教授をやっている女性がいる。彼女のお母さんが発作で倒れたときのことだ。彼女は、一刻も早くお母さんを病院に連れて行くべく、自家用車で病院に向かった。ところが、無情にも赤信号の交差点に差し掛かった。その交差点には、ほかの自動車も歩行者もいない。彼女は意を決し、赤信号を無視して車を進め、お母さんの命を助けようとした。もちろん、これはルール違反だ。しかし、命を助けるための行動である。

交通ルールはもともと交通事故から命を守るために設定されたものである。ところが、もともと命を守るために設定された交通ルールが、このように人の命を奪いかねないということも生じる。

このようなジレンマは物語に取りあげられることも多く、古典的にはミュージカルや映画にもなった『レ・ミゼラブル』が有名である。主人公のジャン・バルジャンは、飢えで苦しむ子供を助けるために、ひとかけらのパンを盗み、その罪で19年間を監獄で過ごした。その後も執拗にジャベールという警官に追われるという物語だ。ここでのテーマが、人の命を助けるための状況への適応と、ルールとの対立である。

「計画」という罠

ルールに加えて、予測不能な世界への柔軟な適応を阻むのが「計画」である。

企業でも、国や省庁でも、何かを行うには資金が必要だ。その「何か」を行うためのものとして、認可された資金が予算である。野放図に公金を使われてはもちろん困る。このために、企業でも役所でも、予算は「計画」に基づき執行されることが前提になっている。

この「計画」が、変化する世界の中では、ルールと同じようにネガティブな効果をもたらすのである。「計画に従って予算を執行すること」それ自体が、一種のルールだからである。ここにもルールが変化への対応にもたらす負の側面が、すべて現れる。

計画を推進すれば、計画を立案した段階では見えなかった課題や機会が見えてくる。同時に、環境は常に変化する。当初の計画が現実に合わなくなることも当然起こる。このようにして計画変更が必要になることが、例外的事象であるならば、その時点での例外的な対処として、修正を行えばよいかもしれない。しかし、実際には、世界は予測不能なので、計画と現実は乖離するのが常態だ。修正は例外的に仕方なく、消極的に行われるべきものではなく、それどころか、変化へ適応するためにやることを進化させることこそが、最も重要な仕事なのである。

しかし、計画を統制する立場の人たちがまず気にするのは、「計画通り進捗しているか」である。世界が予測不能であることを正しく前提としていれば、最も気にすべきは、「現実と合わなくなった計画にアクションを起こしているか」だ。にもかかわらず、計画通りであることがよいことで、そうでないのは悪いことのように誤って方向付けしてしまうのだ。

「標準化と横展開」という罠

このルールや計画とともに、予測不能への適応を阻むのが、「標準化と横展開」である。

仕事のノウハウを、担当者に属人的にならないように言語化して標準化し、その標準化した方法に従業員を従わせることで、効率よく仕事ができるようする。これをすべての現場に広く展開するのである。

これは、生産性向上の基本として、広く日本企業に浸透している。なぜなら、高度経済成長からジャパン・アズ・ナンバーワンへいたる戦後の日本の躍進に、標準化と横展開が大きく寄与してきたからだ。このため、標準化と横展開は、多くの日本企業では今でも、業務のあるべき姿として、よいことの代表として扱われている。

日本に限らず、標準化と横展開は、20世紀の世界の生産性向上に大きく向上してきた。その元祖は、アメリカの技術者であり経営学者でもある、フレデリック・ウインスロー・テイラー（1856―1915）の「科学的管理法」だ。テイラーは、鉄鋼所においてショベル作業を徹底的に研究した。そこでテイラーが行ったのは、仕事を細かなプロセスに分解することである。そして、それぞれのプロセスを見れば、無駄な作業やより短時間に改善できる作業を発見できる。その結果、導き出されたあるべき各プロセスを標準化し、すべての労働者がその標準に従うよう徹底させる。これにより、一見、ベテランにしかできないように見えた仕事を、経験の浅い人でもある程度の品質で行うことが可能になった。

これは今となっては、当然のことのように見える。しかし、当時は、親方と弟子のような関係を通して、長年の関係と経験によって、対象となる業務に関する技術を磨くのが普通だった。

この過程で仕事の誇りを高め、熟練者は経験の浅い人を指導することにより社会的な立場を得ていた。この価値観は、前記のテイラーの方法とまったく相容れなかった。そのために、多くの反発を受けた。

しかし、このテイラーの科学的管理法は、20世紀に幅広い業務に展開されていった。あらゆる業務やサービスにおいて、業務をプロセスに分解して標準化し、マニュアルを作り、これに沿ってすべての人が業務を行うことが広まった。プロセスを検討するときには、無駄を省き、効率性を追求することが最優先された。

20世紀の後半には、これをさらに徹底する手段として、コンピュータが活用された。コンピュータは、プログラムを書けば、手順通りに大量のデータを処理し、出力することができた。まずは、経理処理で活用され、さらにこれが、企業のあらゆる活動に拡大し、受注、調達、生産、在庫管理、出荷、人事などのあらゆる業務プロセスの把握と自動化に活用されるようになった。ここでもテイラーの考え方に沿って、業務をプロセスに分解し、かつ標準化し、その標準プロセスごとの状態や動きをコンピュータが記録し、管理するようになった。その結果、20世紀には年率3・5%で生産性は向上し、全体で生産性は50倍になった。

しかし、この「標準化と横展開」も、予測不能な状況の中ではむしろマイナスの側面の方が目立ってきている。それは、この業務ノウハウを、標準化し、横展開するために、ルールを使うからだ。ルールの負の側面が、標準化と横展開にも現れるのである。

標準化と横展開を徹底するために、多くの場合、専門組織がつくられる。そして、この標準化や横展開が進むように、企業はルールをつくる。ルールによって、標準化したプロセスを徹底できるようにするのだ。たとえば業務プロセスが効率化のための標準化に従っているかチェックやレビューをしたり、品質・セキュリティ・安全・法令などの標準に適合しているかチェックしたりするルールをつくり、これにより、標準化した業務ノウハウを一律に徹底できるようにするのである。

ところが、予測不能な変化の下では、標準化したときの前提を超える状況が次々に起きる。このとき、仕事を成功させ、成果を出すためには、状況に合わせて柔軟に適応する判断が必要となるが、業務を統制するルールの存在がこれを阻む。というのも、状況に合わせて、標準化した仕組みを守らなくてよい、というなら、標準化の意味がなくなってしまうからである。いつでも、都合よく柔軟に変えていいなら、標準化の意味はない。

従って、標準化と横展開は、必ず組織と業務を硬直的にする。そして予測不能なこの世界では、状況が変化しているのに、従来のやり方を変えないことこそが、最もやってはいけないことなのだ。

今でも、標準化や横展開が大事な場面は沢山ある。しかし、負の側面もたびたび目立つようになってきている。残念ながら、日本企業は、まだ標準化と横展開をよいこととばかり考え、その負の側面に正面から向き合っていない。それはある意味で信仰に近いかもしれない。過去にうまくいった日本のモノづくりの強みを活かしたい、という思いもあって、この標準化と横展開への素朴な信仰によるマインドコントロールから逃れられないのである。

「内部統制」という罠

さらに、これらの仕事の硬直化をさらに進めているのが、企業にコンプライアンスを含めた内部統制が求められるようになったことである。コンプライアンスや内部統制という概念には恐ろしい面がある。なぜか。

これに違反すると、企業の中で、一種の犯罪を行ったように扱われるからだ。このために、内部統制はあらゆることに優先して扱われることになりがちだ。恐ろしいことに、事業の成功、安全、従業員の幸せ、企業の明るい未来づくりより優先されてしまうのである。「いやいや、コンプライアンスも内部統制も、まさに事業の成功、安全、従業員の幸せ、企業の明るい未来づくりを可能にするためにつくられたものだ」という人もあるだろう。しかし、神様でもない人間が事前に考えたこと(ルール)では対応できない、予測不能な状況が必ず起きる。むしろ変化する状況に正面から立ち向かう人を苦しめる制約になってしまうのである。

このように、ルール、計画、標準化と横展開、内部統制はすべて人と組織を硬直化し、予測不能な変化への適応を阻むように働くのである。

それでは、我々はどうすればよいのか。

基本はまず、世界は予測不能ということをあらゆる判断の前提とすることだ。

そして、従来よかれと思ってきた、ルールや計画、さらに標準化と横展開や内部統制には、マイナスの面があることを皆で認め、この共通認識を持つことである。ルールや計画、標準化と横展開や内部統制がいらなくなるわけではない。どれも組織の運営に必要なことだ。しかし、これらを適用するには注意が必要で、変化する状況を考慮することが大事だと共有しなければならない。これを企業や組織のあらゆるところで、発信し、啓蒙すべきだ。繰り返し、意識づける必要がある。

しかし、これだけでは足りない。否定することだけでは未来は創れない。

予測不能を前提にしたときに、あるべき仕事の仕方とはどのようなものであろうか。

生産性向上はなぜ重要なのか

予測不能に立ち向かう原則を論ずる前に、そもそも現在の予測不能な状況がもたらされた構造を歴史的に論じたい。ドラッカーは、1999年に

二〇世紀の偉業は、製造業における肉体労働の生産性を五〇倍に上げたことである。続く二一世紀に期待される偉業は、知識労働の生産性を、同じように大幅に引き上げることである。

と書いている（『明日を支配するもの』[2]）。

このドラッカーの主張のポイントは2つある。1つ目は、21世紀の労働は、20世紀の労働とは質的に違うし、生産性向上の方法も異なるということだ。2つ目は、生産性を上げることは20世紀も21世紀も変わらず、今後も偉業と呼ぶに値する重要度を持つということだ。

生産性の向上は、社会の富の源泉である。社会に富をもたらす方法は、生産性向上以外にない。これ以外には、地球が長年蓄積してきた資源を搾取することしかない。

この生産性という概念ほど、その重要性に比べて、過小評価されていることはない。誤解されているのは「生産性を上げることは、企業にとってはよいことだが、労働者にとっては、望ましくはない（すなわち、仕事がきつくなる）」と捉えられていることである。

生産性というのは、働く人一人一人が生み出した付加価値のことだ。ここで、付加価値というのは、仕事の結果、得た売上から、仕入れにかかった費用を引いたものである。単純化すれば「いくら儲かったか」ということだと言い換えられる。たとえば、1000円で仕入れた物品を1500円で売ったら、その活動は500円の付加価値を生み出したことになる。別の例では、ある作業を誰かの代わりにやってあげて、作業のコストに1000円かかり、相手から1500円もらったら、そのサービス（役務提供）は500円の付加価値を生み出したことになる。

「やはりしょせん、もっと働いて金儲けせよということか」と思った方もあるかもしれない。それは、ことの一面しか見ていない。この物品の販売やサービスを、買い手の側から見てみよう。

買い手は、自分ではつくることも、直接仕入れることもできない品物を手に入れ、自分ではやりたくないこと（あるいはやる時間のないこと）を代わりに他の人にやってもらえた。別に自分がほしくないものを手に入れたわけではない（誰にも求められてもいないものを勝手に生産して在庫を積み上げるのは、生産とはいえない。付加価値を生み出していないからである）。この人は、まさに手にしたいモノを手にし、代わりにやってほしいことをやってもらったのである。

人間は、自分一人でできることは限られる。その限界を超えて、社会があなたのためにモノやサービスを提供したわけである。これは、生活や人生が豊かになったということだ。これが「生産」の本質である。

ここで重要なことは、働き手が1人あたり生産する量と、受け手が1人あたり受けられるこのような物品やサービスの量との関係である。世の中全体で平均すれば、1人あたりのこの2つの量は等しい。仮に、すべての人が、働き手でもあり受け手でもあるとすれば、平均すれば、1人あたりが生産した分だけ、1人あたりでサービスを受けられることになる。だから、あなたが、より豊かな生活をしようとすれば、この社会全体で生産性を上げるのが、唯一の方法なのである。

我々は、ともすれば、自分が豊かになるには、他から奪う必要があると考えがちである。これは、富の総量が一定で、その取り合いをしていると考えてしまうからだ。たとえば、日本が豊かになるためには、輸出によって外貨を稼ぐ（外国から国内にお金を移す）必要があると素朴に考えてしまう。実際には、富は、国内だけでも生産性の向上によって増やせる。世界全体でも増やせるし、増やすべきなのだ。

それこそが、20世紀に大規模に起きたことだった。輸出が大きく伸びた日本の高度成長時代においてさえ、成長の原動力は、国内の需要とそれに応えるための生産性の向上だった。[3] 今、先進国と呼ばれている国々では、この生産性革命によって生産性が50倍も向上して、生活が50倍豊かになった（豊かなサービスや物品を享受できるようになった）のである。[2]

ここで論じたのは、1人あたりの平均的な豊かさであり富である。各人の配分は平均とは異なる。これは分配の問題だ。社会の中の富や資源を、どのように分配するべきかという問題は別にある。これは別途、第7章で論じたい。

生産性向上はなぜ行き詰まったか

この生産性向上が行き詰まっている。これを明確に示しているのが、世界の長期金利が低下しているという事実だ。日本では、2016年2月に日本銀行（日銀）がマイナス金利の導入を決めた。マイナス金利とは、銀行が日銀にお金を預けると、目減りしていくということである。

金利とは、「将来時点における資金の、現在時点における相対的な価格」（ウィキペディア）である。簡単にいえば、お金を何らかの形で運用したり、投資したりすることにより、将来にお金をどれほど増やせると期待が持てるかを示している。お金を設備や人に投資すると、ある割合で増えることが客観的・合理的に期待されるのであれば、お金を貸す側は、その「ある割合」の期待値の一部を、金利として返済金額に上乗せして請求できる。金利が低いということは、手持ちの100万円が、将来100万円を超えて、より大きなお金になる期待が、客観的・合理的に考えて低いことを意味している。

金利が低いということは、「現金に対する需要が低い」ということでもある。金利とは現金を提供するサービスにおける「価格」でもある。もしも新たな事業活動により儲けられる期待があれば、企業は設備や開発に投資する。このためには現金が必要になる。すなわち、現金の需要が増える。需要が増加すれば、経済学の基本法則により、現金に対する「価格」である金利が上がるはずである。金利が低い今は、現金に対する需要が下がっている。これは、生産性の向上や事業投資への自信が、多くの企業から失われていることを表している。

なぜ企業は、投資したマネーが、将来より大きなマネーとして戻ってくることに自信が持てないのだろうか。マネーを投資することによって、企業は新たな製品やサービスを提供できるようになる。ところが、この製品やサービスを受ける顧客（あるいは需要）が、20世紀に比べ、格段に多様化し、かつ変化も激しくなっているのだ。

これには理由がある。20世紀の企業が提供してきた製品やサービスには、20世紀に固有の特徴があった。企業が提供してきたのは、第1に、水・電気・鉄道などの社会インフラを実現する製品・サービスである。第2に、ビル・家屋・エアコン・テレビ・電話などの家庭・職場のインフラを提供する製品やサービスである。さらに第3に、これらを生産するための製造設備や材料などの産業材を提供する製品やサービスである。これらはいずれも社会・生活・事業のインフラであったため、多くの人々や企業が、共通の製品やサービスを必要とした。このような時期には、前記のテイラー以来の標準化され、定型化された生産方法が大きな威力を発揮し、生産性を高めたのだった。これにより生まれた富により、「先進国」が生まれた。これらの富は従業員にも分配されたので、先進国には大量の経済的な中間層が生まれた。

この大量の中間層の発生が、マルクス主義が予期していなかったことだった。カール・ハインリッヒ・マルクス（1818–1883）は、資本家層と低所得者層の間に、際限のない格差が生まれ、階級対立が必然的に激化すると主著『共産党宣言』『資本論』で訴えた。20世紀の半ばまでは、知識人の多くは、マルクス主義の予測を明確に否定することができず、むしろ、マルクスの主張を好まない知識人でさえ、遅かれ早かれマルクスの予測は実現するのではないかと考えていた。それだけの思想的な影響力を持っていた。

しかし、前記の生産性の革命的な向上により、実際には、豊かな社会・生活インフラの恩恵を受けた多数の中間層が生じ、マルクスの予想は外れた。それを決定づけたのが１９８９年の「ベルリンの壁」の崩壊だった。

しかし、この１９８９年のベルリンの壁の崩壊は、テイラーの時代が終わる前触れでもあった。

豊かになった中間層は、既に、生活や職場の基本インフラ整備の要求が満たされている。だから、新たに求めるモノやサービスは、必然的に個人ごと・会社ごとの特性にあったものに多様化し、また移ろいやすく、一貫性を欠くようになっていった。そして、多様で変化しやすいものの生産においては、テイラーの方法では、生産性が向上しない。皮肉にも、中間層がより豊かになったことにより、中間層の出現を可能にした原理である、テイラー以来の標準化した働き方は否定されることになったのだ。働き方に抜本的な見直しが必要になったのである。

多様性と変化に対応するための４原則

多様で変化するニーズに応えるのはなぜ難しいのだろうか。それは量産効果が効きにくいためである。これは「スケールしない」とも呼ばれる。従来の生産性向上の基本原理は、業務を標準化し、その標準化されたプロセスを繰り返すことである。これにより、需要側の求める、ほどほどの品質要求に応えつつ、コストを抑えることができた。繰り返しの数が多くなり、長い期間その生産が続くほど、この仕組みに有利に働く。これは、担当者の技術が習熟する上に、技術や現場をよく理解した監督者やマネジャーを養成することが可能になるからだ。さらに、規模が大きければ、その規模に適したより大がかりで効率的な設備を導入することもコスト的に見合うようになる。これらの効果により、生産性が向上する。繰り返しの数が大きくなればなるほど、生産性が向上する。すなわち、スケールする。大きな利益が出る。

日本の高度成長の時代には、日本の各地に工場ができ、そこに、東北や九州などの地方から大量の若者が集団で列車に乗って就職した。3大都市圏では、毎年40万人もの人口増加が15年も続いた。実は、工場とは、標準化と横展開という枠組みの中で、事業に量産効果を持たせる、すなわち「スケールさせる」仕組みだった。

スケールすることで、安定して利益の出る事業が可能になり、貧しかった若者に、生活インフラ（住宅・テレビ・エアコン・電話など）を購入させ、家庭が持てる報酬を提供することができた。工場のまわりには従業員とその家族による需要が増加したので、いわゆる企業城下町ができた。これにより先進国の分厚い中間層が形成された[3]。

ところが、個人や会社ごとに、需要が多様化したり、変化しやすくなったりすると、この前提が満たされなくなる。少量多品種生産になるので規模は小さくなり、変化しやすいので長期間にわたって生産されることもなくなるからだ。数が少ないため業務の効率化を図る設備への投資もコストに見合わないケースが多くなる。同じ製品の生産期間が短いので、担当者は習熟することができなくなり、上司は自分では経験のない業務を行っている部下を管理しなければならなくなる。このために生産性が上がらなくなっている。

このように需要の多様性と変化に応えることは、21世紀社会の一大課題なのである。多様なニーズに応え、変化する需要や供給に対応しつつ、スケールする事業はできないのだろうか。

変化や多様性に立ち向かうには、これまでとはまったく異なる、以下の4つの原則に従うことが必要になる。

第1の原則　実験と学習を繰り返す
第2の原則　目的にこだわり、手段にはこだわらない
第3の原則　自己完結的な機動力を持たせる
第4の原則　「自律的で前向きな人」づくりに投資する

これを以下に一つずつ説明したい。

第1の原則：実験と学習

予測不能な変化に立ち向かう第1の原則は、「実験と学習」である。すなわち「やってみて、そこから学ぶ」ということだ。これを繰り返して、人も組織も進化し、成長していくのだ。

常に変化している状況では、過去の成功パターンを繰り返そうとするのは危険だ。ほしいも

のは人ごとに異なるし、同じ人でも、明日は違うものを欲している。このような多様で変化する需要には、頭で考えても、会議室で議論しても、やってみないとわからないことばかりだ。にもかかわらず、過去の成功パターンにこだわって、新しいことをやってみないのは、ただの怠慢である。野球に喩えれば、バッターボックスに立たずに、ベンチで作戦会議だけを行っていても勝てないということだ。

今後も、ルール、計画、標準化／横展開、そして内部統制は、もちろんなくならないし、なくすべきでもない。重要なのは、これらが存在することを前提に、これらのマイナス面を、実験と学習を通して打ち消すことである。

予測不能な変化の中で仕事の成果を出していくには、必然的に、ルールを廃棄し、上書きすることが必要になる。計画も廃棄し、上書きすることが必要になる。標準化した業務も時に廃棄し、新たに定義することが必要になる。

逆にいえば、ルール、計画、標準化された業務の廃棄や見直しが、高頻度で行われていない組織は、まず間違いなく、重要な変化を無視しているのであり、成果よりルールや計画や業務の標準化を優先しているのである。

しかし、既存の組織でルール・計画・標準化した業務の廃棄や見直しを行うのには大きな抵抗がある。従ってルールとの闘いに多大なエネルギーを取られることを覚悟する必要がある。これからの組織において、いい仕事をするには、これを避けるわけにはいかない。むしろ、これからのいい仕事とは、日々ルールや計画と闘うことである。

第2の原則：上位目的へのこだわり

この実験と学習を繰り返すには、その前提として、目的が必要だ。従って、予測不能な変化に立ち向かう第2の原則は、目的にコミットし、その実現のための手段は柔軟に変えられるようにしておくことである。

状況に合わせて手段を適切に、柔軟に変えるために、「実験と学習」が必要なのだ。「実験と学習」を続けるのは、目的と大義をよりよく達成する手段を探すためだ。一貫した上位の目的があるからこそ、仮に先が見えにくくとも、実験と学習を通して、道を見出し、前進できるのである。変化の中で手段にこだわると、生存基盤が危うくなるので、これは避けなければならない。

私は過去に大きな変化を経験し、これを実感したことがある。私は、会社に入って20年ほどは半導体の研究開発を担当した。ところが、勤めている会社（日立製作所）が半導体事業から撤退することになった。日立の半導体事業は、それまでの20年間、技術としてもビジネスとしても世界を引っ張る立場にあった。私もその一員として世界を股にかけて毎日充実感を持って仕事をしていた。それがわりと短期間のうちに、ナンバーワンの地位から転落どころか、撤退ということになった。でも、こうした例は別に珍しいものではない。未来はもともと不確実で、人生だってビジネスだって先は読めないものなのである。

そうした変化に対して強い人と弱い人、あるいは、強い企業と、弱い企業がある。両者を分けるのは何か、というのは大変重要な問いである。

変化が起きたときにうまくいかなくなるのは、変化する前の状況に適合していた「手段」にこだわっている場合だ。状況の変化が起きれば「最適な手段」も必然的に変わるからだ。逆に変化を前にしても影響を受けないのは、簡単には変わらない「目的」の達成にコミットしており、手段については柔軟性を持っている場合だ。コミットしているのは「目的」だから、状況に応じて「手段」は変わっても構わない。そう言い切れれば、感染症が拡がろうと、AI時代が来ようと来まいと、関係ないのである。

逆に手段にこだわっているままで変化が起きると、そのこだわっている手段は目的を実現するのに最適ではなくなる恐れがある。それまでの手段にこだわるほど打つ手が遅れ、状況は悪くなる。

私の場合は20年間、心血を注いできた分野やスキルなどの手段が一夜にして無になり（後から思うと、実は無にはなっておらず大部分がその後に活用できたのだが）、使えなくなることを経験した。

半導体は、コンピュータの部品であり、コンピュータを高性能化、小型化する手段である。さらにそのコンピュータも、ユーザーにさまざまな情報サービスを提供する手段である。

もし、半導体という手段ではなく、その目的であるコンピュータの高性能化にコミットしていたら、変化には強かったはずだ。さらに、コンピュータという手段を越えて、その目的である情報サービスやエンドユーザーの価値にコミットしていたら、さらに変化に強かったはずだ。変化の渦中にあって、こんなことを考えた。

実は、もっと遡って大学時代にも別の経験をしている。私はジャズサークルに在籍していて、その中でもそれなりに活躍するサックス奏者だった。ところがあるとき、自分では全然敵わない後輩が新人として入ってきて、「ああ、いくらサックスを上手に吹くことを追求したところで、もっと上手な人が出てきたら価値がなくなるんだ」と気づかされた。

しかしもし、いい音楽を届けて人を感動させることが自分の役割だと思っていて、その実現手段は、状況に合わせ柔軟に変えることを前提にしていたら、誰が入ってこようとも、手段が変わるだけで、自分の価値は変わらなかったはずだ。けれども、当時の私はサックスをうまく吹くという手段にこだわっていた。

こうしたいくつかの経験により、私は「手段にこだわると、変化に対して弱くなる」ことを学んだのである。そこで、これからは手段ではなく目的に、しかも、時代によって変わることのない、できる限り上位の目的にコミットしようと考えるようになったのだ。

そこで、どんな変化にも揺るがない最も上位の目的とは何だろうか、と考えた。それは「幸せ」だと思った。古代ギリシャ時代にアリストテレスは、その価値について、何の説明もいらない唯一のもの、すべての活動の目的が幸せだと論じた。「幸せのためにお金がほしいという文章はあるが、お金のために幸せがほしいとはいわない。従って幸せの方が上位である」と、『ニコマコス倫理学』というアリストテレスの有名な幸せの本に書かれている。つまり、最も揺るがない上位の目的、それを人類は「幸せ」と呼んでいるのである。

会社が半導体事業から撤退した後、今度はディスプレイだ、ハードディスクだとやっていたら、おそらくは何年後かにまた、同じように世の中の変化に翻弄されていただろうと思う。私はそうではなく、自分が心血注いだことが、予測不能に変化する世の中で一貫して役に立つ状態をつくりたかった。そのためには、より上位の目的からスタートする必要があるし、そのためのスキルやナレッジを持ち、チームをつくっていく必要があると考えたのである。この「予測不能」と「幸せ」との関係については、第2章と第3章で論じる。

第3の原則：自己完結的な機動力

第1、第2の原則に沿うと、大きな目的にこだわり、学習と実験を繰り返して、柔軟に手段を変えることになる。これを組織において可能にするためには、この実験と学習に関する判断ができる組織構造や判断権限が必要だ。

予測不能な変化に立ち向かう第3の原則は、組織に自己完結的な機動力を持たせることである。

アメリカには、陸軍、海軍、空軍の3軍のほかに、「海兵隊」が存在する。この海兵隊とは、上陸作戦の専門部隊である。上陸作戦を成功させるには、状況変化に適応し、柔軟に、そのときに必要なあらゆる手段を投入する必要がある。航空機で敵の後ろ側に回り込むことも必要だし、海からの砲撃も必要だし、陸上部隊による奇襲も必要である。これらを機動的に組み合わせ、統合的な判断を行い、しかも状況に適応して即興的に変更する必要がある。

このため、海兵隊は、陸軍、海軍、空軍のすべての要素を合わせ持ち、しかも、これらを統合して指揮する組織になっている。

陸海空の3軍が協力すれば論理的には同等なことができそうに思える。だが、実際には、それができないから海兵隊が存在している。予測不能に状況変化する上陸作戦の現場では、陸海空の3軍がそれぞれの思惑を持ちながら調整していては、間に合わないだけでなく、判断がぶれる。

海兵隊という統一的な指揮命令系統を持つことで、これらの異なる機能を統合できる。ある種の自己完結性、機動性が実現されるのである。この自己完結性と機動性こそが上陸作戦において最も重要な能力だから、米軍には海兵隊が存在しているのだ。

実は、予測不能な変化の中では、企業でも人生でも、この上陸作戦のような状態が日常的に起こる。毎日が上陸作戦になるということである。

事業活動における陸海空の3軍にあたるのは、マーケティング(M)、イノベーション(I)、デリバリー（D）の3つの機能（M―I―D）だ。マーケティングとは顧客が誰で、顧客の価値は何かを見出すこと。イノベーションとは、応えられていない顧客の要求に応える手段を確立すること。そして、デリバリーとは、これを納期や品質やコストなどを適切にして顧客に届けることである。加えて、顧客からのフィードバックに対し、これを再度マーケティング、イノベーション、デリバリーに反映することでもある。予測不能に変化する状況では、いくら調査や研究をしても、顧客に提供してみないとその真価はわからないことが多い。このマーケティング、イノベーション、デリバリーのM―I―Dサイクルが高速にまわることによって、状況変化に適応する力が生まれる。逆に、このM―I―Dサイクルを高速にまわすことができれば、予測不能な変化の中では圧倒的に有利である。

ところが、企業の中では、通常、この3つの機能は別の部門が担っている。いわゆる縦割り、あるいはサイロ化によって、機動力が持てない場合がほとんどだ。日々、上陸作戦のように機動性を求められているのに、いちいち、これら3つの部門間で調整が必要になるのが実情である。

これを解決する仕組みとして従来行われてきたのは、多様な機能部門から人材を集めたクロスファンクショナルなプロジェクトチームを結成することだった。しかし、これは残念ながらうまくいかない。これらの異なる機能部門の人材を統括し指揮する権限が、プロジェクトリーダーに与えられないことが多いためである。

たとえば、新しい人工知能のアイデアを事業化することを考えよう。プロジェクトチームには、事業部門出身のプロジェクトリーダー、開発元からの研究者、営業部門からのフロント人材などが参画することを想定しよう。このプロジェクトリーダーには、他の部門の出身者に対する人事権がないのが一般的である。従って、プロジェクトリーダーは人を選べないので、適切な人材を参加させられない。さらに出身部門の事情により、プロジェクトリーダーが望まない人の交代も起きる。実際、筆者が参画した新事業プロジェクトでは、優秀な人材ほど、やっと慣れて戦力になった頃に交代になることが多かった。これだけでプロジェクトの失敗は約束されたようなものである。

この事業部門、研究部門、営業部門のレポートラインを上にたどれば、社長で交わる。従って、社長がリーダーになれば、この権限に関する問題は解消する。しかし、まだ売上もない新技術の事業化プロジェクトについて、ある程度の規模の会社の社長が自らリーダーシップをとることはない。

唯一ありうるのは、社長から命を受けたプロジェクトリーダーが、社長の強いバックアップ下でチームをマネージすることであろう。しかし、この場合でも、チームメンバーにはそれぞれの出身部門に上司がいる。メンバーから見ると、プロジェクトリーダーの指示と、上司の指示のどちらを聞くのかを常に迫られることになる。そして、両者の優先度は重要な問題であればあるほど異なるのである。

従って、この新事業プロジェクトを成功させるには、プロジェクトチームという過渡的な組織としてではなく、社長直下の専任組織として推進する以外にない。社長は1人しかいない。従って、機動性を持ったこのような組織は、社長が直接見られる限られた数に制限されることになる。

このような組織は従来の機能別の組織をある面で壊さない限り不可能であり、それができなければ予測不能に立ち向かう組織は実現できない。このためには、必要な機能を持った人材をさまざまな部門から集結させ、各人に対する人事権を出身部門には持たせず、独立行政区のように、リーダーを中心にチームが迅速果敢に判断することが可能になるような手術が必要になる。

私は、本書で紹介する、人間の幸せに関するテクノロジーを事業化するのに、2020年7月、「株式会社ハピネスプラネット」という新会社を、さまざまな方々のご支援を受けて設立した。これは、この自己完結的な機動力を持った新事業を立ち上げるためである。

新事業の立ち上げと拡大は、いわば上陸作戦である。海兵隊のような機動力と柔軟な適応力が不可欠である。一方で、上陸部隊を孤立無援にさせてはいけない。そのために、新会社は、株主である日立の「出島」としてスタートしたのだ。すなわち、孤立無援の「離島」でもなく、大企業から地続きの「半島」でもなく、ちょうどよい距離にある「出島」の会社を創ろうと考えたのである。世界とオープンに、機動力を持って協創し新たな社会を創るための仕組みである。この大企業でもベンチャーでもない、「出島」という第3の形態は、経団連がソサエティ5・0に向けた日本の改革の手段として奨励している。

企業経営には、既存事業を守りそして伸ばすための仕組みと、前記のような機動力を持って次の成長の仕組みを創ることの両方が必要である。どちらかに偏ってはうまくいかない。しかし、この両者をバランスよく推進するのは容易ではない。企業の規模が大きくなるほど、その難易度が高まる。それでも、その二項対立を安易に割り切らず、困難に立ち向かうことこそが、今経営に強く求められるのである。

第4の原則：「前向きな人」づくりへの投資

以上の第1、第2、第3の原則をまとめると、予測不能な変化に立ち向かうには、大きな目的にこだわり、先が見えなくとも前向きに実験と学習の繰り返しによって、道を見つけ前進することが必要であり、これを可能にするには、当事者が自己完結的に機動的に判断できなければいけない。

そしてこれには、当然お金がかかる。従って、予測不能な変化に立ち向かう第4の原則は、自律的・機動的に判断できる人材を育成するための投資を積極的に行うことである。すなわち、「前向きな人」づくりに投資することである。

この第4の原則は、現実にはほとんど行われていない。

従来、企業における投資判断は、投資によって獲得する資産が、どれだけの財務的なリターンを生むかを問題にしてきた。ここで、投資によって獲得する資産とは、たとえば製造業であれば、工場や製造装置であった。サービス業では、店舗やサービス拠点やソフトウエアなどが代表だった。

ところが、予測不能な変化に立ち向かうための投資は、まったく性質が異なる。投資によって獲得できるのは、「人の経験」や「人の成長」である。その投資がなければ存在しなかった、より高度な判断ができる人という資産だ。しかも、困難に立ち向かってきた経験によって、先の見えない重要課題に対しても、前向きに道を見つけることのできる人である。

もちろん、実験と学習を通して覚醒し成長したこの人たちは、財務的なリターンを生む極めて重要な資産だ。このような人を生み出すのが、「前向きな人」づくりへの投資である。

しかし、従来型の投資判断では、普通、このような投資は認められない。従来型の投資判断で、投資によって獲得する資産として想定されるのは、工場やサービス拠点などのモノやハコの資産（いわゆる有形資産）か、ソフトウエアやプロダクトの設計図や知的財産権（特許や商標等）などの無形資産である。そして、これらがどれほど財務的なリターンを生むかを判断することが「投資判断」であると、一般に考えられてきた。

「人づくりに投資をする」ことで生まれる資産としての「人の成長」は、当然ながら有形資産でないだけでなく、無形資産にも通常含まれない。そうなると、投資判断の前提となる「生み出される資産」がないことになる。少なくとも、学習と実験を通した人の成長や経験は、あいまいすぎて、投資判断の対象にはならない。従って、このような投資は、現実には行われない。

変化の下で答えの明らかでない企業の重要課題に対して、より高度な判断や創造ができる人をつくることの重要性は疑いようがない。ある意味で最も重要なことかもしれない。しかし、これを可能にする仕組みが、通常の企業にはないのである。

経営者はたびたび「人こそが企業の資産」というような発言をする。しかし、現実の企業活動では、人という最重要な資産への投資は困難である。

これが、日本が停滞した大きな要因になっていると考える。

予測不能な変化に立ち向かうには、目の前の変化や課題に対処すること以外に、この４つの原則を、既存の企業の中で認めさせ、本来の仕事ができるようにする必要がある。

どう考えても、これは楽ではない。予測不能な時代への適応がうまくいくためには、前提としてまず、この「楽ではない」ことに常に前向きであることが必要なのである。

変化に強い組織と弱い組織の違い

成功した企業の創業期では、この4原則を守っていた企業が多いと思われる。なぜなら、創業期の会社では、予測不能な変化に必然的に向き合わざるを得ないからだ。まさに毎日が「上陸作戦」の状況だ。

ところが、企業が成功し、規模が大きくなり、社会的な責任も重くなってくると、不具合や失敗のダメージが大きくなる。また、創業期を知らない多数の従業員を動かすという新たな課題も現れてくる。

このため、多くの企業では、以下の4つの統制を導入してきた。

(1) 計画に従ってPDCA（計画・実施・評価・対処）をまわす
(2) 仕事を標準化し、横展開する
(3) 当事者が誤った判断を下すことを内部統制により防止する
(4) 従順な人を安く雇い、設備に投資する

既に本章で論じたように、(1)(2)(3)の「計画」「標準化と横展開」「内部統制」という統制は、必要なことではあるが、変化に立ち向かう場面では、よほど気をつけないとマイナスの側面が目立ってくる。変化への適応を阻むからだ。状況が変化しているのに、この(1)から(3)の統制は、過去と同じように仕事をすることを強いる面があるからである。

さらにこれらの統制によって、企業は「人づくり」や「人の成長」を投資の対象と認めなくなるだけでなく、(4)のように無限の可能性を持つ人を、代替可能な単なるコストとしてしか見なくなる危険性がある。

状況の変化に対応するとき、この4つの統制が一種の「呪い」のようになる。その意図はなくとも、結果として予測不能な変化へ立ち向かう4原則と、それによる組織の活力を、組織から駆逐してしまうのである。というのも、この4つの統制は、概して、状況などお構いなしに一律な適用を求める。そのために、「チェックリスト」「レビュー会議」をはじめとしたツールが組織内に整備されていく。ところが、状況の変化に適応するには、頻繁に方針や対応を変更することが必要になる。何かを変えるたびに、これらの時間や手間のかかる手続きが必要になるのでは、予測不能な変化に立ち向かうための適応力を結果として奪ってしまう。しかし一方で、大きな組織を動かすにはこれらは必要なツールでもある。この矛盾に正面から向き合う必要がある。

そして、進化論が明らかにしたように、変化への適応力こそが、その企業が持続的に存続するための最も重要な要件なのである。

一見、企業をリスクから守るために導入された4つの統制が、企業の最も重要な変化への適応力を奪い、その意図とは反対に企業の存続を脅かすのである。この予測不能な変化に前向きに行動する人については、第2章から第4章までで、詳しく述べたい。

4つの原則は個人にもあてはまる

以上の予測不能に立ち向かうための4つの原則は、個人レベルにおいてもあてはまる。

まず、第1、第2の原則である、実験と学習を継続することにより次々に起こる変化を機会に変え、上位目的にこだわり、その実現手段は柔軟に変更可能にすることは、人生においてもそのままの形で、日々行うべきことだ。

日々実験し、そこから学ぶことで、気づき、成長することができる。これにより、予測不能な変化に適応するとともに、柔軟に手段を変更することで、新たな人との信頼関係をつくり、新たなことに挑戦することができるのである。

そして、この実験と学習を日々継続するには、目指す目的や大義が必要だ。一貫して目的を追求し、状況が変わったときには、手段は柔軟に変えるのだ。実験と学習を繰り返すことで、変えるべきことに早く気づき、行動を早期に起こすのである。

一方、第3の原則「自己完結的な機動力を持たせる」とは、マーケティングとイノベーションとデリバリーを統合した迅速果敢な判断を可能にすることである。これは組織においては、必要な機能をクロスファンクショナルに集結し、出身部門から影響を受けない独立した迅速果敢な判断が可能な機動性のあるチームを構成することであった。

個人においても、マーケティングとイノベーションとデリバリーを統合した迅速果敢な判断の大事さは変わらない。ここで、個人の場合のマーケティングとは、広い意味での顧客（すなわち、自分の活動成果の受け手）のこれまで満たされていない価値を見出すことである。イノベーションとは、この顧客の満たされていない課題に対し、解決手段を生み出すことである。

そしてデリバリーとは、コストと品質と提供方法をコントロールして、顧客にこれを提供することである。

ただし、多くの人は従来、自分のできることの範囲を、会社における役職とその責任範囲で実現してきた。自己紹介を求められると、「私は、×××の事業開発を担当しています」「私は、×××に関する研究を担当しています」というような自己紹介をする人が多い。あくまでも会社が先にあり、会社の中での役割によって自己を規定しているのである。個人レベルで、マーケティング、イノベーション、デリバリーを統合した迅速果敢な判断ができるようにするという発想は、これまでの多くの社会人にはなかったと思う。

マーケティング、イノベーション、デリバリーを統合した迅速果敢な判断ができるということは、ある意味で、個人が独立した事業主になることに等しい。

このための実務における経験と幅広い人とのネットワークと、読書を含めた情報源が必要となる。これがあって初めて、自分一人で、いろいろなことが迅速果敢に判断できるようになる。

本章では予測不能に立ち向かうための4原則を明らかにした。予測不能な時代にうまくやっていくには、この4原則を実行に移す必要があるが、これは楽ではない。「楽ではない」ことに常に前向きであることが必要だ。人は、果たして、そのようなことに耐えられるのであろうか。

それこそが、次章のテーマ、新たな幸せの姿である。

第2章 新たな幸せの姿

変化への対応と幸せと大量のデータ

予測不能な変化に立ち向かい、いかに生きるべきか。これが本章と、続く第3章のテーマである。

答えはシンプルだ。それは、後に述べるように「人を幸せにすること」。ただし、このシンプルな答えの意味は深い。

変化に立ち向かい、いかに生きるべきか、という問いは、何千年にもわたる哲学や幸福論の中心テーマそのものだ。人類は、予測も制御もできない変化の中で、いかに幸せになれるのかを、常に問うてきた。古くは、ソクラテスやアリストテレスや孔子やシッダールタからニーチェ、ヒルティ、ラッセルまでがこの同じ問いを追求し、それぞれの答えを得た。ここでやりたいのは、この古くて、そして新しいテーマに、大量のデータの力を使って、新たな光を与えることである。

第1章でも述べたように、需要が多様で日々変化し、しかもリスクも予測不能な形で現れるこの世の中に、正面から向き合うにはどうすべきか。

あなたの仕事は変わらざるを得ない。予測不能な変化の中では、従来頼ってきたルールや計画という仕組みが頼りにならなくなる。それどころか、ルールや計画という仕組みのマイナスの側面がむしろ目立ってくる。

従って今後、あなたの仕事は、「大きな目的やミッションにこだわり、絶えざる実験と学習を通して道を見つけること」だ。そしてそのために、既存のルールや計画を廃棄し、上書きし、このような新しい形の仕事が持続できるような機動的な組織やネットワークを構築することである。

このような仕事は決して楽ではない。だから前向きな精神的エネルギーが必要だ。しかし、この仕事は、それに見合う、やりがいと成長とつながりと共感をともなうものである。これが実は「幸せ」の正体なのだ。

ポジティブ心理学の誕生と発展

ポジティブで幸せな心や前向きな行動に関しては、学問としても研究されており、この20年間に大きな発展があった。

このような学問分野は、心理学の一分野として1998年に始まった。それ以前の心理学は、精神の病に関する臨床医学と連携し、ノイローゼやうつ病など、人のネガティブな精神状態やその改善を研究することを中心テーマにしていた。

この状況を変え、人がもっとポジティブに、そして幸せになるための心理学を研究しようという提言が1998年に行われた。提唱者は、そのときちょうどアメリカ心理学会の会長に就任したマーティン・セリグマンと、人の充実感を長年にわたり研究してきたミハイ・チクセントミハイであった。

この新しい分野は「ポジティブ心理学」と呼ばれ、またたくまに拡大し、関連する組織行動学や経営学などを巻き込んで、大きな流れを形成するようになった。

私は、その中心人物と議論をしてみたいと思い立ち、2007年にクレアモント大学大学院のチクセントミハイ教授に飛び込みでメールを送って、直接お目にかかった。チクセントミハイ教授は大変気さくな方で、気軽にあっていただき、長時間議論をしていただいた（図2-1(a)）。

既に、そのときには、ポジティブ心理学は、アメリカの心理学会を中心にブームに近い盛り上がりを示していた。チクセントミハイ教授や共同研究者のジーン・ナカムラ氏も、予想を超えた盛り上がりと新規の研究者の参入に、驚いている雰囲気だった。我々は、後に紹介するウエアラブルセンサを活用した人の充実感に関する実験を教授と一緒に行ったり、人の充実した状態である「フロー状態」を身体運動から推定する実験に協力いただき、これに関する論文を大学での授業に活用していただいたりして、大変お世話になった。

その後、我々は、このチクセントミハイ教授以外にも、幸せの起源や幸せのための介入手法に関する第一人者である、カリフォルニア大学リバーサイド校のソニア・リュボミアスキー教授（図2-1(b)）や、ポジティブな組織行動の研究の第一人者である、ネブラスカ大学名誉教授のフレッド・ルーサンス教授（図2-1(c)）と直接コラボレーションを行い、共同で論文を書き、[1-3]

(a) 著者とミハイ・チクセントミハイ教授

(b) ソニア・リュボミアスキー教授と著者

(c) 著者とフレッド・ルーサンス教授

図2-1 共同研究を行ってきた教授たち。

この分野の発展に貢献するとともに、第一人者の知見を取り入れてきた。

「幸せな人は生産性が高い」という発見

この20年間あまりのポジティブ心理学やポジティブな組織行動の研究により、予測不能な変化の中での人や組織のよりよい状態に関して、重要な発見があった。幸せと仕事や健康の間にある、従来の常識を覆す因果関係を発見したのだ。

我々は、幸せと仕事や健康との関係について、「仕事がうまくいくと幸せになる」「健康だと幸せになりやすい」というふうに考えがちである。実は、研究が明らかにしたのは、因果関係はこれとは逆だということだった。「幸せだから、仕事がうまくいく」、すなわち、幸せにより生産性や創造性が高くなり、「幸せだと、病気になりにくく、なっても治りやすい」のだ。

研究によると、主観的に幸せな人（幸せだと感じている人）は、仕事のパフォーマンスが高い。具体的には、営業の生産性は30％程度高く、創造性では3倍も高い。さらに、同じく幸せな人は、健康で長寿で、結婚の成功率も高く、離職もしにくい。そして、幸せな人が多い会社は、そうでない会社よりも、1株あたりの利益が18％も高い。このようなエビデンスに基づく知見が続々と得られたのである。[4-6]

なぜ、幸せだと生産性が高まるのだろうか。この疑問への答えを示唆する、スマートフォンを用いて行われた大規模な実験がある。[7] 2万8000人の被験者がスマートフォンに実験用のアプリをインストールし、アプリからの指示に従うという実験を行ったのである。このアプリは、時折、「今、何をやっていますか」「今、どんなムードですか」という簡単な質問を被験者に聞いてくる。被験者は、約1か月間、この質問に答えた。

このように時々ランダムに不意打ち的に被験者に質問を行い、そのときのことを回答してもらう手法を、心理学では「経験抽出法（ESM＝Experience Sampling Method）」と呼ぶ。この手法は、ミハイ・チクセントミハイ教授が、人の充実感について研究するため開発した手法である。後から思い出して回答してもらう質問紙を用いる研究手法（後述）と比較し、生のその瞬間の経験の情報が得られるという特徴がある。

このスマートフォンを使った実験において、「ムードが低下している」と答えた人がそれから数時間の間に増やした行動が明らかになった。それはスポーツや散歩などの気晴らしになるような活動だった。これは、ある意味でわかりやすい結果である。

ところが、「いいムードです」と答えた人が、それから数時間のうちに増やした行動は、意外であるとともに大変示唆に富んでいた。実は、いいムードで幸せな人は、面白くなくても、やらなければいけない活動を増やしたのだ。しんどくても、面倒くさくても、やらなければいけないことを、より多く行うようになっていたのである。

仕事では、工夫をしたり、人に頭を下げたり、未経験のことに背伸びして挑戦できるかどうかで、結果は大きく異なってくる。主観的な幸福感やいいムードは、このような工夫や挑戦を行うための「原資」となる精神的なエネルギーを与えていたということだ。逆に、幸福感が低くなって、このような精神的なエネルギーや精神的原資が低下すると、気晴らしなどに時間を使うようになる。この場合、必然的に、しんどくて面倒なことは、先送りされる。

この実験の結果を解釈すると、それ以前の研究で指摘されていた「主観的に幸せな人は、仕事のパフォーマンスが高い」「幸せな人が多い会社は、1株あたりの利益が高い」ということの理由が見えてくる。幸せな人は、重要だが面倒で面白くない仕事を、労をいとわず行うことができる。このような仕事は、行き詰まった局面を打開したり、変化する状況に適応したりするのに役立ち、成果は大きい。一方、幸せでない人は、精神的な原資や精神的なエネルギーが足りないため、このような面倒な仕事になかなか手をつけられないのである。

ここから、予測不能な変化の中では、この精神的な原資があるかどうか、ひいては幸せであるかどうかが、仕事の成否に決定的な影響を与えるということがわかる。

再度書くが、あなたのこれからの仕事は、大きな目的やミッションにこだわり、絶えざる実験と学習を通して道を見つけ、既存のルールや計画を廃棄し、上書きすることである。しかし、あなたの前にはこれらを阻む人がいて障害となる。そのような人たちと必ず闘うことになる。これは決して楽な仕事ではないし、実行には精神的なエネルギーが必要である。

すなわち、予測不能な変化の中でいい仕事を行うには、幸せと、それを精神的な原資とする前向きな行動が必要なのだ。

技術が心理研究・人間行動研究を変える

先に述べたスマートフォンによる実験のように、人の心や行動を、学術的に明らかにする手法に、最新のテクノロジーが使われ始めている。

従来、心理学では、質問紙を被験者に配布して記入してもらい、その回答を集計し、統計分析することにより、心理的な要因間の関係や介入方法を研究してきた。質問紙とは、心理学的尺度により被験者の心の状態などを定量化するためのアンケートのことである。この質問紙による研究は、配布と回収、回答の集計に時間や人手がかかっていた。インターネットの普及により、この質問紙の代わりに、Ｗｅｂ上で被験者に回答をしてもらえるようになり、大幅に効率化することが可能になった。

しかし、スマートフォンの登場とその普及には、それ以上のインパクトがあった。先に紹介した実験のように、個人ごとにリアルタイムでデータ収集を行うことが可能になった。さらに、ウエアラブルデバイスやＩｏＴの普及に加え、そこからのビッグデータの収集を可能にする４Ｇ／５Ｇのネットワーク、ＡＩを含めたクラウドコンピューティングによるデータ処理能力の向上は今、10年前には想像もできなかった人間行動データの取得の可能性を拡げつつある。

私は多くの仲間たちとともに、過去15年以上にわたり、テクノロジーを活用して人間行動に関する大量のデータを収集し解析する研究を行ってきた。結果としてみると、これは世界の先駆けとなるものになった。

この研究を開始した2003年には、実は、あらゆることを自作する必要があった。人間行動のデータを取得するのに、無線ネットワークの通信プロトコルから通信用の回路から、センシング回路、ウエアラブル装置やそのためのプリント基板や金型まで、すべて自作した。実際に、我々は、独自の無線プロトコルとセンシング機能を実装したウエアラブル端末の試作機を多数試作した。2006年には、実フィールドで継続的にデータが取得できるウエアラブル端末の試作システムができた。

人間行動を計測するウエアラブル端末

ここで開発したシステムの一つが、リストバンド型のウエアラブル端末であった[8-13](口絵1左上)。このウエアラブル端末の画期的なところは、24時間の腕の動きを加速度センサにより高精度・細粒度に記録し続けることが可能である点で、これを一幅の絵巻のような図像に表現して俯瞰できるようにした(口絵2)。月単位、年単位で記録された腕の動きを表すこの図像は、後述するように、人生を俯瞰する絵巻のようである。

途切れることなく高精度・細粒度のデータを取るため、このウエアラブル端末では、特に電力消費を抑える独自技術によって、小型の電池でも24時間2週間にわたり充電なしにセンシングの動作ができるようにした。これにより50ミリ秒ごと(1秒間に20回)の細粒度で連続的に計測可能になった。
もう1つのシステムが、胸に装着する名札型のウエアラブル端末であった[14-23](口絵1左下)。この端末の画期的なところは、身体の動きに加え、端末を装着している人どうしで、いつ誰と誰が面会したかのデータも収集できるようにした点であった。これにより、人と人とのつながりを表すネットワーク構造、すなわち「ソーシャルグラフ」が可視化できるようになった(口絵3)。

この名札型ウエアラブル端末には、6個の赤外線の送受信装置が組み込まれていて、ウエアラブル端末どうしが、2~3メートル以内で向き合うと、相手の端末をタイムスタンプ(時刻の記録)とともに記録することができる。赤外線は物体があると遮られる。このため、背中合わせで、たまたま席が近かったが、まったく話をしなかった人との接近を間違って取り入れにくい。それ以前も、SNSのフォロー関係やメールのやり取りなどの記録をもとに、バーチャルな関係性のソーシャルグラフを研究することは行われていた。あるいは、質問紙を使って仲のよい相手や、過去数日間に面会した相手を申告してもらい、リアルな人間関係のソーシャルグラフを推定する研究も行われていた。しかし、この名札型ウエアラブル端末は、リアルな人間関係のソーシャルグラフを、ほぼリアルタイムで、正確に描き出すことを可能にしたのである。

加えて、このウエアラブル端末の中に組み込まれた加速度センサを活用して、対面中や非対面中の上半身の動きを記録することができるようにした。

これらのウエアラブル端末とそれによる計測、人間データの解析は、世界的にもパイオニア的な貢献と評価されており、経営学で最も権威のある雑誌、米「ハーバードビジネスレビュー」誌において「歴史に残るウエアラブルデバイス」として紹介され[24]、世界最大の学会であるIEEE（アメリカ電気電子学会）における最高位の賞の一つ「IEEE Frederik Phillips Award」を2020年に受賞することができた[25]。

スマートフォンは人間理解を前進させる

スマートフォンの登場と普及は社会を大きく変えたが、この人間行動の計測にも大きなインパクトを与えた。

我々が開発した上記のウエアラブル端末を使えば、詳細な人間行動と社会的なつながりのデータを取得できた。しかし、最大の難点は、これらの端末を配布したり普及させたりするコストであった。このコスト負担が、普及拡大を阻んだ。

ところが、スマートフォンの登場と普及は、データ取得のコストを一気に低下させ、この状況を変えた。というのも、既に世界中に10億人を超える人たちがスマートフォンを持っていて、アプリさえダウンロードしてもらえば、わざわざデバイスを配布したり普及させたりする必要がなくなったからである。使っている要素技術レベルでは、専用のウエアラブルデバイスと共通点が多いが、経済的、社会的な意義においては、それまでとは劇的な違いがある。

もちろん、スマホの場合は、前記の専用に開発したウエアラブル端末に比べセンシングできる要素は制限される。ウエアラブル端末で取得できるデータのすべてが、スマホによって取得可能というわけではない。しかしありがたいことに、装着者の身体の動きを計測できる加速度センサは、すべてのスマートフォンに既に搭載済みである。従って、身体の動きのセンシングは可能だ。その気になれば、10億人規模で、身体運動を計測することすら技術的には可能になったのである。

人間行動センシングで何をしてきたか

私は、この人間行動センシングの最初の被験者として、2006年3月16日に前記の腕時計型ウエアラブル端末を左腕に装着した。以来、15年以上にわたって、私の左腕の動きはすべてデータ化され、コンピュータに記録されている。

先にも述べたように、我々は、24時間の腕の動きを記録して絵巻のような図像に表現した。人生の記録を俯瞰する可視化表現ともいえる。これを「人生の織物」に喩えて「ライフタペストリ」と呼んだ(口絵2)。10年以上にわたる人生を客観的なデータで24時間ごとに並べて俯瞰することは、テクノロジーがなければできなかった新鮮な体験である。

加えて、さまざまな業種、業務に携わる多様な組織で、人間や社会行動に関するデータを前記の名札型ウエアラブル端末の計測手段を使って収集してきた。業種としては、コールセンタ、ITサービス、公共システム開発、金融システム開発、ゲーム開発、装置メーカー、銀行、保険、自動車販売、物流倉庫、ホームセンタ、スーパーマーケット、病院（緊急病棟や集中治療室を含む）、介護施設、学習塾、学校、省庁、地方自治体など極めて多様な職場が含まれる。業務についても、経営、企画、研究、開発、設計、デザイン、調達、人事、財務、生産、営業、サービスなどの、ほぼあらゆる業務が含まれている。計測したデータは既にのべ1000万人日を超えている。

我々は、これらのセンサを使った行動データの収集に加え、その組織の業績や生産性を表す数値指標も収集してきた。これら数値指標と、センサにより取得した人間社会行動データを合わせて解析すれば、業績や生産性の高い組織の特徴が見つけられる可能性があると考えたからだ。収集した数値指標としては、たとえば、コールセンタでは、受注率、1件あたりの平均処理時間、離職率などの指標であり、法人営業の組織では、受注予算達成率であり、システム開発組織では1人あたりの生産性や不具合の発生率などの指標である。

さらに、心理学や経営学で用いられている質問紙調査も行ってきた。たとえば、幸せの尺度である「主観的幸福度」、前向きな心の尺度である「心の資本」（第4章で詳述）、さらに抑うつ傾向の尺度である「CES-D」などを調査する質問紙を利用した。

これらの心理学的尺度や経営学的な尺度と、センサにより取得した人間社会行動データを合わせて解析すれば、幸せで生産的な組織の行動やコミュニケーションの特徴が見つけられる可能性があると考えたのである。

前著『データの見えざる手』は2014年に出版された。主に、2013年までの計測データに基づく知見や発見を紹介したものだ。さらにその後の7年で、データは加速度的に積み上がり、そして、新しいデータはそれ以前のデータとも掛け合わされた。おかげで「幸せでよい組織」に関する知見は、当時とは比べられないほどに増えた。

本書では、これらを整理し、さらに、これを「予測不能な世界の中で幸せに生きる」というテーマに沿って紹介したいと思う。

幸せとは何か

このデータに基づく幸せに関する発見を説明する前に、一つ大事なことに関する認識を、読者と共有しておきたい。それは、そもそも「幸せ」とは何か、ということである。

おそらく「幸せ」という言葉を聞いても、読者がそれぞれに思い浮かべるイメージは異なると思われる。幸せに関する話をすると、たびたび聞かれる質問が、「『幸せ』や『幸福』というのは、人により受けとめ方も意味も異なるので、そもそも単一の指標で測れず、定義可能な対象にもならないのではないか」という疑問だ。一言でいうと「幸せは人それぞれ」という意見である。さらに、文化や時代や宗教的な背景が変われば、幸せの意味やとらえ方が異なるので、

「幸せ」を一律な概念や尺度で論じることはできないのではないか、という疑問を持つ人がいるのは当然と思われる。

手段としての幸せは人それぞれで多様

そもそも「幸せ」という言葉には、大きく分けて2つの側面がある。

1つは、「幸せ」というより望ましい状態になるための手段だ。「あなたが幸せを感じるのはどんなときですか?」という質問に対する答えは、この「幸せになる手段」である。たとえば、「子供を抱いているときが一番幸せ」「気の合う人との会食が幸せだ」「一心不乱に楽器を演奏するときが幸せ」というときの、「子供を抱く」「気の合う人との会食」「楽器を演奏」は、幸せというよい状態の実現のために有効な手段を指す。

このような手段は無限にある。当然、人によって異なるし、状況や時代や文化が変われば異なる。あらゆる社会の活動が、そのような幸せにいたるための手段となりうる。人の行動の数だけ、星の数以上に多様な幸せにいたる手段がある。

「幸せは人それぞれ」というときの「幸せ」は、多くの場合、この「手段としての幸せ」の多様性を指摘していると思われる。

これについては疑いなく「幸せは人それぞれ」である。ただし、手段としての幸せについても、状況ごとに全体を俯瞰した整理や分類は可能である。これについては、第4章と第8章でさらに深めたい。

生化学現象としての幸せは人類共通

幸せの2つ目の側面は、我々が「幸せ」という望ましい状態になった結果、経験する身体的変化に関わるものである。

これに関しては、神経科学の第一人者、アントニオ・ダマシオ教授による説明がわかりやすい。『進化の意外な順序：感情、意識、創造性と文化の起源』[26]に詳しいが、ここでは、そのポイントだけを紹介しよう。

我々の身体では、環境の変化に応じて、無数の生化学反応が常に自律的に起きている。これはホメオスタシス（恒常性）と呼ばれている。状況変化の中で生き延びるために、体内では、無意識で生じる同時多発的な生化学的な反応が必要なのである。

人が生きる環境の中には、我々に望ましい環境がある一方で、望ましくない環境も存在する。望ましい環境へ、あるいは望ましくない環境へと変化した場合、体内ではこのホメオスタシスが働く。それぞれの環境変化に対し、特有の生化学的な反応が、同時多発的に自律的に動き始めるのである。前記の「子供を抱く」「気の合う人との会食」「一心不乱に楽器を演奏」などの場合も例外ではない。

環境変化により身体に生じる生化学的な変化には、

・血管の弛緩や収縮、血圧の増減
・血液のホルモンや免疫物質の増減
・筋肉の弛緩や収縮
・内臓の変形と活動変化
・生成される酵素量の増減
・腸内細菌の繁殖や活動
・呼吸数や発汗の増減
・脳を含む神経系の活動変化

などが含まれる。これらの生化学現象は、巨大な体内のネットワークを構成しており、互いに依存しあって自律的に変化している。もちろん多少の個人差はあるものの、人類全体で、同じ発現メカニズムを遺伝的に共有している。旧石器時代に確立された人類の一員としてそれぞれの人が持つＤＮＡのコードは99・9％以上が共通だからである。

恒常性によって現れる身体の反応があらゆる人に共通であることは、言語にも現れている。人の気持ちに関係する表現には、洋の東西を問わず、内臓に関係する表現が使われる。たとえば、人の覚悟や決意、納得については、「腹が据わる」「腹落ちする」など、腸や下腹部に関係する表現が日本語では使われる。ところが英語でも、「ガッツ（gutsあるいはgutsy）」という言葉が使われるが、このgutというのは、元来、腸の意味である。洋の東西を問わず、これは、覚悟や決意、納得にともなう腸と下腹部に生じる生化学的な変化を言語にしていると考えられる。遺伝的な共通性のためである。

別の例では、「胸が痛む」「胸がざわめく」などの、同情や不安に関する表現は、心臓や胸部に関係する表現が多い。そもそも、心臓という言葉が「心の臓器」という語源である。同じく英語の「ハート（heart）」が心と臓器の両者に使われているのは偶然ではない。実際に、そこで生化学反応が起きているのである。

すなわち、人の心を表す表現に内臓が関係しているのは、そもそもが、人の心や気持ちが、内臓に生じる生化学現象に関係しており、ホメオスタシスと強く結びついているからである。

しかし、そもそもなぜ、そのような生化学的な反応が体内で生じるのであろうか。つまるところ、その理由は1つしかない。そのような反応があった方が、なかった場合に比べ、生き延びやすかったからである。

単純化すれば、「このような状態は、生存のために一刻も早く逃れた方がよい」という環境になったときに、それに備える生化学的な反応を起こさせるとともに、恐怖や不安などの不快な感情を生じる方が、後に同様な状況を避けさせることにつながるので、生き残りの確率が高まったのであろう。一方、「このような状態は、いい状態だから、できるだけ今後も繰り返すようにした方がよい」という環境になったときには、安心や喜びのような快の感情を起こさせる生化学的な反応が生じる方が、生き残りの確率が高まったのであろう。この生化学的な反応により誘起される感情のポジティブさの度合いを「幸せ」と呼ぶのである。我々人類が、熾烈な生き残りをかけた進化の中で獲得した生化学的な反応メカニズムの一つが「幸せ」なのだ。

これらの生化学的な変化の大部分は身体の内部で生じ、表からは見えない。しかし、この中でも外から観測可能なシグナルがある。それが「身体運動」、すなわち身体の無意識の動きである。多くの人は、自らの身体を意識的に動かしていると思っている。しかし、実は無意識で行われている身体運動の方が圧倒的に多いのだ。

ウエアラブル端末やスマートフォンには、動きを計測する加速度センサが組み込まれている。我々は、この身体運動の計測データを使って、幸せに関係するシグナルを計測することができないかと考えたのである。

幸せの調査と行動計測を同時に行った

この大量の人間行動データから、人や組織のよりよい状態に関して、重要な発見があった。我々は、10個の多様な組織に属する468人の被験者に、名札型のウエアラブル端末を装着してもらい計測した。業種や業務に依存しない普遍的な幸せな状態を見出すには、被験者が多様でなくてはならない。このため計測対象には、経営、企画、研究、開発、設計、デザイン、調達、人事、財務、生産、営業、サービスなどの、ほぼあらゆる業務に携わる人たちが含まれ、業種は、保険会社、金融システムや公共システムの開発会社、コールセンタ、ITサービス、アプリケーションソフト、産業用装置メーカー、医療用装置メーカーなどの多様な業種が含まれており、この結果極めて多様な働き方の人たちが計測されることになった。

この名札型のウエアラブル端末は、端末を装着した人どうしで、いつ誰と誰が対面でコミュニケーションを取ったか、10秒ごとに記録する（端末を装着するのは業務中に限られる）。加えて、上半身がどのように動いたかを、三次元の加速度センサにより20ミリ秒ごとに（1秒間に50回）記録した。このウエアラブル端末から取得した大量の計測データは、トータルで5000人日を超え、データ数としては50億点を超えた。

さらに、人の主観的な幸／不幸を数値化するため、質問紙を使った計測を行った。これには、世界的に広く使われている質問紙を用いた。

この質問紙はCES－Dと呼ばれる、もともとは抑うつ傾向の自己チェック用に開発されたものである。「今週、幸せだった日が何日ぐらいありましたか」「今週、楽しかった日が何日ぐらいありましたか」というようなポジティブで「幸せ」に関連する質問と、「今週、眠れなかった日が何日ぐらいありましたか」「今週、孤独だった日が何日ぐらいありましたか」というようなネガティブで「不幸」に関連する質問がバランスよく含まれており、双方が尺度化できる点で便利である。質問の文面から明らかなように、この質問紙が対象にしているのは、時々刻々変化するその瞬間の心理状態ではない。1週間程度の中期的な時間スケールでの主観的な状態（被験者が感じた幸不幸）であり、我々が知りたかったのもこの中期的な幸不幸である。CES－Dの20問の質問に対し、4段階で回答してもらい、回答を集計し組織ごとに平均化したものを指標とした（通例のように、ポジティブな質問とネガティブな質問では、数値を逆転させて集計した）。

コミュニケーションの多寡は幸せとは関係ない

これらの大量データを解析すると、意外なことが次々に明らかになった。[1–3、16–23、27–30]

以前から、組織にとってコミュニケーションが大事、とよくいわれてきた。このウエアラブル端末を使えば、誰と誰がどれだけ対面でコミュニケーションを取っているかが客観的に数値化できた。

意外なことに、コミュニケーションの量（時間や頻度）やコミュニケーション相手の人数に、組織の幸せとの関係はまったく見出せなかった。これらと幸せとの間には、ごく弱い相関さえもなかった。

このことが表しているのは、一般論として、「コミュニケーションが多ければよい組織になるわけではない」ということである。コミュニケーションの量は、状況によって、ちょうどよいレベルがあるので、一律に増やせばよいわけではない、ということがわかったのだ。

たとえば、プロジェクトの開始時に、新しく人が集められた状況を考えよう。仕事上、同僚になった人がどんな人で、どんなことが得意で、質問に対しどんな反応をしがちか、などは、最初はわからない。このようなときには、コミュニケーションを大いに増やすべきであるし、それができるかどうかで、仕事の進み方も大いに変わるであろう。

一方、プロジェクトが終盤で、既に決まった仕様に沿って、各人が実装やテストに集中すべきときには、むしろコミュニケーションを減らすべきだろう。そこで無理にコミュニケーションを増やせば、集中すべき作業への時間が取れなくなり、幸せではなくなるであろう。このような例を考えれば、一律にコミュニケーションは増やせばよいものではないことがわかる。

幸せな組織の普遍的な4つの特徴「FINE」

ところが、データを詳しくみると、ポジティブで幸せな組織に普遍的にみられる特徴があることが明らかになったのである。これは裏返せば、ネガティブで幸せでない組織には、逆の特徴が見られるということでもある。

我々は、このような特徴を4つ見出した。ここだけを見れば、幸せな組織とそうでない組織の違いがわかるという特徴だ。その4つの特徴は以下のようにまとめられる（図2-2）。いずれもウエアラブル端末の計測データを組み合わせることで、定量化が可能な特徴である。

第1の特徴　フラット（Flat）＝均等　人と人のつながりが特定の人に偏らず均等である
第2の特徴　インプロバイズド（Improvised）＝即興的　5分から10分の短い会話が高頻度で行われている
第3の特徴　ノンバーバル（Non-verbal）＝非言語的　会話中に身体が同調してよく動く
第4の特徴　イコール（Equal）＝平等　発言権が平等である

逆にいうと、幸せでない組織の特徴は下記の4つである。

第1の特徴　人と人のつながりが特定の人に偏っている
第2の特徴　5分から10分の短い会話が少ない（長い会議や会話が多い）
第3の特徴　会話中に身体が同調せず動きも少ない
第4の特徴　会議や会話での発言権が特定の人に偏っている

英語ではFlat / Improvised / Non-verbal / Equalという特徴を持つ関係性やコミュニケーションを表し、頭文字を取るとFINE（ファイン）となる。このFINEな関係を以下に詳しく説明しよう。

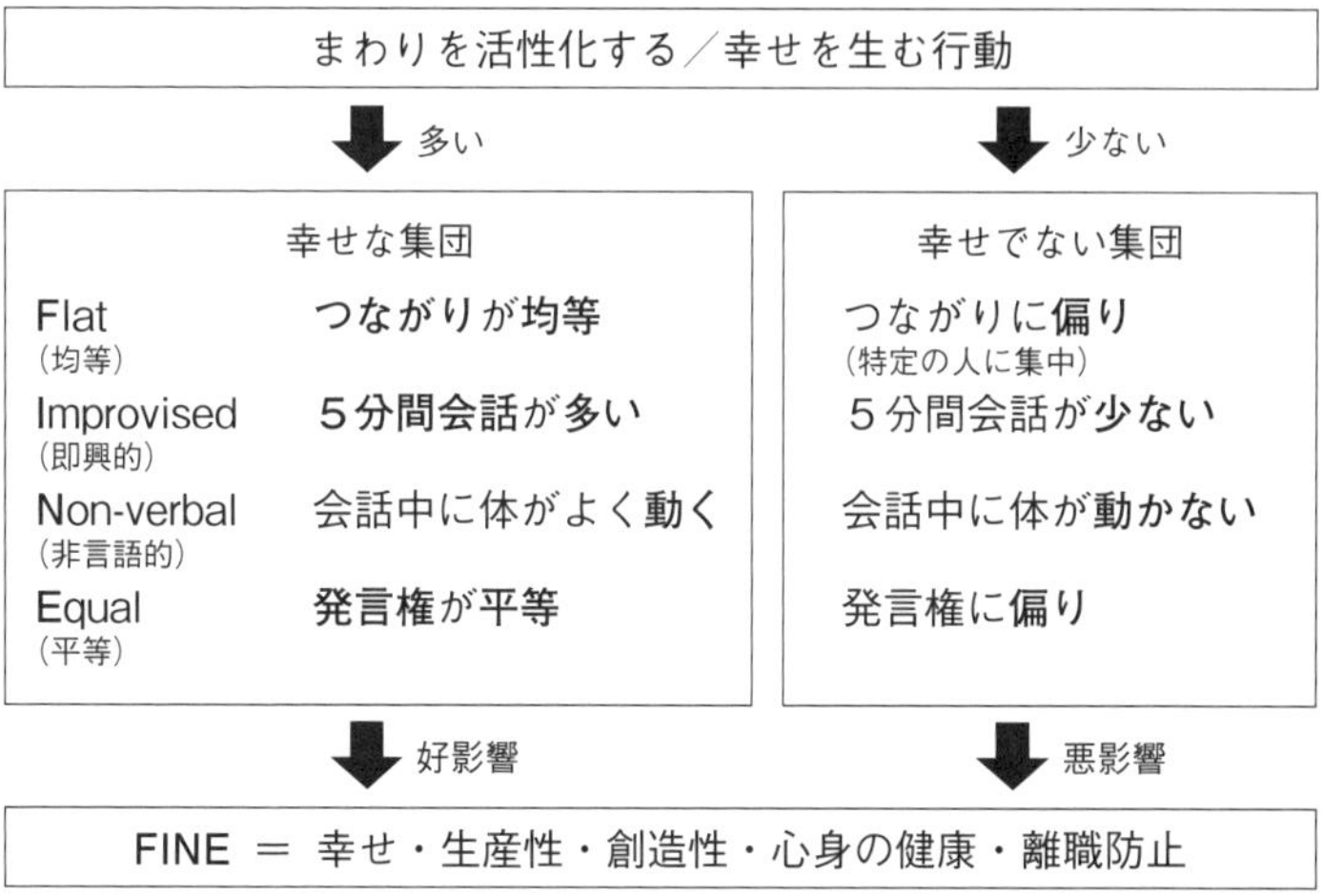

図2-2 生産的で幸せな集団の4つの特徴はFINEに現れる（FINE = Flat/Improvised/Non-verbal/Equal）。10組織、468人、5000人日の計測データと幸せに関する質問紙尺度を解析した。

つながりに格差や孤立がない（フラット）

第1の特徴は、人と人とのつながりのパターンに現れた。前述のように名札型ウエアラブル端末を使うと、誰と誰が対面による面会によってつながっているかがわかる。この人と人とのつながりを使って、ソーシャルグラフという人間関係のネットワークを表す図が描ける[15-23、29-35]（口絵3、図2-3）。

実は、幸せな組織では、人と人とのつながりの網目が、組織内で均等に近く、フラット（Flat）にいろいろなところがつながりあっているのだ。

逆にいうと、幸せでない組織では、特定の人につながりが集中し、それ以外の人のつながりが少なくなっている。すなわち、つながりの数に関して「格差」が生じていた。

一方、先に述べたように、コミュニケーションの相手の多寡は幸せとは関係ない。これを、ソーシャルグラフを使って表現するならば、組織のソーシャルグラフに見られるつながりの総量は幸せとは関係がない、ということになる。これは、業務の種類や仕事の状況によって、つながりの総量は異なって当然であるからと思われる。大事なのは、つながりの総量が多い組織でも、少ない組織でも、どちらでも幸せになりうるし、逆に、不幸にもなりうる、ということだ。

しかし、つながりの総量が多い組織でも、総量が少ない組織でも、つながりが人によって偏っているかどうかが組織の幸せに決定的な影響を与えるのだ。

つながりに格差のある組織では、「情報の格差」が生じる。つながりの少ない人は、つながりが少ないゆえに全体の情報をあまり持っていない。このために、確認したいこと、質問したいことが頻繁に生じる。

そして、つながりの少ない人が、少ないながらつながっている先は、上司ということになる。ところが上司とのつながりは、上下の関係であり、常に評価される関係でもある。このため、確認や質問を行うと「そんなことも知らないのか」「それくらい自分で考えろよ」という低い評価を得るリスクが常にあることになる。そこで、リスクを避けるために、確認や質問をしないという選択をしがちになる。

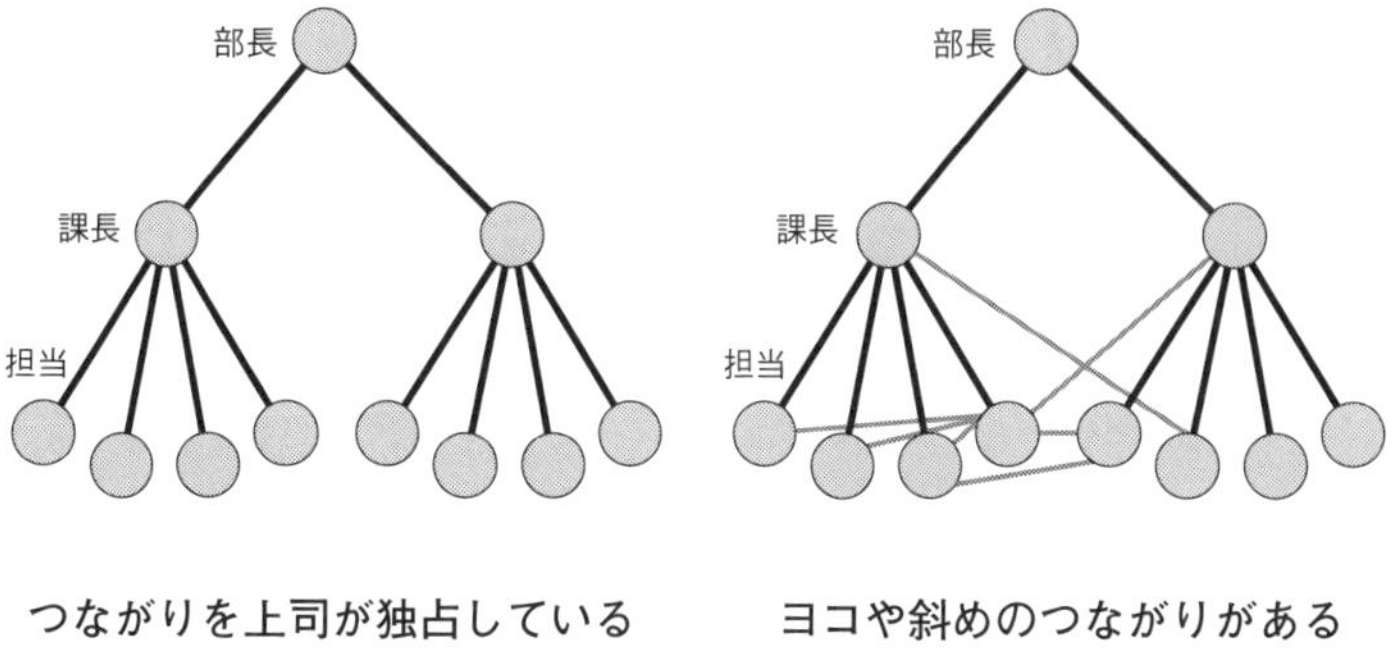

図2-3　ソーシャルグラフと組織図の構造。レポートライン上のコミュニケーション（太い線）だけを行っていると、上司がつながりを独占し、不幸せな組織になる。幸せで生産的な組織では、横どうしや斜めとのコミュニケーション（細い線）が均等に行われる。

このほかにも、つながりを特定の人が独占すると、必然的に起きる好ましくない現象がある。それが「孤立」である。孤立した人が増えると、孤立した人だけではなく、集団全体のムードが悪くなる。全体の生産性や幸福度を下げるのである。

このような話を聞いても、つながりの独占は自分には関係ないと思う人もいるかもしれない。しかし、これはよほど意識しない限り容易に生じる。

上司と部下を線で結んだ組織図（あるいはレポートライン）を思い浮かべていただきたい（図2-3左）。組織図とは、そもそも、上司が独占的に部下の全員とつながり、部下は上司とだけつながる形になっている。いわば上司がつながりを独占し、部下が孤立する構造である。

従って、組織図通りのレポートラインに沿ったコミュニケーションを取ると、「データで証明された不幸せな組織」ができあがる。

しかも、コロナ禍以降に導入が進んだリモートワークでは、この組織図通りのコミュニケーションが増え、それ以外のコミュニケーションが減る。なぜなら、まずインフォーマルな偶然的な立ち話のようなことが起きない。だからレポートライン以外の会話が減る。次に、上司の立場では、部下の働きぶりが見えにくくなる。そのために、上司は部下の状況や仕事ぶりを確認するための一対一のコミュニケーションを増やす。従って、レポートラインに沿った会話が増える。これらにより、必然的に組織の幸せ度や生産性が下がるのだ(この問題は第5章でもう一度とり上げる)。

短い会話の頻度が高い(インプロバイズド)

幸せな組織に見られる第2の特徴は、会話の長さと頻度に関係する。第1の特徴が、人と人とのソーシャルグラフ上のつながりの構造に関するものだったのに対し、この特徴は、時間軸上の特徴である。

名札型ウエアラブル端末を使うと、対面している時間や頻度が記録される。実は、幸せでない組織では、週次の定例会議のような1時間を超える会話がある一方で、それ以外の日には会話がないことが多い。すなわち、日ごとに会話量に偏りがあるという特徴がある。逆に幸せな組織では、5分から10分の短い会話が高頻度で、毎日あるいは日に何度も行われているのだ。

仕事では、誰かに質問したいことや確認したいことや伝えた方がよさそうなことなどが、時々刻々生じる。それは計画できない形でやってくる。この5分から10分の短い会話は、このような予測不能な展開に、行動を起こしていることを表している。それは状況依存で即興的すなわちインプロバイズド（Improvised）である。

ここで大事なのは、1時間の定例会議は、5分の会話の代わりにはならないということだ。言い換えれば

人と人との会話においては、大は小を兼ねない

のである。

組織において、短い会話を高頻度で行うことの意味を考えてみよう。これは組織というものの避けがたい特性に関係している。組織とは、上下関係がある場であり、常にまわりから評価される場でもある。上司を含めた他人の評価によって、担当する仕事や責任や報酬が変わる場所である。自ら発言をすると、「そんなこともわからないのか」「場違いなことをいうなあ」「こちらの忙しい立場をわかってない」などのネガティブな評価につながる恐れが常にある。

このリスクを避ける簡単な方法は、「沈黙する」ことだ。

従って、よほど意識してそのような会話を奨励しないと、沈黙することが選択されがちになる。自ら発言したからといって、ネガティブ評価にはならないし、ネガティブな評価をしては

ならないという組織文化を定着させなければ、予定表に入れるような正式の会議以外の会話がなくなる。レポートライン以外の会話がなくなるのだ。そうなれば、幸せでない組織になってしまう。

自らの発言によってまわりからネガティブ評価を得ないという信頼感が、組織の生産性に強く影響するということは、近年「心理的安全性」という概念によってしばしば議論されるようになった。この心理的安全性については、後ほど再度論じたい。

会話中の身体運動（ノンバーバル）

幸せな組織に見られる第3の特徴は、会話中の身体の動きである。幸せな組織では、会話中に身体がよく動く。会話している人々が、互いによく動くのだ。

互いに活発に発言すれば自然に身体は動く。さらに、相手の発言を傾聴するときも、うなずきによって身体運動が生じる。加えて、人は相手に共感や信頼感を持つとき、相手に身体運動を同調させる（同じ姿勢を取ったり、同じリズムで身体を動かしたりする）。これによって、幸せな組織では、会話中に身体がよく動くのである。

一方で幸せでない組織では、会話が盛り上がらない、発言が活発にならない。さらに相手の発言へのうなずきも生じない。そして、不審や拒絶感を示すために、敢えて相手の身体の動きに同調させない。これらにより、不幸せな職場では、会話中に身体があまり動かない。

以上のことから得られる結論はシンプルである。

幸せな組織では、会話中に身体が互いによく動く。

幸せは会話中の身体運動から生まれるからである。

もう一度いおう。幸せは会話中の身体の動きから生まれるのである。そして、この身体の動きはセンサで客観的に計測可能だ。幸せな関係は、会話中の身体の動きによって測れるのである。

このことを踏まえると、多くの人がコミュニケーションについて誤解をしていることに気づく。それは「コミュニケーションとは言葉で情報を伝えるもの」という誤解である。

我々の研究を含め、これまでの学術研究がコミュニケーションについて明らかにした最も重要なことは、コミュニケーションの中心となる表現は言語にはなく、むしろ非言語な表現にあるということだ。コミュニケーションの約9割は非言語、つまりノンバーバル（Non-verbal）の要因によるものなのである。非言語の要因とは、声のトーンやリズムであり、身振りや同調などの身体運動であり、目や顔の向きであり、発言権の受け渡しのタイミングである。そして、コミュニケーションの受け手は、この非言語表現へ無意識に注意を向けており、非言語表現こそが、受け手へ強い影響を与えるのである。

これは人の本能に根ざす現象だ。乳児は、生まれて間もない頃から、母親とのコミュニケーションを求める。そして、乳児は、この非言語での表現を、言語表現を覚えるはるか以前から使いこなす。すなわち、非言語による表現とは、人類が社会的に協力しあって生きていくべく進化した悠久の歴史に深く根ざした表現能力なのである。

我々は、相手に共感や信頼を持つときも、逆に不信感や拒絶感を持つときも、よほどのことがない限り、それを言語的に表現することは行わない。

通常これらを表現する主役は、非言語の表現である。相手に共感を持つとき、無意識に人は相手の身体運動に同調させて身体を動かす。逆に、相手に不信感を持つとき、人は敢えて相手の身体運動に身体を同調させないことで、その不信感を表現する。人間はこのような相手の非言語表現に敏感である。これは乳児でも理解できる基本的なコミュニケーション手段だからだ。我々が人とあったときに自然に感じる「雰囲気が暗かった」「歓迎されていないように思った」などの感じは、多くの場合、この非言語表現がもたらしたものである。

従って、身体の同調が多い組織は、共感や信頼が多い組織といえる。逆に、身体運動の同調が少ない組織とは、不信感や拒絶感が見られる組織である。当然ながら、幸せな組織は、共感や信頼が豊かなので、身体運動にも同調性が豊かに見られる。一方で、幸せでない組織では、身体運動の同調性が見られなくなるのである。

この会話中の身体運動について、さらに重要なことが、我々のデータからわかっている。それは、誰もが、身体を相手に同調させて動かすことで、周囲を幸せにできるということである。相手との共感や信頼関係がある場合には、相手も身体運動で同調することで返す。あなたが生んだ身体運動の波が、相手に反射して自分に返ってくる。その結果、あなた自身も幸せになれる。しかし、これには、活発な会話のキャッチボールができる共感や信頼関係があることが前提になる。

従って、あなたが幸せになるかどうかに、最も重要なのはこの一点である。すなわち、互いに身体が同調してよく動くような会話ができる人が周囲にいるかどうかである。それは相手と共感や信頼が持てる関係にあるかによって決まる。そして、人を幸せにし、自分も幸せになるには、この会話中の身体の動きに注目し、自ら同調させて動かすことで、共感と信頼を発展させることがとても大事なのである。

さらに、この事実から、周囲の人のメンタルヘルスを脅かす最も シンプルな方法が明らかになる。それは、

相手との会話のときに、身体を動かさないこと

である。これは、会話の相手を圧迫し、うつ傾向やストレスレベルを上げるための、データが示すシンプルな手段である。

しかし、そのような意図はまったくなくとも、ここに述べたような人間に関する基本的な知識を単に知らなかったために、このような行動を実際に取ってしまっている人は意外に多いのではないかと思われる。この身体運動は、幸せな組織の特徴であるFINEの中で、一番わかりやすいし、一人一人が意識的に改善しやすいものである。

ここで是非、自らを振り返ってみてほしい。部下が何か報告をしてきたときに、思わず互いに身体を動かすような状況や話題を作って、活発な会話を行っているだろうか。むしろ、身体を動かさないことで、部下を萎縮させてしまってはいないだろうか。

さらに、結婚されている方は、配偶者との会話でどれだけ会話のキャッチボールが活発で、これにより身体が思わず動いているかを思い出してほしい。話しかけられているのに、テレビやスマホに夢中で、返事やうなずきもおろそかになっていないだろうか。それはデータで証明された不幸な夫婦関係をもたらす最も簡単な方法なのである。

発言権の平等性（イコール）

幸せな組織に見られる第4の特徴は、会議や会話における発言権に関する特徴である。

幸せな組織では、会議や会話での発言権が比較的平等、つまりイコール（Equal）なのだ。一方で、幸せでない組織では、この発言権が特定の人に偏っている。

すなわち、幸せでない組織には、発言権の格差が見られる。

この会議や会話における発言権については、近年、重要な発見が相次いでいる。いずれも我々の研究結果と整合的なものだ。

カーネギーメロン大学（CMU）のアニタ・ウイリアムス・ウーリー教授は、マサチューセッツ工科大学（MIT）のアレックス・サンディ・ペントランド教授やトーマス・マローン教授などと共同で、人の集団的な知的能力に関する実験を行い、その結果は最も権威のある科学雑誌の一つである米「サイエンス」誌で発表され注目を集めた[36]。

以前から、人の知的能力を表す、分野を超えて有効な因子が存在すると考えられてきた。この考え方の下で、人の知的能力を数値化したのがIQである。しかし、現代では知的活動が個人だけで行われることはほとんどなく、むしろ集団で行われている。ウーリーらは、集団としての知的能力にも、個人の場合と同様に、分野を問わない因子が存在するのではないか、という仮説を立てた。すなわち集団的知能（コレクティブ・インテリジェンス＝Collective Intelligence）の概念を確立しようとしたのだ。この仮説の下、以下の実験を行った。

この実験には、699人の被験者が参加し、参加者には、その場で2人から5人のチームを組んでもらった。このチームには、メンバーが協力しあわないと解けない問題を与え、結果の成績とチームやチームメンバーのさまざまな特徴との関係を解析した。

まず、個々のメンバーの平均的な知的能力は、成績とまったく関係がなかった。すなわち、チームの知的能力は、個人の知的能力を集計したものとは異なることが明らかになった。

実は、集団としての知的な能力が高いグループには、以下の3つの特徴があった。

第1の特徴は、他者の感情をくみ取る能力であった。これは事前に被験者が受けていた、顔写真の目だけを見て、その人の感情を推定するテスト「リーディング・ザ・マインド・イン・ジ・アイズ（Reading the Mind in the Eyes　まなざしから心を読むテスト）」の成績が高い人が多いと集団レベルの知的能力が高かったのである。

第2の特徴は、チーム内の会話における発言権の平等性であった。これは、MIT版の名札型のウエアラブル端末を用いて、発言の記録を分析したものである。

MITの計測装置が、我々のグループで用いたものと似ているのは偶然ではない。我々の研究グループは、2005年から、このような人間行動や社会行動をウエアラブル端末で計測・解析する共同研究をMITと行い、この研究を共同で立ち上げたため、互いに影響を受けあっている。この研究の主体である集合的知能を研究するグループとも、我々は研究交流やスポンサーシップを行った。

この発言権の平等性については、グーグル社が、社内のチームの生産性を、データを使って解明する大規模な実証研究、「プロジェクト・アリストテレス」の結果においても、生産性の高いチームの特徴であったことが報告されている[37]（後述）。

第3の特徴が、チームの中の女性比率の高さであった。男女の比率が均等だとよいという結果ではなく、女性比率が高ければ高いほど、集合的知能が高くなる傾向があるという結果だった。論文では、女性の方が、第1の特徴である他人の感情を推定する能力が高い傾向があるため、結果としてこの特徴が現れたのではないかと考察されている。

この結果で、特に重要なのは、チームとしての知的能力に、個々のメンバーの知的能力は関係なかったことだ。従来、会社の採用でも教育でも、メンバー個々の能力が高ければ、組織全体の能力も高くなると考えられてきた。この論文が明らかにしたのは、この前提は、まったく見当外れだったことである。組織やチームの能力を高めるのに必要なのは、メンバーに優秀な人を入れることではないことが明らかになったのだ。

むしろ、組織の能力を高めるには、チームメンバーの気持ちがわかる人やそれを考慮した発言が会議でできる人を育てることの方がよほど大事なのである。この意味では、義務教育において、最も重視すべき項目ですらある。もちろん、そのような教育は、現在行われていない。

この「サイエンス」誌の論文でもう1つ重要なのは、発言権の平等性が、チームで問題を解く知的な能力と関係しているという発見だ。一度チームが結成されてしまえば、メンバーの感情を読み取る能力や男女比は簡単に変えられないが、発言権の平等性は、会議などのやり方を工夫することで実現可能だ。

また、この「サイエンス」誌の論文の結果は、我々の研究の結果とも整合する。我々はこのサイエンス誌の論文とは独立に、発言権の平等性がチームの幸せと関係していることを発見した。[2–3、16–19、20–23、28–30] この2つの研究を合わせると、チーム内の発言権の平等性は、チームの問題解決能力とチームの幸せの両方の指標になっているということである。元来、幸せな人たちは、生産性が高いことを考慮すると、両者が重なりあうことは自然といえる。

幸せで生産性の高い組織をつくる4条件

ここまでの議論をまとめよう。幸せな組織や集団には、業種や業務を問わない普遍的な特徴がある。幸せな組織には以下のFINEな関係性がある。人と人とのつながりがフラットで特定の人に偏らず（フラット：均等）、気がついたときや必要なときにすぐに短い会話が開始でき（インプロバイズド：即興的）、会話中に身体が同調してよく動き（ノンバーバル：非言語的）、会議での発言権が平等に与えられる（イコール：平等）。これらはいずれも、共感や信頼を身体で表したものだ。人とのよい関係に感謝する意味を込めてこれを「FINE thanks（いいね、ありがとう）」と呼びたい。

一方で、幸せでない組織にも、業種や業務を問わない普遍的な特徴がある。幸せでない組織には、人と人とのつながりが特定の人に偏って占有されており、気がついたときや必要なときにすぐに短い会話が開始できず、正式の会議がないと会話が行われず、会話中も身体が動かず、非言語での共感や信頼の表現が見られず、会議での発言権についても特定の人に偏って占有されている。

これらの4つの特徴は、独立ではない。互いに関連している。この中で最も基本的なのは、

第3の「会話中の身体の動き」だ。あなたが会話中に身体を相手に同調させて動かすことで相手が元気に明るくなるのである。このプロセスは、集団の中に生じる幸せの最も基本的な単位である。これが社会集団内で多様な組合せで行われ、さらに伝搬することで、社会や組織全体での幸せが生まれていると考えられる。

それ以外の3つの特徴は、この幸せの基本単位を生じやすくさせる条件と解釈できる。人と人とのつながりがフラットで風通しのよい組織や、予定表にとらわれずに話しかけられる信頼関係がある組織では、会話が活発になりやすい。発言権が特定の人に偏っている会議では、会話が活発にならない。発言のキャッチボールが行われないからである。

そして実は、この4つの特徴は、知らず知らずのうちに、我々がともすれば「とらわれがちなこと」を越えることを求めている。FINEが見られる幸せで生産的な組織にするには、以下の4つ条件が求められるのである。

第1の条件　組織図にとらわれずにつながりあう
第2の条件　予定表にとらわれないタイミングで会話しあう
第3の条件　立場の違いにとらわれずに会話を身体で盛り上げる
第4の条件　役職や権限にとらわれずに発言しあう

組織図やレポートラインを大事にし、予定表を大事にし、互いの違いを認識し、役職や権限を尊重することは、それ自体は悪いことではない。しかし、これらに「とらわれる」のが問題なのだ。

なぜ、これらにとらわれ、こだわることが、そんなにだめなのだろうか。答えは単純だ。成果を出すことや、変化に立ち向かうことや、顧客に喜んでもらうことより、レポートラインや予定表や役職や立場の違いを優先しているからだめなのである。

そして何よりも、この4つは、組織における信頼できる人間関係を醸成する条件を表している。これを満たせるかどうかが、「信頼できる関係」があるかどうかと直結するのである。そして、信頼できる関係は、集団として成果を出すための基本である。組織において、この4つの条件の実態を見れば、その組織に信頼があるかがわかる。信頼感のない組織は、成果を出せない組織である。

そして、よほど意識して努力しないと、組織の中にこれらにとらわれる人が多くなる。その結果、幸せ度が低く、生産性の低い組織が生まれてしまうのだ。

レポートラインや予定表や役職という組織の形を守ろうとする、まさしくそのような行動によって、組織の存在意義が蝕まれ、屋台骨が揺るがされるのである。

幸せで生産的な組織のマネジメント

なぜ、組織は、レポートラインや予定表や、役職にとらわれ、こだわってしまいがちなのだろうか。ここまでの議論から、幸せで生産的な組織をつくるのがマネジメントの役割であることは明らかだ。これが、マネジャーの存在意義である。

しかし、ここでマネジャーが仕事をするためには、何らかの形で権力が必要である。マネジャーの権力の源泉の一つが、組織図に沿った人事・予算・情報に関するレポートライン上の統制なのである。

しかし、データは突きつける。この権力構造だけに頼った組織は、必ず不幸で生産的でない組織になるということを。従って、マネジャーは組織図やレポートラインに過度に頼ってはならない。「組織図を越えろ」とデータは突きつける。

これは「できればあった方がよい」という、いわゆる「ナイス・トゥ・ハブ（Nice-to-have）」な選択肢ではない。組織図を越えなければ、従業員が不幸になり、ストレスや罹病が増え、離職が増えるのである。データによってこれが証明された今となっては、組織図やレポートラインを守る発想での職場運営は、マネジメントとして失格である。

この要求に応えるためには、マネジャーは組織図上のポジションやレポートライン上の統制権限を越えた、一人の人間として独立した判断力、機動力、人的ネットワークが必要である。

そして、何よりも、人間として魅力と誠実さ、人への敬意と共感が必要である。単に「立場が人をつくる」に頼ってはいけないということだ。

心理的安全性の確保がマネジメントの基本

このデータが突きつける強い要請のために、21世紀の組織とマネジメントは必然的に変わらざるを得ない。組織図上のポジションやレポートライン上の統制権限にこだわることをやめなければならないし、それができなければメンバーは不幸になり、生産性は上がらず、さらに次に紹介する研究では事故や不正などのリスクが高まることも示される。

それは「心理的安全性（Psychological Safety）」という重要な概念が関連する研究である。近年、大きな注目を集めている心理的安全性とは、もともとは、ハーバード大学のエイミー・エドモンドソン教授によって、提唱された概念だ。[38]

エドモンドソン教授は、医療事故の研究を進める中で、医療事故の報告件数と組織の特徴との関係を研究していた。あるときに、不可解な結果をエドモンドソン教授は得た。それは、組織研究によってよさそうに見える病院ほど（定評のある組織指標の調査で得点が高いほど）、医療事故が多いというデータであった。不思議に思った教授は、現場の病院に人を派遣して、実態を詳しく調べてみた。すると、組織指標の得点が低く、よくないと思われる病院では、実際には、ヒヤリハット（事故にはいたらなかった危険な出来事）にあたるような状況がたびたび起きているが、とてもそれを言い出したり報告したりできるような雰囲気ではないことがわかった。このような病院は、医療事故が少ないのではなく、医療事故が報告されていないだけだったのである。一方、医療事故の報告件数が多い病院というのは、ヒヤリハット的な事象も含め、気軽に皆と情報を共有できるような雰囲気だった。本当に事故が起きにくいのは、当然、気軽にありのままに報告できる職場である。

エドモンドソン教授は、このように、上司や同僚に気軽に報告や会話ができる、安心できる組織の特徴を「心理的安全性」と呼んだのである。

この心理的安全性という概念が、一般の人を含め一躍注目されたのは、グーグル社が、社内の多数のチームの生産性を、データを使って解明する大規模な実証研究を行ったためである。これは前述のように「プロジェクト・アリストテレス」と呼ばれた。[37]

驚くべきことに、チームを構成するメンバーの能力はチームの生産性と関係がなかった（これは前述のカーネギーメロン大／MITの研究と同様の結果である）。そして、生産性の高いチームの特徴は、心理的安全性が高いことだったのだ。グーグル社では、この結果を受けて、全社で心理的安全性を高める教育や運営を徹底しているという。

このプロジェクト・アリストテレスでは、前述のように、発言権の平等性についても研究された。その結果は、生産的なチームでは、会議における発言権が平等であるという、我々の研究や、カーネギーメロン大／MITの研究と整合的なものだ。従って、これら複数の研究の結果をまとめると、発言権の平等性は、よい組織に共通に見られる特徴であることがわかる。

ハーバード大／グーグルによる「心理的安全性」の研究、カーネギーメロン大／ＭＩＴによる「集合的知能」の研究、それに筆者らの「幸せな組織」に関する研究を合わせることで、21世紀にふさわしい「よい組織」の姿が浮かび上がってくる。

「よい組織」は、心理的安全性が高く生産的で（ハーバード大／グーグル）、集団としての問題解決力が高く（カーネギーメロン大／ＭＩＴ）、そして、幸せなのである（筆者のグループ）。おそらく、これらのいろいろな概念は、「よい組織」という現実を、それぞれの研究テーマの軸から表現しているだけで、実態では重なりあっている部分が多いのだと思われる。すなわち、心理的安全性、生産性、問題解決能力（集合的知能）、幸せは、互いに関連しあっている一つの「よい組織」という現象に統合されるのだ。

さらに、これを幸せな組織の４つの特徴と結びつけると、組織の中で、心理的安全性が、どんなときに脅かされるか、すなわちどのように心理的リスクを取り除くべきかが、見えてくる。

第１の心理的リスク　組織図にとらわれずに人とつながるリスク
第２の心理的リスク　予定表にとらわれないタイミングで話しかけるリスク
第３の心理的リスク　立場の違いにとらわれずに会話を身体で盛り上げるリスク
第４の心理的リスク　役職や権限にとらわれずに発言するリスク

このような行為により、とがめられたり、自分への評価が下がったり、周囲から浮いた存在になったりするかもしれないというリスクを感じると、人はそれを行おうとしなくなる。この心理的リスクによって、組織のメンバーやマネジャーの行動が制約されることが問題なのだ。つながるべき人とつながれず、間違った方向に進み、ちょっとした違和感や確認をそのままにして、会議の場でも現場の情報が活かされず、言葉の背後にある不安が気づかれず、重要なリスクに手を打つのが遅れる。これが、心理的安全性の低い組織で起こることである。

これは企業のリスクに直結する。前記の医療機関の事故報告に関する事例は、その典型だ。このような事故や不正のリスクを防ぐためにも、前記のような心理的なリスクを、マネジメントが取り除くことが、21世紀の組織の基本となる。

第3章　幸せは天下のまわりもの

無意識の身体の運動から「幸せ」がわかる

前章では、幸せで生産的な組織には人との関係性に4つの特徴(FINE)があることを述べた。ここでは、これらの4つの特徴を持つ人や組織には、無意識の身体運動にも共通して現れる特徴があることを紹介しよう。幸せで生産的な組織には、無意識の身体運動に普遍的な特徴が現れるのである(ちなみにこれは前章で紹介した「会話のときの身体運動の同調」とは異なるものだ)。

注目したのは、時系列で見た身体の動きの特徴である。[1-5] 身体につけた三次元の加速度センサを使えば、ある時刻に身体が動いているか、止まっているかを検出できる。この動いていることを「1」、止まっていることを「0」で表すと、人の生活や人生とは、この「1」と「0」が、時々刻々、生成される営みとしてみることができる。たとえば、10秒ごとに動いているか止まっているかを計測し、これによって、1分間の動きを表現すると、「110011」や「000111」のような、「1」と「0」が6個続くシークエンス(配列)になる。1時間の動きは、この「1」と「0」が360回続くシークエンスに、さらに24時間は、この「1」と「0」が8640回も続くシークエンスになる。

我々は大量の三次元の動きのデータを収集し、人の行動をこのように「1」と「0」の巨大なシークエンスのデータとして表現して、データベースに蓄積した。これは、人間行動に関す

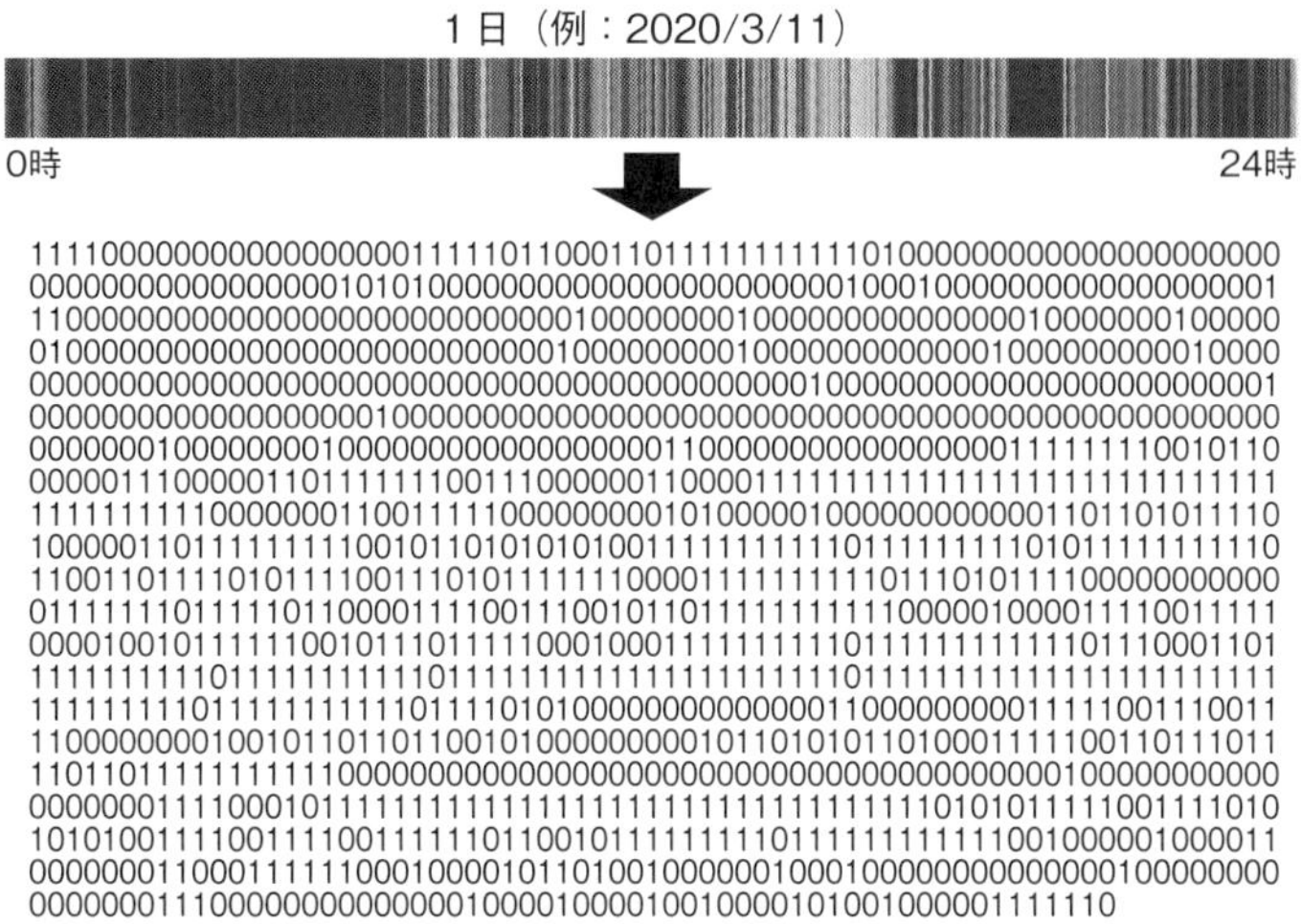

図3-1　身体運動の計測結果を、静止(0)と非静止(1)に10秒ごとに変換すると、1と0が並んだシークエンスになる。この身体運動をデジタル化したシークエンスには、人々の幸福感が符号化されている。

る一種のDNA配列のようなものになると考えたのである。併せて前章で解説したように、幸せや不幸せを数値化する質問紙の尺度を人ごとに収集した。そして、人工知能技術（機械学習）を使って、幸せな人や集団、幸せでない人や集団に特徴的な「1」と「0」のシークエンス（身体運動の配列）が、このデータの中にないかを調べたのである（図3-1）。

その結果、幸せな集団に普遍的に見られるシークエンスの特徴や、逆に幸せでない集団に普遍的に見られるシークエンスを発見することができた。いわば「幸せの配列」や「不幸せの配列」があることを発見したのである。

身体運動データの中にある「幸せの配列」

データを解析すると、人間の無意識の動きのシークエンスに、普遍的特徴があることがわかった。それは「身体の動きは、動き続けるほどに止まりにくくなる」という普遍性である（前著『データの見えざる手』でも紹介した）。動きを表す「1」が続くほどに、止まることを示す「0」に転じにくくなるのである。[3]

大量のデータを集めると、この1から0に転じる確率は、1が持続した時間の関数として、きれいな数式に従うのだ（専門用語ではSE分布〔Stretched Exponential分布〕と呼ばれる数式〔統計分布〕に従う）。[4]

驚くべきことに、この現象はヒトだけでなく、マウスの身体運動でも見られ、まったく同じ数式に従う。動物が健全な状態にあれば、この「1」が「0」に転じるタイミングは、無意識のうちにこのような普遍的な法則に支配されるのだ。[4]

我々は自分の身体の動きは、自分の意志でコントロールしていると思いがちだが、データが示す事実から、無意識レベルでは動物としての基本的な法則性に強く支配されていることがわかる。膨大な人間行動のデータから、この法則が普遍的に成り立つことが見出されたのだ。

ところが、不幸でストレスの多い集団では、1から0に転じる確率が、この普遍法則からわずかに短めにずれてくるのである（詳しくいえば、「各メンバーの動きのシークエンスが法則から乖離している程度を表す指標を、集団内で平均した値」が大きくなると、「各メンバーの主観的幸福度を質問紙により定量化したものを、集団内で平均した値」が、統計的に低くなる）。マウスにも見られる身体運動の普遍的な分布に沿うことが「幸せで生産的な組織に普遍的に現れる無意識の身体運動の特徴」になっていたのである。

これを多様な業種・業務の組織データで検証してみると、この無意識の身体の動きの特徴だけで、幸せに関する質問紙による組織レベルの数値（メンバーの幸せの数値の平均値）を極めて精度よく予測できることがわかった。定量的にも、相関係数*R*は0・94という高い数値であった[1-2]（図3-2）。

相関係数がこれほど高いということは、組織あるいは職場ごとの平均的な幸せは、職場を構成するメンバーの身体運動に関するこの配列の特徴を捉えることで、9割以上推定可能という意味を持つ。まさに「幸せの配列」であり、高低を逆に解釈すれば「不幸せの配列」ともいえる。そして、先に述べた幸せを生む4つの特徴であるFINEがある職場には、必然的にこの無意識の身体運動の特徴が出るのだ。

これには当初とても驚いた。なぜなら、一方は、人が主観的に回答した数値を集計したもので、他方は、センサによって計測した人の動きを表すシークエンスの特徴だからである。しかし、データはとても偶然とは考えられない強い相関を示していた。おそらく、幸福感という生化学現象が、無意識の身体の動きと、人体内で強く結びついているからだと考えられる。

ちなみに、この法則によく従うという特徴は、身体の動きの頻度や大きさとは、まったく関係がない。この法則が注目しているのは、あくまでシークエンスの連続時間とそれが反転する確率の関係である。これは身体運動の頻度や運動量とは関係ない。身体運動の頻度や運動量は、仕事の種類を反映するものである。たとえば、人との会話が多かったり、歩いて移動することの多い営業職では、必然的に身体運動は多くなる。一方で、パソコンを使って作業するような仕事（たとえばソフト開発など）では、身体運動の量は必然的に少なくなる。しかし、どちらがより幸せになりやすい、ということはない。

身体運動の計測だけで幸せが測れる

これだけの高い相関があれば、アンケートに頼らずとも、身体の動きをセンサによって計測するだけで、幸せで生産的な組織かどうかが定量化できる。

この「身体の動きだけ」で定量化できるという点は、世界を大きく変える可能性を秘めている。スマートフォンには、身体の動きを計測できる加速度センサが搭載されている。従って、既に10億人規模で普及しているスマートフォンに、この身体運動の特徴を計測するアプリをインストールするだけで、非常に多くの組織の主観的幸福を計測する道が拓けるのだ。

前に述べた、幸せで生産性の高い組織の4つの特徴FINEは、いずれも、第2章で紹介した名札型のウエアラブル端末からのデータ（面会の相手とその時刻、そのときの互いの身体の動

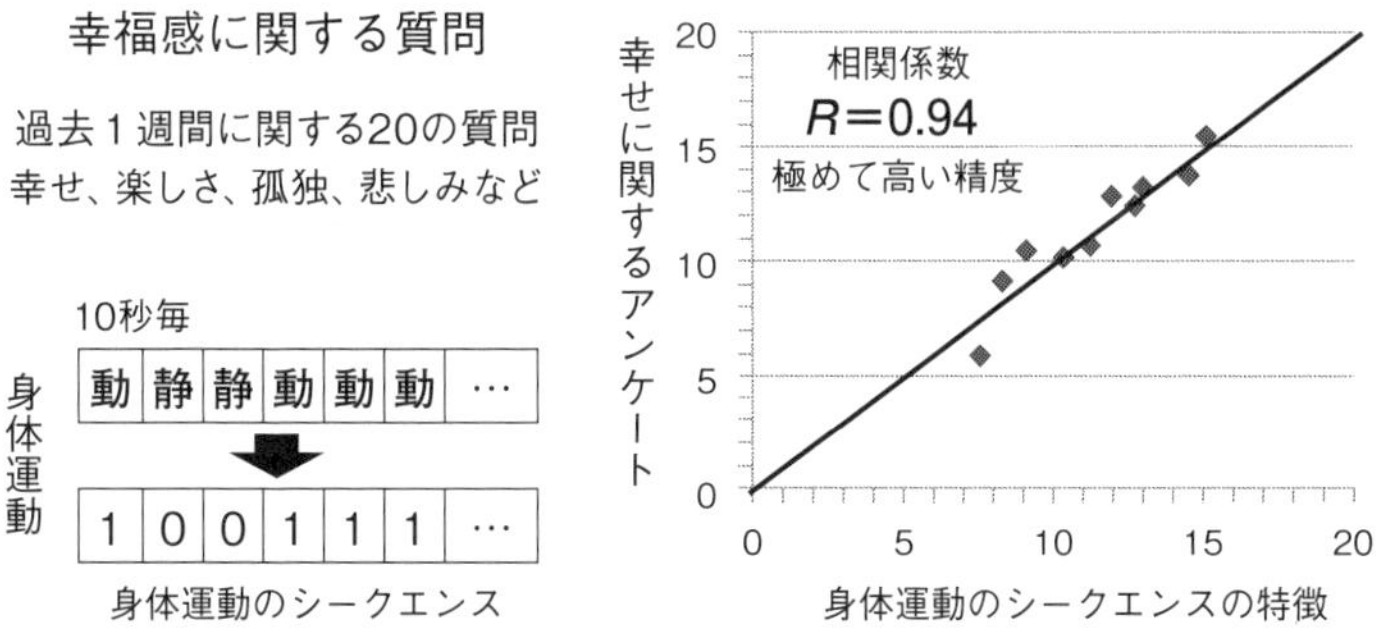

図3-2　ハピネス関係度の検証。幸せや不幸せに関する質問紙（アンケート）による調査結果の組織単位での平均値が、身体運動のシークエンスから抽出した指数の組織単位での平均値と、強く相関する。質問紙（CES-D）では、今週幸せだった日、楽しかった日、孤独だった日、悲しかった日が何日ぐらいありましたかというようなポジティブな質問とネガティブな質問が合わさっている。

きなど）を組み合わせて解析することで定量化したものであった。しかし、これらを個別に定量化するには、専用のウエアラブル端末を普及させる必要があり、多大なコストが必要だった。しかし新たな発見により、身体運動の「１」と「０」のシークエンスの計測だけで、幸せで生産性の高い組織の定量化が可能になった。つまり、スマートフォンのアプリだけで、地球規模で、組織の幸せを計測する道が拓けたのである。先の４つの特徴を個別に定量化する必要がなくなったのだ。

このことの重要性は、どれほど強調しても、しすぎることはない。これまで、心理学や経営学などの人間や組織の研究が抱えてきた限界を、突破することが可能になったからだ。

従来、心理学や経営学の指標は質問紙によって定量化されてきた。しかし、この質問紙法には限界があった。まず、その気になれば恣意的に値を変えうる点である。従業員満足度調査（ES調査）では、調査を主催する人事部門の数値が高いことが多いといわれている。これは、主催者として立場をよく見せようと、回答の値を高めにつけてしまうというバイアスがあるためと想定される。センサによる客観的な尺度が得られれば、このようなバイアスや恣意性を排除できる。

計測によって客観的な数字が得られることは、状況を改善するための基本条件である。これまで競技スポーツの記録が一貫して向上してきたのは、まさにさまざまな大会で客観的に計測した結果が「記録」として残されてきたからだ。数字が得られることで、さまざまな工夫の効果が見える化される。さらに、誰でもいつでも計測できるようになることで、あらゆる人が過去の自己と競争することも可能になる。客観的に計測された「記録」があるからこそ、競いあって高めあい、改善されていく。しかし、アンケートでの回答で競いあうというのは原理的にありえない。いくらでも「記録」が恣意的に出せてしまうからである。

組織の幸せを客観的に計測することが、スマホで身体運動を計測するだけでできるようになったということは、原理的にはスマホさえ持っていれば、あらゆる組織が幸せを計測し、過去の自分たちと競争することができるということだ。状況の改善に向けて、実験と学習をすることも可能になるのである。

さらに、ここまで述べてきた研究の結果を総合すると、もう1つ重要なことが示唆される。それは「組織の幸せは、9割以上が人間関係の特徴で決まる」ということである。というのも、先の幸せな組織の4つの特徴FINEは、いずれも人間関係を表す特徴であり、これらを共通して代表する身体の動きのシークエンスが、組織の幸せと相関係数0・9以上の強い相関を持つからである。このため我々は、無意識の身体運動に表れるこの指標を「ハピネス関係度」と呼ぶこととした。

もう1つ、ここで特に重要なのは、「集団としての幸せ」に注目している点であり、「個人の幸せ」ではないということだ(「集団としての幸せ」はメンバーの幸せを質問紙で定量化したものの平均値)。というのも、素朴に「個人の幸せ」あるいは「自分の幸せ」に注目して、それを高めることをよいこととすると、他の誰かを犠牲にして自分だけ幸せになろうとする場合が含まれるからだ。

「よい幸せ」と「悪い幸せ」が区別可能に

実際、大量の実データの解析から、注目したその人自身は幸せなのに、その人が関わっているまわりの人が、おしなべて幸せではない場合がかなりの頻度で見られる。とても偶然ではない頻度だ(これ自体も論文にしている)。[7-8]

幸福度の低い組織(質問紙で定量化した幸福度を組織内で平均した値が低い組織)とは、メンバーの幸福度がおしなべて低いのではない。むしろ組織内での幸福度のばらつきや格差が大きい組織なのである。すなわち極端に不幸な人が多いことによって、幸福度の平均値が下がっている組織なのだ。しかも、その極端に不幸な人が会話している相手は、幸せな人のことが多い。実は、幸せの格差は、一緒に仕事をしている会話の相手との間に生じていることが多いのだ。これは、その会話や人間関係こそが、幸せな人と不幸な人を同時に生み、幸せの格差を生んでいると解釈すべきであろう。

つまり、人の幸せを犠牲にして、自分だけ幸せになっている人が相当数いるということである。具体的には、ストレスの多い仕事は部下やまわりに押しつけて、自分だけストレスから逃れている人が考えられる。その結果、部下やまわりをうつ病にして、自分だけストレスなしでいい気分かもしれない。あるいは、人を圧迫する態度により、まわりに命令や要求を通すことで本人は主観的な幸せを得ている場合も考えられる。これが行きすぎるとパワーハラスメントになる。このような幸せをここでは「悪い幸せ」と呼ぶ。

幸せを数値化するものさし(尺度)としては、このような「悪い幸せ」は排除すべきだ。我々がこだわったのはここである。「まわりの幸せを犠牲にして得た幸せ」は、幸せには含まないことにしたのである。このようなまわりを犠牲にしないで実現した人の幸せを「よい幸せ」と呼ぶ。

従来、幸せに関する学術的な解析では、この「よい幸せ」と「悪い幸せ」の区別をしていないし、区別する方法がなかった。幸せの研究では、幸せに関する質問紙調査を個人単位で行い、そのデータを集計し、統計学を使って解析してきた。たとえば1000人に「今週幸せだった日はどれだけありましたか」というような質問を行い、この主観的な幸せ度と個人ごとのさまざまな特徴や属性との関係を統計的に解析するのである（サンプル数N＝1000のデータ解析になる）。

この方法には決定的な問題がある。仮にデータから、幸せな人の特徴が見出されたとしても、それは、人の幸せを犠牲にして、自分だけ幸せになっている人の特徴かもしれないということだ。「悪い幸せ」が無造作に含まれてしまうのだ。パワハラは極端な場合であるが、そこまでいかなくとも、まわりを直接・間接に犠牲にして、自分だけ幸せになることはいくらでもありうる。個人単位でのデータ解析では、このような悪い幸せを排除できないという限界がある。

我々がやりたいのは「まわりの人の幸せを犠牲にした悪い幸せ」を排除することだ。まわりの人の幸せを犠牲にしない「よい幸せ」とは、すなわち、自分の幸せだけでなく「まわりの人を含む幸せの総量を増やす幸せ」である。これを定量化したいと思ったのである。

この「よい幸せ」の実態を捉えるには、個人のデータに加えて、その人が関わっているまわりの人のデータも取る必要がある。その上で、個人単位と集団単位を合わせて解析する必要がある。これによって初めて「幸せの総量を増やすよい幸せの要因」と「まわりの幸せを犠牲にした悪い幸せの要因」を区別することが可能になる。

我々は、ウエアラブルセンサに組み込まれた赤外線による対面相手や対面時間の計測と、質問紙によって定量化された幸せの数値を組み合わせることにより、この区別を世界で初めて可能にした。

実は、この「よい幸せ」を定量化しているのが、前記の「ハピネス関係度」なのだ。「ハピネス関係度」は、個人ごとにも算出でき、これを集団で集計する（1人あたりの値に平均する）と集団としての「ハピネス関係度」になる。我々はデータによって、この無意識のよいシークエンスの身体運動がよく見られる人（すなわち個人のハピネス関係度の高い人）の周囲には、幸せ度（質問紙への回答から算出したもの）の高い人が多いことを確認した。一方、この個人のハピネス関係度の低い人（よくないシークエンスが見られる人）の周囲には、幸せ度（質問紙への回答から算出したもの）が低い人が多いことも確認した。

ここで「周囲の人」とは、注目する人物がコミュニケーションを取る相手の人たちという意味だ。従って「個人のハピネス関係度」の高い人が関わる人たちには、幸せな人が多いのである。また「個人のハピネス関係度」の低い人が関わる人たちには、幸せでない人が多い。

このために、「ハピネス関係度」の高い組織・集団に属している人は、個人としても幸せになりやすい。「ハピネス関係度」という特徴は、まさに「よい幸せ」のものさしである。だから、職場全体の幸せ（の総量）が、このハピネス関係度によって、9割以上決まるのだ。

これは組織や社会に大きな意味を持つ結果である。職場の幸せは、職場を構成するメンバーのそれぞれが、周囲の人たちを元気にし、幸せを生んでいるかにより決まるのだ。すなわち個人が「よい幸せ」の状態であるかにより決まる。関わる人たちを元気にし、幸せを生むことで自分も幸せになる。ハピネス関係度は周囲の人たちと自身を幸せにしている度合いを表しており、これを組織全体で集計することで、組織の幸せの総量がわかるのである。これをシンプルにいうと、

組織の幸せは、メンバーが周囲を元気に明るくしているかで決まる

のである。人が周囲を元気に明るくするというのが、集団の幸せの最も基本的な構成要素なのである。

幸せは天下のまわりもの

これは多くの人が持っている幸せのイメージとは異なるのではないだろうか。世の中には、「幸せは、その人自身が生み出すもの」ということを前提としている議論が多い。言い換えれば、個人の性格や努力がその人の幸せを決める、という議論が多い。

「幸福」あるいは「幸せ」は、古今、人生の目的、社会の究極の目的であると論じられてきた。紀元前4世紀のギリシャにおいて、アリストテレスが幸福を論じていたことは既に述べた。アリストテレスは幸福こそが「最高善」であり、それ自身が「完結した目的」であるゆえ、それ以上の説明を必要としないものと位置づけた。このように、まさに幸せこそが、我々の目指す

究極の目的であると、昔から考えられてきたのである。

しかし、古典や宗教の教えを見ても、「自分の幸せを追求せよ」という教えは不思議なほど聞かない。むしろ、幸福論においても、宗教においても、強調されるのは「周囲を幸せにすること」である。たとえば、キリスト教の中心的な教えでは「汝の隣人を愛せ」という。仏教では「慈悲」という。儒教では「仁」という。もちろんそれぞれニュアンスは異なるが、いずれも、「自分がどうやったら幸せになるか」ではなく、「自分から周囲へ」のよい働きかけを強調するもので、ベクトルの向きはほぼ共通である。

宗教だけではない。日本には「情けは人の為ならず」ということわざがあり、同じことを英語では「What goes around comes around.」という。アランはその有名な『幸福論』において、意志を持って機嫌よくし、自ら喜びをまわりに広めることの重要性を繰り返し強調している。たとえば「悲観主義は気分に、楽観主義は意志による」もので、「上機嫌という贈り物は、やりとりすることによって何倍にも膨らむ宝物である」（村井章子訳）とする。これも「自分から周囲へ」の積極的な動きのベクトルを強調する言葉だ。

このような宗教や古典における教えを、何か説教臭いものと思う人も多いのではないだろうか。エゴを持った普通の人に、不自然に「人格者になれ」「利他的になれ」と要求する言葉だと思っている人は、多いように思う。

ところが大量のデータ解析によって、このようなとらえ方は間違っていることが明らかになる。すなわち、古典や宗教に書かれてきた「説教じみた」ことは、科学的にも極めて妥当だったのだ。

データが示す最も重要な結論は「あなたの幸せは、自分一人では生み出せない」ということである。むしろ、データが示すのは「あなたの幸せは、自分が関わる周囲の人たちから与えられるものだ」という事実だ。あなたは、会話の相手からエナジャイズされる（元気をもらう）ことで幸せになるのだ。

従って、あなたが幸せになるためには、人を幸せにする集団の一員になることが必要だ。幸せな集団とは「周囲を元気にする人たち」であることが、科学的に示されたのである。

集団内で自分にもできることはある。自分が属する集団の幸せに、あなた自身も重要な影響を与えているからだ。あなたが、自ら周囲の人たちに幸せな影響を与え、元気を与えれば、属する集団をより幸せな状態にすることに貢献できる。

さらに、周囲を幸せにする行動は、直接対面した相手への影響を超えてその先、つまり面会相手の面会相手やさらにその先にまで、間接的に連鎖していくことも、我々の研究により示されている。[7-12] あなたが直接関わらない人の幸せにも、あなたの行動の影響が及ぶのである。

だからあなたは、属する集団の幸せに大変重要な責任を持っている。属する集団の幸せが向上できれば、その一員である自分も幸せになる可能性は、当然高まる。これは前記のアランの幸福論に記された「上機嫌という贈り物」の効用で、「やりとりすることによって何倍にも膨らむ宝物」である。

そもそも、周囲に元気をもらうだけで、自分が周囲を元気にしない人（あるいは周囲の元気を奪う人）は、集団の幸せに「ただ乗り＝フリーライド」をしている人である。「ただ乗り」という一方通行な関係は不安定で長続きしない。だから、それぞれが自分の属する集団やコミュニティの幸せに貢献することが必要だ。ただ乗りしている人は、集団の幸せ度を単に下げているのであり、そのような人が増えると全体の幸せ度が下がるからである。

人を明るく元気にし、ポジティブな影響を与える動きは、集団の中で循環するのである。その意味で「幸せは天下のまわりもの」である。この循環が活発かどうかで集団の幸せの総量が決まる。集団におけるこのポジティブな影響の循環が停滞すると、集団は不幸になる。

ここで論じた、あなたが幸せになるための法則は、実にシンプルである。「人に元気を与え、そして人から元気をもらえる人になること」であり、それは、「人を応援し、そして応援される人になること」ともいえる。

しかも、ここでの応援に大げさなことは不要で、会話のときに身体の動きで相手に反応すればよい。それには、相手にうなずきや笑顔を返すことも含まれる。それが「汝の隣人を愛せ」の本質である。これを通じて、我々一人一人が「幸せは天下のまわりもの」という循環に貢献できるのだ。

幸せは経済現象か物理現象か

幸せを、「天下のまわりもの」という集団現象として捉えると、幸せは経済現象と似ている。経済においては、人と人との間での取引で、金銭とモノやサービスなどの価値（あるいは効用）がやり取りされる。この取引で生じる価値（付加価値）を社会全体で合計したものがGDPという指標である。

この「経済」の範囲を、「人との金銭の授受をともなう取引」という狭い範囲から、拡大解釈することで、幸せを一種の経済現象と考えることができるのである。このときの「取引」における「価値（効用）」にあたるのは、人と人が「関わりあうこと」における「相手に生み出される幸せ」である。この人間関係で生じた幸せを社会全体で合計すれば、「社会の幸せ」という指標が得られるだろう。今や幸せは計測することが可能なので、それを社会全体で足し合わせることも可能だ。

この「社会の幸せ」は、GDPより重要な概念とも考えられる。というのも、GDPはしょせん、幸せのための「手段」としての経済活動を測る指標に過ぎないと考えられるからだ。

一方、幸せを物理現象の一種と捉えることもできる。先に述べたような、周囲の人を幸せにしたり不幸にしたりする個人と、それに対する組織全体の関係は、金属や水などの原子・分子と物質全体の特性との関係に類似しているからである。

物質は、構成する原子と原子との相互作用によって、金属になったり半導体になったりする。大事なのは原子間の相互作用である。個別の原子自体の特徴以上に、まわりとの相互作用が大事なのである。

組織も、構成する人と人との人間関係によって、全体として幸せになったり、幸せでなくなったりする。大事なのは人と人との関係である。個々の人の特徴以上にまわりとの人間関係が大事なのだ。これは、物質の性質が、原子間の相互作用によって決まっていることによく似ている。従って、物理学で使われるのと同じようなモデルを使って考えることが可能である。

幸せを計測することが可能になり、そのデータを大量に集めることも可能になったおかげで、人間の集団についても、従来、経済学や物理学が使ってきた枠組み（数理モデルなど）がいよいよ適用可能になったのである。

いかに生きるべきか

第2章の最初に「予測不能な変化に立ち向かい、いかに生きるべきか」と問い、それが第2章と第3章のテーマだと述べた。この問いには「幸せ」が深く関与している。

変化は避けられない。だから、それを受けとめて、立ち向かう必要がある。幸せであれば、変化に対応するための困難な仕事も、成し遂げやすくなる。幸せとは、変化に立ち向かうための精神的なエネルギーのことであるとも考えられる。

しかし、幸せは、個人が自分だけで生み出すことはできない。経済活動と同じように集団の中で、人と人との関わりの中で生まれる現象なのである。

大量のデータが示すのは、幸せは、あなたが関わりあう周囲の人たちに与えることができるものである、ということだ。同時にあなたは、その人たちから幸せをもらう。「幸せは天下のまわりもの」である。あなたも、周囲の人たちも、相手からもらった幸せをエネルギーにして、変化に立ち向かうことができるようになる。

このポジティブな相互依存の手段として、人類は、笑顔を含む表情の変化やうなずきや声のトーンの柔軟な変化などの非言語表現を発達させた。このような手段を用いて幸せを生成する営みが、家族や組織や社会の中で多様に活性化しているかによって、社会全体の幸せは決まる。そして幸せは、生産性や問題解決能力、そして心理的安全性に直結する。企業に成果をもたらし、リスクの回避を可能にする。

このようなデータに基づく「人間知」を前提にするとき、予測不能な変化に立ち向かう組織では、越えていくべきものがある。

あなたは、組織図のレポートラインにこだわらずにつながっていかなければならない。予定表のアポイントメントにこだわらずに会話しなければならない。相手との違いを超えて共感や敬意を表さなければならない。役職や権限にこだわらずに、発言しなければならない。

さらに、マネジメントとしては、組織図のレポートラインにこだわらずにつながることを支援しなければならない。予定表のアポイントメントにこだわらずに会話するのを支援しなければならない。相手との違いを超えて共感や敬意を示すのを奨励しなければならない。役職や権限にこだわらずに、発言するのを支援しなければならない。

これらは、集団のメンバーにとって、自らの評価を下げることにつながるかもしれないというリスクをともなう。そのような心理的リスクを軽減し、なくしていくことこそが、予測不能な変化に立ち向かう21世紀のマネジメントである。

次章では、より具体的な事例を通して、これを深めていく。

第4章　幸せとはスキルである

幸せの3つの時間軸

前章までで論じた、変化に立ち向かう、幸せで生産的な人と組織の姿を、より具体的な例で示すのが本章の目的である。変化に立ち向かう組織はどのようなもので、幸せな組織とはどのようなものか、読者により明確にイメージしていただけるよう、関連する研究を紹介するとともに、具体的な事例として私自身のチームが経験した変化についてもお話ししたい。

いかにして幸せを高めるかを論じる前に、まず確認しなければならないことがある。それは、そもそも人の力で変えられる幸せとは、どのようなものかである。

まず、幸せは、持続時間という観点で3つに分類されている。これを明らかにしたのが、第2章でも紹介したカリフォルニア大学リバーサイド校のソニア・リュボミアスキー教授である。[1-2]

我々のグループは、リュボミアスキー教授と共同実験を行ったり、共著の論文を書いたりして連携してきた。エポックメイキングだったのは、ウエアラブル端末による計測と心理学実験を組み合わせた共同実験を行い、テクノロジーと心理学との融合が拡がることを、世界に宣言した初の論文「Can Technology Make You Happy? Yes, and it can make your office a better place to work, too.（技術はあなたを幸せにできるか？　答えはイエスであり、技術によりあなたの職場をより仕事がしやすい場所にすることもできる）」を連名で寄稿したことである（掲載されたのは、世界最大の学会であるIEEE〔アメリカ電気電子学会〕の機関誌「スペクトラム」である）[3]

リュボミアスキー教授によれば、幸せは、第1に、遺伝や幼児体験に影響を受ける。これは「変えにくい幸せ」である。この影響で、幸せのおよそ半分が説明できるという。

これは人類が、今も悠久の進化の営みを続けており、一人一人がこの進化という壮大な人類全体としての自己革新の実験に参加しているためだ。進化は進歩ではなく、多様性を生み出す仕組みである、というのは、進化論を提唱したチャールズ・ダーウィンが主著『種の起源』で強調していたことである。遺伝と進化という営みによって、我々は人類全体で多様な可能性を探索し続けているので、幸せを感じやすい人とそうでない人という、多様性が存在しているのだ。

第2の要因は、これとは真逆であり、むしろ「変わりやすい幸せ」だ。たとえば、ボーナスをもらったり、宝くじが当たったりといった、外部から一方的に与えられる環境変化は、その直後に享楽的な高揚感を生むが、極めて短時間のうちに元のレベルに戻ってしまう。心理学者は、これを「享楽の適応（Hedonic Adaptation）」と呼ぶ。ともかく、これは刹那的、かつ一時的なものである。そして長い目で見ると、その人の幸せには変化をもたらさない。

古今の宗教や哲学は、このような一時的な享楽や快楽を追求してはならないと戒めているものが多い。実際、これを追求しても実りは少ないであろう。幸せ全体に対するこの影響は、10％程度しかないと推定されている。同時に、古今の宗教や哲学は、第1の要因である、変えられないものを変えようとしてはならないとも戒めているものも多い。その有名な例が、古代ギリシャの哲学者エピクテトスの哲学である。

第3の要因は、努力や学習によって変えられる幸せだ。しかも、この幸せは、一種の能力、スキル、あるいは習慣として捉えるべきもので、一旦、この能力を習得するとこの幸せは持続する。一度、自転車の乗り方を覚えた人が、これを忘れることがないように、この幸せのスキルも身につけられる。そして獲得すれば一生使えるのである。従って、これは「持続的な幸せ」である。日々の生活や仕事の中で意識的に訓練し、高められる幸せだ(第3章で議論した「自分一人では幸せになれない」ということと、ここでいう「幸せのスキル」は一見矛盾するようだが、後述するように、実は大いに関係がある)。

古今の幸福論や哲学は、この第3の幸せの大事さを説いているものが多い。その代表が、私が大学生の頃から愛読し大きな影響を受けた、スイスの哲学者、カール・ヒルティの『幸福論』である。この本では「仕事の上手な仕方」「よい習慣」などの章立てで、人生で持続的に身につけるべき「スキルとしての幸福」が実践的に説かれている。この第3の幸せの重要性を徹底して説いているのである。リュボミアスキー教授によれば、この第3の幸せの影響は40%程度と推定されている。我々が、変えられる部分の中では、8割がこの影響で決まるということだ。

重要なのは、「幸せは訓練や学習によって持続的に高められる」ということである。この第3の幸せに着目するとき、「幸せとは身につけられるスキルや能力の一種である」ということである。多くの人が素朴に思いがちな、幸せを仕事の成功や境遇から与えられるものと捉える見方を覆す結果だ。

予測不能な変化の中では、この幸せになるスキル（これは後に述べるように常に自己改革する力に関係する）を身につけることこそが最も重要な教育であり学習になる。従来型の知識を身につける教育や学習よりも今後ははるかに重要になる。知識はすぐに陳腐化するからだ。

幸せを高める能力「心の資本＝ＨＥＲＯ」

このスキルとして身につけられる持続的な幸せの姿を、より具体的に示したのが第2章でも紹介した、ネブラスカ大学の名誉教授で、アメリカの経営学会の会長も務めた組織行動学の権威、フレッド・ルーサンス教授である。

ルーサンス教授らは、既に学界で研究されていた個人や組織の好ましい状態を数値化するさまざまなものさし、あるいは尺度のなかに、訓練や介入によって高められ、幸せと生産性にポジティブな影響を持ち、学術的にデータで検証済みの尺度を見出す研究を推進した。このために、経営学や心理学において研究されてきたさまざまな概念や尺度を網羅的に調べたのである。この結果、持続的で学習可能な幸せを表す重要な尺度が、既に複数、見出されており、それが以下の４つの力であることを明らかにした。[4-5]

第1の力　ホープ（Hope）　自ら進む道を見つける力
第2の力　エフィカシー（Efficacy）　現実を受けとめて行動を起こす力
第3の力　レジリエンス（Resilience）　困難に立ち向かう力
第4の力　オプティミズム（Optimism）　前向きな物語を生み出す力

経営学や心理学の専門用語としてのホープなどの言葉の意味は、日本語の「希望」などのニュアンスとは、ずれがあるので、ここでは誤解を避けるために、敢えて訳さず原語のままとする。

これらの4つの尺度は、それぞれ単独でも専門書が書けるテーマであり、それぞれを深めてきた研究者たちが存在していた。ルーサンス教授は、前記の明確な基準を設け、持続的で訓練や学習が可能な幸せという観点で、それらの研究を統合したのである。

ルーサンス教授は、この4つを合わせて「心の資本（Psychological Capital）」と呼んだ。4つの尺度の頭文字を取って、「HERO within」（HERO＝Hope- Efficacy- Resilience- Optimism）とも呼ばれる。「内なるHERO」という意味で、とても語呂もよい。

「資本」という言葉には、将来に向けて「蓄積できるもの」という意味がある。このため、刹那的で享楽的な幸せとは一線を画し、身につけられ、しかも社会に貢献可能な幸せに、この名称をつけたのである。そして、この心の資本こそが、予測不能な変化の中で最も必要なことなのだ。
これまでも、「資本」という概念を拡張する試みはあった。元来、資本という言葉は、企業のバランスシートにも現れる財務的な蓄積の概念である。これに対し、「人的資本（Human Capital）」という言葉で、人の能力の蓄積を表したり、「社会関係資本（Social Capital）」という言葉で、人と人との関係性の蓄積を表してきた。この「心の資本」は、最も基本となるものでありながら、これらに含まれていなかった「前向きな心の蓄積」を表したものである。

ルーサンス教授らは、この「心の資本」が、組織の生産性や創造性、従業員の幸せや満足度、さらに健康、離職防止など、極めて広範囲な組織のアウトカムにポジティブに影響することを見出したのである。

ルーサンス教授は、この「心の資本」に関わる一連の研究により、あらゆる学術分野の研究者の中で、論文の被引用数の多い上位1％に入っている。すなわち、学術的にも高く評価されているのである。

ルーサンス教授は自らが、「心の資本」の豊かな方である。我々とのご縁ができたときの経緯もこれを裏付けている。実は、テクノロジーを使った企業の活性化を目指す我々の活動が、2018年にソーシャルメディアに取りあげられたときに、ルーサンス教授から、私に直接コンタクトがあったのである。そして、メールをやり取りした結果、是非一度お目にかかりたいという話になった。するとルーサンス教授から、近々韓国で開催される国際学会でパネル討論を行うので、韓国に来て一緒に登壇しないか、というお誘いを受けた。トントン拍子である。HEROの豊かな方は、判断も行動も速い。新たな道を自ら見つけ（ホープ）、自ら行動を起こしている方（エフィカシー）であることがここからもうかがえる。この後で、我々のグループは、ルーサンス教授と共同研究を行い、この持続的で学習可能な幸せ「心の資本」を、テクノロジーを使って明らかにする共著論文を出した。[6]

ちなみにこの「心の資本」は、幸せの研究を精力的に推進している慶應義塾大学の前野隆司教授の結果とも整合する。前野教授は、独自に幸せに関する質問紙調査を行い、幸せに関わる重要な因子を抽出した。その結果、幸福には4つの因子が関係していることを見出し、これを「幸せの4因子」と呼んでいる。[7] 手法や言葉の定義は異なるが、この4因子は、「心の資本」の4因子（HERO）と、概念的には重なりあうところが多い。前野教授の4因子は、「やってみよう」因子（自己実現と成長の因子）、「ありのままに」因子（独立と自分らしさの因子）、「なんとかなる」因子（前向きと楽観の因子）、「ありがとう」因子（つながりと感謝の因子）と命名しており、日本人にはこちらの方がわかりやすい面もある。そして、この4因子は心の資本の4因子である「ホープ」「エフィカシー」「レジリエンス」「オプティミズム」とそれぞれ概念的にも重なりあう。「持続的な幸せ」については、「心の資本」のHEROと前野教授の「幸せの4因子」を合わせることで全体像をより理解しやすくなる。

HEROを育むにはどうすればいいか

幸せで生産的な組織の鍵が、この「心の資本」を高めることである。だから、それぞれの人が「自分の心の資本を高め」「自分の内なるHEROを高める」ことを心がけたり、そのための行動を起こすことは、もちろん大事である。

しかし、前章までの結論を考慮すると、もっと重要なことがあると気づく。幸せで生産的な組織とは、

互いに相手の「心の資本」を高めあう組織であり、すなわち、互いに相手を「HERO」にする組織

である。なぜなら、組織の幸せは、「互いに相手の幸せを高めているか」で決まるからだ。このことは、一種の組織としての能力であり、マネジメントや訓練によって学習することも高めることも可能なのだ。

具体的にはどうすればよいのか。それこそが実は、第2章で述べた幸せで生産的な組織の特徴の実現である。基本は、関わる人たちとの「信頼できる関係」をつくることである。そして、幸せな組織には行動から見て取れる4つの特徴（FINE）があった。すなわち「人と人のつな

がりが特定の人に偏らず均等である（フラット）」「5分から10分の短い会話が高頻度で行われている（インプロバイズド）」「会話中に身体が同調してよく動く（ノンバーバル）」「発言権が平等である（イコール）」である。これらを通して、関わりあう人たちの「内なるHERO」を互いに豊かにしあうことで「心の資本」の高い集団になる。自ら進む道を見つけ、自信を持って行動を起こし、困難に立ち向かい、前向きな物語を生み出すパワーのある集団だ。

心の資本と私

ここまで、やや抽象的な概念の話が続いたので、私自身の経験を例に、より具体的なイメージや、仕事の中でいかにHEROを高め、互いに高めあうかをお伝えしたい。この経緯の一部は、前にも書いたが、改めてこの目的のために、この経緯の全体像を綴りたい。

私は、2003年から、「データ」を活用した「人間中心」の技術の研究や事業化を推進し、その中心に人の「幸せ」を置いてきた。これは、2020年2月に、世界最大の学会IEEEからの最高位の賞を受賞することにもつながった。さらに、2020年7月には「株式会社ハピネスプラネット」を設立し、そのCEOに就いた。新会社が船出をしたところであり、まだまだこれからだが、ここにいたる過程で、ここまで論じた「幸せで生産的な組織」の法則の活用が大きな力になった。

このテーマの研究を始めたころは、そもそも「データ」とはコンピュータで処理される対象であって、今のようにそれ自体が価値を持つものとは考えられてはいなかった。

さらに「人間」や「幸せ」は、宗教や哲学の対象であって、私の勤めている製造業の会社が扱うようなものではなかった。社内では、人間が関わる問題は、装置やシステムのユーザーインタフェースの設計ぐらいであり、周囲の認識としても、それらはハードウエアという価値に関わる表面上の「かざり」だ、という程度だったかもしれない。

そのような認識が一般的な環境の中で、前記の「データ×人間×幸せ」を研究テーマとして会社の中で推進するためには、あらゆるところで抵抗や障害を越える必要があった。この先が見えない逆風の環境の中で、私の力になったのが、後から思えば「心の資本＝HERO」だったのである。

前にも述べたように、私がこのテーマに取り組む前に約20年にわたり行っていた半導体の研究開発が、2004年に日立の事業構造転換によってできなくなってしまった。この結果、一種の社内失業になった。20年間にわたり培ってきた人脈・スキル・学会でのポジションなどが、今後は使えなくなると思うと、残念な思いがなかったといえば嘘になる。

半導体は、会社の一大事業だったので、研究人員の規模も大きかった。既に、私は半導体の研究部の部長だった。しかし、そもそも分野そのものがなくなったので、新たな分野への転向を迫られることになった。

そのとき既に、私は44歳になっていた。ここしばらくはマネジメントしか行っておらず、現場の実験やソフトウエア開発のような仕事からは離れていた。新しい分野の仕事を一から覚えて一流になるのには、既に遅いのではないか、という焦りもあった。この私の体験から、HEROの意味をより深められればと思う。

ホープ／エフィカシーはこうして高めた

まず「自ら進む道を見つける力」（ホープ）と「現実を受けとめて行動を起こす力」（エフィカシー）は関係が深いので合わせて説明をする。

半導体しかやったことのない44歳の私が、住み慣れた分野を離れて直面したのは、どこを見ても先が見えないし、どこに進めばよいかが、わからない状況であった。20年の経験によって、半導体のことは幅広く知っていたが、それ以外のシステムやサービスのことはほぼ知識がなく、一般人と変わらないレベルだった。まさに、自ら道を見つけることができない状況、すなわち「ホープ」が低い状況であった。

自分としては、それなりに社内外に人脈を持っていたつもりだった。たとえば、アメリカのインテルやIBMなどの開発責任者から個人的に面会を求められることもたびたびあった。ところが、このような状況になってみると、それらの人がすべて半導体の関係者だった。視野や情報源を拡げようにも、他の世界には知り合いがいなかった。さらに、実は半導体以外の分野で、日立が何をやっているのか、あまりよく知らなかった。知っているのは、半導体の需要先である携帯端末事業やコンピュータ事業ぐらいだった。ここでは、半導体がなまじ大きな事業分野だったことが裏目に出た。

それまで半導体の研究部長を務めていたときには、開発の方向や次の展開は、いわゆる「ムーアの法則」というマクロなトレンドや既存事業の流れから、自ずと大枠が決まっていた。もちろん、その先には、いろいろな工夫や挑戦の余地はあった。しかし、半導体研究から離れると、まったく違っていた。道を指し示すものは何もなかった。この状況をなんとかしなければいけないことだけは明らかだった。

それまでの仕事は、数年にわたる戦略と計画をつくり、それに沿って、今年度の仕事を計画的に実行していくことが基本になっていた。そして、計画通りにいかないときには、対策を立てるやり方である。いわゆるPDCA（計画・実施・評価・対処＝Plan-Do-Check-Act）だ。

しかし、先が見えない状況では、計画を立てても、あるいは計画から外れることに対策を立てても、現実には意味がないように思えた。

既に持っているもので始める

そこで、既に持っているもので始められ、1か月ぐらいで短期に実行でき、結果が具体的に見られる小さなプロジェクトを設定し、まずはそこに集中し、その結果が出たときに、次にやるべきことを考えるという、まったく「いきあたりばったり」の方法をとらざるを得なかった。

従来のPDCAに慣れていた私には、正直いって、まったく落ち着かなかった。早く新しい分野のプロになって、この素人のようなやり方を卒業しなければと思った。

しかし、この「いきあたりばったり」方式からは、結局卒業することはなかった。というのも、今も続いているからである。

実際には、何かをやってみるたびに、やる前にはわからなかったことがわかるので、次にやるべきことは、前には考え得ないことになった。だったら、その前に先のことを計画することは意味がなかったと思えたのである。

そのうち仕事が軌道に乗ったら、「あるべき姿」としてのPDCAができるようになるのかと思っていた。しかし、いつまで経っても、この状態は変わらなかった。常に状況が流動的なため、長期にわたってこうすればよいという確信がいつまでも生まれないのである。ただ、ともかく前進しているのだけが救いだった。

この「いきあたりばったり」を何年か、やむを得ない形で続けているうちに、新しいことを開拓するときには、このやり方は、必然的なのかもしれないと思い始めた。これは避けられないし、これでいいんだ、という確信が深まった。

「実験と学習」で道を見つけていく

そして、いつかこれを「実験と学習」のサイクルと呼ぶようになっていた。

当初私は、戦略やその実現性を事前に十分検討してから進めるべき、と思っていたのに、実際には、それが不可能な状況に置かれることになった。このために、進むべき道が見つけられず、行動も起こせない状態だった。まさにホープとエフィカシーが低い状態だった。

ところが、やむを得ず、この「いきあたりばったり」の進め方を数年にわたり進めた結果、私に変化が起きた。先のことがわからないのはむしろ当然で、その中で、今行うべきことを見出し、行動すればよい、という開き直りが生まれた。

このような先の見えない状況では、今越えるべきことの先を議論しても、意味がないことがほとんどである。それなのに、当時の私は、それがうまくいった先の先のことまで納得し、上司にも部下にも説明できないと行動するべきではない、という思い込みがあった。

これは、同僚たちも同じだった。目の前の山を越えないと先がない状況で、どうやって越えるかを議論しているのに、事業が拡大してスケールするときの心配を議論し始める人がいた。当初は、その議論に付き合っていた。しかしそのうちに、「それは、今議論しても無駄だから、時期が来たときに議論しよう」と素直にいえるようになった。

さらに、この「実験と学習」というのは、従来の「PDCA」や「業務の標準化」などに比べ、実は優れているのではないか、と人にも勧めるようになった。

この過程で、検討はほどほどに、既に持っているもので、ともかく行動を起こすことで、前進することができるようになっていった。

資源と権限は、実績によって獲得する

さらに意外なことが起きた。この短期の実験と学習を通して、いきあたりばったりに進んでいるチームと私を、まわりが次第に評価し始めた。小まめに実績が出るし、それは、上司や上層部からの信頼度につながっていった。信頼度の向上によって、より大胆な実験と学習の自由度が得られ、予算規模も大きくなっていった。

従来、会社の仕事は、「自分ごと」として前向きに進めてきたつもりではあった。しかし実際には、仕事や権限は、人事権や予算権を持っている会社や上司から与えられるもの、というのが現実であった。

ところが、この経験を通して、資源も権限も、成果によって獲得するものであるという認識が、私にもチームにも強くなっていった。先が見えない状況でも、自分たちの力で道は見つけられるし、動かせるという感覚が強まっていった。実際、先が見えない仕事については、上司や幹部を含め、誰も本当のところは確信が持てないこともわかってきた。

このようなことを通じて、私もチームメンバーも、ホープという「心の資本」の蓄積が徐々に増えていったのだと思う。

成功に必要なことは何でもやる

この「実験と学習」が常態化するにつれ、別の変化も経験した。

そもそも、ある程度の規模になった企業では、機能別に部署が分かれている。企画、総務、人事、法務、調達、営業、研究、開発、IT、サービスなどである。

私も同僚も企業の研究所に所属する研究者だった。従って、メンバーは、研究を企画し、実施し、結果を論文や特許という形にし、発表することを仕事として行っていた。ただし、大学の研究者とは違い、研究は論文を書けば終わりというわけではない。事業になるような新しい技術を開発し、開発技術が実用になるように泥臭い評価や改良なども行う。しかし、あくまでも技術の開発が仕事で、それ以外は、自分にはできないし、する必要もないと思っていた。

ところが、先の見えない中で、短期集中的な目標を次々に超えていくスタイルで、仕事の成功を第一に考えると、研究者の仕事の範疇を超えないと先に進まないことが増えていった。たとえば、顧客との関係づくり、契約書づくり、外注先との価格交渉や外注人材のマネジメント、品質確保のプロセスづくりである。

仕方がないので、これらの仕事も、分担して自分たちでやらざるを得なかった。メンバーによっては、「この仕事は研究ではない」と不満をもらす人もいた。

しかし、仕事の成功を第一に考えて、必要なことをやらざるを得なかった。私自身についていえば、しばらく研究組織のマネジメントをやっていたので、具体的な実験やソフトウエアの開発を自分自身で行うのは、ご無沙汰だった。しかし、必要に迫られて、データ解析からAIソフトウエアの開発から、顧客への営業、外注先の管理まで、仕事の成功に必要なことは何でも自らやるようになった。

この中で、メンバーも私も認識が変わっていった。それは、「仕事とは決められた職能とその責任を果たすこと」という認識から、「仕事とは成功に必要なことは何でもやること」という認識への変化である。そして、それはまわりの支援を得ながら協力して行えばできる、という自信（エフィカシー）にもつながっていった。

自分の役割は自分で決める

この短期集中で山を越えていくスタイルでは、メンバーは皆とても忙しくなっていった。しかも、それぞれの仕事の範囲も拡がっていった。結果として、専業のマネジャーはいなくなり、私を含めて全員が一種のプレイングマネジャーにならざるを得なかった。このため、部下一人一人のジョブの役割を定義し、タスクをアサインしてフォローアップする、という従来のマネジメントのやり方が現実的でなくなっていった。

そもそも、必要に迫られてそれぞれがいろいろなタスクを行っているので、上司と部下という概念も現実と合わなくなっていた。このため、人によっては、自分の担当や役割がわかりません、という不安をもらす人もいた。そういう人は、研究所だから研究をやるべき、と素朴に思いがちであった。従来型のマネジメントをなんとしても確立しなくては、と思っていた私には、これはとても居心地が悪い状態であった。

しかし、先が見えなくて、どんな役割がいつ必要になるかが見えない中で「あなたの役割はこれこれです」と固定的に決めてしまうのは、現実には合わなかった。役割は常に流動的にならざるを得なかった。

ともかく短期集中型で来た波を次々に越えていくスタイルで日々前進するうちに、ここにも変化が現れた。それは、目指す目標から、状況にフィットする自分の仕事とその役割を自らつくるようになったことである。「与えられた仕事の責任を果たす」のではなく、チームの成功に必要な「自分の役割を見つけ貢献する」ことが始まったのである。

ここで大事なのは、先に役割があるのではなく、既に自らが持っているもので役割を見つけることだ。準備ができることや、権限や知識が十分に準備されるのを待たないことである。実際のところ、そんな準備が整うことは永久にないのだ。だから、今、各人が、「既に持っているもので始める」以外に方法はなかったのである。

まとめると、会社の事業構造転換により、社内失業の憂き目に遭った私たちは、先が見えず、行動を起こせない閉塞状態、すなわちホープとエフィカシーの極めて低い状態にあった。それまでの従来型組織では、程度の違いはあっても、以下を前提にしていた。

・十分に事前検討した計画に基づき実行する
・与えられた仕事の役割や権限の範囲で責任を果たす
・自分の専門性の範囲内で卓越した仕事をする
・目的達成に必要な資源や準備を整えてから始める

しかし、先が見えない中で、これらを行うことができなかった。しかたがなく、1か月以内に具体的な結果が見えるような短期集中型のプロジェクトを繰り返して、突破口や活路を見出そうとした。その結果、私も同僚も、考え方や行動が以下のように変わっていった。

・既に持っているもので始める
・検討はほどほどにして行動（実験と学習）する
・仕事の資源と権限は、実績によって獲得する
・成功に必要なことは臆せず何でもやる
・自分の役割は自分で決める

この変化こそが、ホープとエフィカシーという「心の資本」を高めた鍵だったと思う。

レジリエンス／オプティミズムはこうして高めた

残った「心の資本」である「レジリエンス」と「オプティミズム」についても論じたい。そもそも、会社の構造転換によって20年も培ってきたスキルも人脈も使えなくなってしまった我々には、ないものづくしだった。事業がそもそもない。従って、顧客も、営業も、マーケティングも、開発もない。研究資金を提供してくれるスポンサーもない。

何か役に立ちそうな既存の分野への参入を考えても、その道には長年のプロがいるので、素人が今から参入しても、とても太刀打ちできそうになかった。我々がもともと得意としていたデバイス分野でないと我々の存在意義がなくなる、という不安な声もあった。根拠なく楽観的なこともいえない雰囲気がチームに漂っていた。

全般には、困難な現実があり、それに立ち向かう力が低下していた。すなわちレジリエンスの低い状態であった。そして、前向きなストーリーを描く力、すなわちオプティミズムも低い状態であった。

仕事の上位目的にこだわり、手段にこだわらない

「なぜこんなことになったのか」と後ろ向きな思考回路が働くこともあった。

半導体からの撤退という出来事を前に私が思ったこと、それが「変化に強くありたい」とい

うことだった。長年やってきたことが一夜にして無駄になる、ということはもう経験したくない。そう思った。

そもそも、なぜ半導体はあれほど輝いていたのに、これほど簡単に衰退してしまったのだろうと考えた。私の答えは、半導体が単なる部品であり、情報の記憶や計算の手段でしかないから、というものだ。状況が変わると手段は変えざるを得ない。だから、手段は変化に弱いのだ。そう考えた。

一方、状況が変わっても変わらないのは、第1章でも述べたように、目的である。より目的に迫ろう。それが「変化に強くなる」ための秘訣である。ただし、目的には常により上位の目的がある。変化に究極まで強くなるためには、究極まで上位の目的を目指すべきと思った。

半導体ではなく、その目的の計算処理へ。いや、計算処理ではなく、その目的のITを使ったサービスへ。いや、ITのサービスではなく、その目的のユーザーの価値へ。いや、ユーザーの表面的な価値ではなく、その上位にあたる目的へ。

それは、人の幸せ（ハピネス）以外にない。幸せよりも上位の目的は考えにくいと思った。そしてこれまでにも何度か触れたように、アリストテレスの『ニコマコス倫理学』には、まさに幸せこそが、究極の最上位の目的であり、それ以上の理由を必要としないものと書かれていた。

変化に強くなるには、目的からの発想ができることが必要だ。そして、目的には常により上位の目的がある。いかに大きな変化が来ても、揺るがないもの、それは究極の上位目的である。

究極の上位目的を、我々は「幸せ」と呼ぶ。

これが、私が「幸せ」をテーマにした経緯だ（実は、学生時代からヒルティの『幸福論』を最大の愛読書にしていたこともう一つの大きな理由だった）。

この閉塞状態を脱するためには、可能な限り上位目的に活動の中心を移動させる必要があると思った。長年心血を注いできた分野を捨てざるを得なかった経験をした私は、この上位目的への思いは人一倍強かった。

「幸せ」のためのテクノロジーというのは、突飛な考えだった。「宗教を始めたのか」といわれることもたびたびであった。分野の知識も経験もなければ、それを持ったメンバーもいなかった。

そこに予想不能な形で偶然の出会いが起きた。手に取ったドラッカーの『明日を支配するもの』の次の言葉が強く印象に残った（第1章でも紹介した言葉だ）。「二〇世紀の偉業は、製造業における肉体労働の生産性を五〇倍に上げたことである。続く二一世紀に期待される偉業は、知識労働者の生産性を、同じように大幅に引き上げることである」。21世紀の生産性向上は、まだ答えはないが、解決できたら偉業と呼ぶべきものであることに、なぜか心が動いた。

この21世紀の生産性向上が気になっているときに、第2章で紹介した「ポジティブ心理学」という分野のことをたまたま聞いた。興味を持ったので、少し調べてみると、実は、「幸せな人は生産性が高い」というデータが出ているという。もしかしたら、「幸せと生産性」を結びつけることで、ドラッカーのいう偉業に迫れるのではないか、と思うと、心が震えるのを覚えた。

ただ、目的が上位すぎて、自分たちが持っていた知識や経験とのギャップが大きすぎ、ただの妄想に終わるかもしれなかった。しかし、この幸せと生産性という極めて上位の目的は、世の中がどんなに変化しても、揺るがないものであろう、ということは確信が持てた。

大義の威力

この「心の震え」は何だろうと思った。おそらく、「幸せ」という大きな目的を持つことで、自分が社会の「大義」に貢献できる感覚ではないか、と思った。「大義」のことを英語では「cause」と呼ぶ。心も人も動かす原動力というニュアンスであろうか。

従来、企業の現場では、標準化されたプロセスやルールに沿って、業務を行う仕組みを作ってきた。そこには「大義」はあまり感じられない。目指す未来もない。あるのは「指示と統制」だけで、人をまるで機械の歯車のように扱うことにも見える。

この「幸福と生産性」という「大義への挑戦」を意識するようになると、前向きなストーリーで語れることが徐々に増えていった。まさしく「前向きな物語を生む力」が格段に向上した。これこそが「オプティミズム」を高めることであった。

第1章では、「上位の目的」は、ルールや計画のマイナス面を克服し、「実験と学習」によって変化に対応するのに必要なものだと述べたが、さらに根本的な、前向きに物事を推し進める原動力となるオプティミズムを高めるためにも、非常に重要なのだ。

困難を最高の学びの機会にする

依然、事業部もない、人もいない、実績もないという、「ないものづくし」の状況ではあった。しかし次第に、「大義への挑戦」のためには、この「ないものづくし」も「避けて通れない試練」と思えるようになっていった。困難は、大義のための試練と思え、次第に変化を機会と思うことができるようになっていった。

新たな分野を創る道を選んだおかげで、世界でまだ誰も試していないことを試し、世界の誰も経験したこともないことを経験し、世界の誰も知ることのないことを学んでいた。すなわち、この困難がなければ決して得られなかった学びの機会を得ていた。

そして、この体験を与えてくれたのは、半導体事業の撤退という試練にほかならなかった。これから私は学んだ。人生は我々に学ぶ機会を与えてくれる。試練という形で。そして、試練こそが、レジリエンスという持続的な幸せを得るために必要なものなのだと気づいた。

それから、約17年後。2020年の新型コロナウイルスによる感染症拡大にあたり、変化に強くなる効果（＝レジリエンス）が明確に表れた。

社会や経済の状況は劇的に変化した。大きな試練の中にある人たちも多いと思う。しかし、社会が幸せを求めていることには、何の揺るぎもない。私は、ありがたいことに、いろいろな経緯の結果として、色あせない目標である「幸せ」という目標を追求することになった。今後も、変化は予測不能にやってくる。しかし、感染症にしろ、それ以外のどんな変化に対しても「幸せ」だけは揺らぐことはないはずと思う。既存のあらゆる事業は、この幸せと掛け合わせることで、よりレジリエントな事業に変えることができないかと考えている。

新たな人との出会いを活用する

先が見えない中で常に実験を行い、そこから学習するというのは、常に自分たちの立ち位置や状態の見直しを迫られることである。それは落ち着かないし、常に時間がない状態であった。そんな中で、新たな情報と出会ったり、知らない人からメールや依頼が来ることがあった。しかも、その情報やメールの内容は、今取り組んでいる仕事や目指していることには直接関係ないことが多かった。こんなとき、読者の皆さんならどうするだろうか。

こんなときに、私に最初に浮かんだ正直な気持ちは、これに時間を使うのは「めんどうくさいし、忙しいのに時間の無駄ではないか」というものであった。しかし、不思議なことにそれに続けて「めんどうくさいからこそ、会ってみようか、やってみようか」という思いが浮かんだ。一旦失うものがなくなった者だからこそ、吹っ切れた面があったのかもしれない。

たとえば、たまたま読んでいた本に、人の充実感に関する世界的権威としてミハイ・チクセントミハイ教授のことが書いてあった。調べると心理学の大家である。それまで、テクノロジーの開発を行っていた私にとっては、心理学の権威はとても遠い人であり、まったく縁のない人であった。それ以上このことをさらに追求するのは「めんどうくさいし、忙しいのに時間の無駄ではないか」とも思った。

ところがその直後になぜか「めんどうくさいからこそ、この人に会うと何か起きるかもしれない」という妄想が浮かんだ。その直後に、チクセントミハイ教授のメールアドレスをネットで探し始めていた。その勢いのままに、メールでチクセントミハイ教授に直接面会の依頼をしていた。チクセントミハイ教授は大変気さくに面会してくださり、その結果、共同研究をするところまでにいたった。これがその後の、心理学とテクノロジーを掛け合わせた研究の最初の一歩になった。それは実は、たまたま出会った本の情報と「めんどうくさい」から始まったのである。

ある程度仕事が進展してからのエピソードも紹介したい。これもまた「めんどうくさいし、忙しいのに時間の無駄ではないか」から始まった体験であった。それは突然のメールで始まった。それまでまったくご縁のなかったアラブの知らない人からのアラビア語交じりのメールだったので、てっきりスパム・メールだと思って捨てようとした。なぜかそのときは、思いとどまってよく読んでみた。すると、翌年の2月にドバイで開催されるイベントでの講演の依頼であった。差出人は、アラブ首長国連邦（UAE）の役人であった。正直いって、アラブやイスラム圏にそれまで縁も興味もなかった私には、今の仕事の役に立つことは何一つ想像できなかった。ただ「めんどうくさいし、時間が奪われる」だけのメールに思えた。しかし、その次の瞬間になぜか「待てよ。めんどうくさいからやってみようか」と思った。そして、メールに前向きな返事をしていた。

ところがその後、よくよく依頼主のUAEの役人から話を聞いてみると、UAEは、ハピネス省を設立し、カリーファ・アル・ルーミ氏をハピネス大臣（その後ハピネス&ウエルビーイング大臣に改称）に任命した。そして、あらゆる法律は、このハピネス大臣によるアセスメントを通らないと法律にならないという法律を作ることで、幸せな国づくりに注力することを制度上も明確にしたことを聞いた。これには驚いた。

さらに、イベントは世界政府サミット（World Government Summit）というもので、インドのモディ首相やIMFのラガルド専務理事や俳優のロバート・デ・ニーロも講演するという。最初の私の根拠のない想定とはまったく別の展開になっていった。その後も、このご縁からやはりドバイで開催された幸福都市（Happy Cities）の国際会議で講演させていただいたり、ドバイへの数度の出張で、さらにいろいろな人たちとの出会いから想定を超えて話が発展していった。

以上のような体験から、このような出会いや依頼があったときに、当初浮かぶ「めんどうくささ」や「自分の仕事には関係ないだろう」という想定がいかに当てにならないかを認識することになった。

むしろ、新たな出会いは、まったく計画できないし、その結果何が起きるかは想定できないものである、というある種の謙虚さを学んだ。読書中にチクセントミハイ教授の存在と出会うことは計画できない。そして分野も違う心理学の教授に突然会いにいくという行動がなければその先はなかった。臆せず教授に会いにいったことが、その後のテクノロジーと心理学の融合を宣言する世界初の論文につながることも、計画しえないことだ。しかし、そういうことは実際に起きるし、珍しいことでもないのである。

このように、出会いを活用し協力者をつくり助け合うことは、不確実性の高い新しい分野では不可欠である。偶然の出会いは、予測も計画も不可能である。しかし、このような予測も計画も不可能なことは、実際に突然やってくる。その時点では、どんな結果につながるかまったく見えない。忙しいときに、どんな結果につながるかわからないことをやり過ごすこともできる。しかし、その変化をむしろ積極的に活用し、前向きなストーリーで前進させていくことこそが、オプティミズムである。

最終的に仕事のやり方はどう変わったか

まとめると、ゼロからの出発となった我々は、知識も経験も組織もない状態で、後ろ向きの思考回路もしばしばまわる中で、「困難に立ち向かう力」であるレジリエンスも、「前向きな物

語を生み出す力」であるオプティミズムも低い状態であった。それまで前提にしていたのは、

・目標と現実とのギャップを埋めようとする
・準備が整ってから進み始める
・目的成功の合理的説明が可能な場合にのみ動く
・損失が出ないように責任範囲を限定する

であった。しかし、後ろ向きでは進めない状況でもがく中で、新たな思考回路や行動の仕方が生まれていった。

・大義や仕事の意義にこだわり、手段にこだわらない
・ないものづくしの環境を受け入れ一歩ずつ進む
・困難を最高の学びの機会にする
・新たな人との偶然の出会いを活用する
・変化の中にチャンスを見出す

これが、我々にレジリエンスとオプティミズムを与えた。しかも、驚くべきことに、予測不

能な変化は新たな機会であるというそれまでにない考え方を、体験を通じて養うことができた。「実験と学習」のサイクルがまわるたびに、私やチームに関する社内外からの信頼や評価が徐々に高まっていった。当初は、まったく実績もプレゼンスもないチームだった。次第に関係者も増えていった。実績によって資源を獲得していった。まったく想定していなかった展開になった。

結果として、この「HERO」に基づく仕事への向き合い方は、従来の効率化のための「あるべき姿」と大きく異なるものとなった。これを「効率化」と対比して「幸福化」と呼ぼう（これを図4－1にまとめた）。大事なことは、この「効率化」と「幸福化」は、どちらも必要ということだ。

「幸福化」を阻むのは、不幸を喜ぶ「ダークパワー」ではない。「よかれ」と思って、業務を安定させ、合理的に説明できるようにし、損失を出さないようにし、管理・統制する仕組みが結果としてHEROを阻むことになりがちなのである。たとえば、分厚いチェックリストや関係者による何週間も何か月も要する承認手順が、試行錯誤しながら前進する人の前に立ちはだかる壁になるのだ。

これらの仕組みはまっとうな会社には必要なことだ。これまでの失敗や不具合を繰り返さないためのものだからである。

しかし、新しいことを起こそうとする人には、目の前に立ちはだかる壁になる。これを前にするとき、一旦は、先が見えなくとも前向きに行動しようと思った人が、「これでは回収の見通しが得られない」と自ら提案を諦めてしまう。この先に何かがありそうだ、という直感を持ちながらも、「これでは説明責任を果たせない」と自ら否定してしまう。

だからこそ、「効率化」を進めれば進めるほど「HERO」に基づく「幸福化」をも同時に応援し奨励する必要があるのだ。人間は機械ではない。心がある。そしてデータは、この心を大事にすることこそが、業績や利益に直結することを示している。

変化の中では、効率化という一見まっとうな大人の考え方こそが、変化への適応を阻み、未知の変化を無視することになる。まっとうな大人の対応は、一見より厳しいものの見方のように見えて、変化の中では、何もしない方に人を誘導する甘い見方に転じてしまう。

「効率化」を進めるほどに、より強く「幸福化」も奨励することがより厳しい現実に向き合うことを可能にするのである。

今後、予測不能な変化がさらに加速するため、人は絶えず自己変革する必要がある。このために、人の前向きさや熱意の大事さは増すばかりである。先が見えなくとも、道が見つかると信じ、現状を受けとめて行動し、困難には立ち向かい、前向きなストーリーをつくることが必要である。

効率化と幸福化は両方が必要である。両方を大声で語れる企業や社会にしたいものだ。先日、ある企業の役員と会話したとき、その役員は幸福について「青臭いことをいうようですが」と

効率化		幸福化
安定させ、平準化する ・組織や役割に沿った貢献を人に求める ・過去の失敗をチェックし、リスクを避ける ・一律性や安定性を追求する ・予期せぬ変化の影響を最小化する	Hope →	**道は見つかると信じている** ・不確実な中でも、人を信頼しようとする ・自分が持っていない視点を教わろうとする ・違いや変化の中にチャンスを見出す ・偶然の機会や出会いを、進化につなげる
説明できるようにする ・始めるのに合理的説明を必要とする ・計画に沿って PDCA サイクルをまわす ・仕事は標準化し、横展開する ・与えられた資源やルールの範囲で活動する	Efficacy →	**現実を受けとめて、行動する** ・自分が感じるままに、まず始める ・検討はほどほどに、先が見えなくとも行動する ・目的にこだわり、必要なことは何でもやる ・役割や資源は、新たな実績によって獲得する
損失を出さないようにする ・目標と現実とのギャップを埋めようとする ・準備と資源が整ってから進み始める ・利益が見込まれる場合にのみ動く ・物事を短期に成功させるようとする	Resilience →	**困難には立ち向かう** ・現実を直視し、やるべきことを素直に受けとめる ・決意をもって、今あるもので進もうとする ・許容できる損失を明確にし、踏み出そうとする ・困難には立ち向かい、最高の学びの機会にする
管理・統制できるようにする ・リーダーの下で役割を決め、分業する ・損失が出ないように責任範囲を決める ・分担や契約の範囲で責任を果たす ・効率の最大化を追求する	Optimism →	**前向きなストーリーをつくる** ・新たな人や知識とつながる ・協力者をつくり、互いに助けあう ・意見や立場の違いを超えて対話する ・大義に向かって共に創造する

図4-1 効率化と幸福化を対比して示す。従来、「よかれ」という思いで、仕事を安定させ、説明可能にし、損失を出さないようにし、管理することで効率化してきた。しかし、これが一方で、人の道を信じる力（ホープ）や現実の制約の中でも行動を起こす力（エフィカシー）や困難にも立ち向かっていく力（レジリエンス）、前向きなストーリーを描く力（オプティミズム）を結果として奪ってきた。効率化を進めるほど幸福化をも強調する必要がある。

いう枕詞をつけて発言した。今の企業や大人の社会では、幸せを語ることを「青臭い」ことと捉える風潮ができてしまったのかもしれない。極端に振れてしまったのだ。

しかし、幸福化やHEROは、今も多くの映画やアニメの主題である。「スター・ウォーズ」でも「セーラームーン」でも「スラムダンク」でも根底にあるテーマは、この内なるHEROである。これは、我々の中にすでにHEROがあるから共感を生むのだと思う。

今こそ、効率化と幸福化の両者が必要というバランスを取り戻すときだ。

幸せは、新事業創生を可能にする

この「心の資本」を高めることは、既存事業の生産性向上に必要であるだけでなく、新しい事業を創り出すときには、より重要な意味を持つ。新事業の創生は、アントレプレナーシップ（「起業家精神」と訳されることが多い）と呼ばれ、それ自体が一つの学問分野として研究されている。

この新事業の創生に関して、この20年の学術研究により重要な発見があった。それは、通常のビジネスパーソンの考え方と、成功した起業家の考え方とは、まったく異なるということである。

心理学から政治経済や情報科学までの幅広い分野での基本的な概念を生み出し、ノーベル経済学賞も受賞したハーバート・サイモンの最晩年の弟子の一人に、ハーバード大学のサラス・

サラスバシー教授がいる。

サラスバシー教授は、仮想的な起業を想定した参加型のシミュレーションに、グローバル企業のビジネスパーソンと成功した起業家に参加してもらった。これにより、新事業を起こす場面での、両者の行動や判断を比較した。

その結果、両者はまったく異なる考え方で行動することが明らかになった。

グローバル企業のビジネスパーソンがまず行うのはゴールの設定であった。そして、そのために、必要な資源(ヒトモノカネ)の調達や、実現性のある計画の立案を行う。このときに重視するのは、いわゆる原因と結果という因果関係に基づく計画の妥当性の検証だ。極めてまっとうである。この通常のビジネスパーソンのアプローチは、因果を重視するという意味で「コーゼーション(Causation)」と呼ばれている。

しかし、このいかにも「まっとうなアプローチ」は、予測不能な変化をともなう現実の中では、人を無力にする。というのも、予測不能ということは、因果関係をいくら精緻に考えても、考え切れないことがたくさんあり、変化がどこからか次々に現れるからだ。このような状況で無理に論理的に正当化でき、説明可能なゴールとそのための計画を立てようとしても、できることは限られる。すると、損失が出るリスクがあることはやらないという判断になるのが普通だ。従って、真面目に考えれば考えるほど、何もしない方がよいという結論になってしまうのだ。これが、なまじ経験を持つビジネスパーソンが新事業を起こせない大きな理由である。

エフェクチュエーションとコーゼーション

一方、成功経験のある起業家の考え方はまったく異なることが明らかになった。これを「エフェクチュエーション（Effectuation）」と呼び、「コーゼーション」と対比させた。[8-9]

まず、成功した起業家は「許容できる損失」からスタートする。不確実な状況では、状況によって損失を出すことを完全に排除することはできない。だから、損失はもちろん出したくないとしても、ここまでの損失ならなんとか許容できるというレベルはどこにあるかを考える。最悪の場合にそれだけの損失が出ることは最初に覚悟するのである。

その上で、既に持っているもの（能力や資源やつながりなど）で始める。ここも通常のビジネスパーソンとは大きく異なるところだ。通常のビジネスパーソンは、設定したゴールを実現する計画実行のために必要な資源や体制が準備できたときにスタートするのである。起業家はそれを待たない。既に持っているもので進み始める。なぜか。行動しなければわからないことが多い不確実な状況で、机の上で検討と計画立案ばかりしていても進まないからである。

そして、行動すれば、新たな情報や知識や経験、さらに新たな人とのつながりが得られる。すなわち、新たな資源が得られる。自らが持つ資源が増えれば、描く目的や目標も、行動できる範囲も変わる。この新たな資源を活用し、直ちに次の行動を起こすのである。この行動による新たな資源の獲得を継続的に繰り返していくのだ。

このように自らの資源を段階的に増やしながら、何を目指すか、そのために次に何ができるかを、継続的に軌道修正しながら進むのだ。このときに、状況が変わるごとに、既に持っているものの新たな組合せを試み、新たにどんなことができるかを考え直すのである。たとえば、既存のものに新たなものを加えたり、削ったり、掛け合わせたり、一つに融合したり、単純化したり、元の想定とは異なる使い方をしたりする（進化の用語では「前適応」と呼ばれる）。この起業家の行動や判断は、通常のビジネスパーソンが、一旦コミットしたゴールや計画にこだわり、そこからの乖離の説明と修正を重視するのと大きな違いである。

この新たな情報や知識、さらに新たな人とのつながりを得るには、偶然の出会いが大きな影響を持つ。従って、そのような偶然の出会いを大事にし、大いに活用するのである。これも、通常のビジネスパーソンが、予測可能で計画可能な戦略や方針の枠内で行動し、偶然の出会いやつながりを重視しない（あるいは頼れないものとして無視する）のと大きな違いがある。

最後に、成功した起業家の行動のもう一つの重要な特徴は、この事業創生に関わる従業員や顧客やパートナーなどの関係者の結束とコミットメントを大変重要視することである。これらのメンバーの強みやコミットメントを結集し、活動全体を創生していくのである。これは、キルトによるパッチワークに喩えて、「クレージーキルトの原則」と呼ばれている。個性と強みのある人たちがパッチワークのようにつながりあって、チームの目的や活動が生み出されるのである。参画している人に属人的に固有の目的や活動が定まるのである。これも、通常のビジネスパーソンが、始めに人とは無関係にゴールを設定し、それに必要な資源として関係者を見ているのとは視点がまるで逆である。

以上に紹介した「エフェクチュエーション」という考え方は、まさに「心の資本」が高い人や、「ハピネス関係度」の高い人の行動原則と、ピッタリ重なりあっている（図4-1）。まず「許容できる損失の覚悟を決め（＝レジリエンス）」「既に持っているもので始め（＝エフィカシー）」「偶然の機会や出会いを活用し（＝ホープ）」「新たな人や知識とつながり（＝オプティミズム）」「関係者との信頼のおける協力関係を築く（＝FINE thanks）」が、成功する起業家の行動原則なのである。

従って、新しい事業を起こすには、内にHEROを持ち、FINEな関係をつくることが必要だ。まったく独立に、組織行動学においてルーサンス教授によって得られた結論と、アントレプレナーシップ分野でサラスバシー教授によって得られた結論が、きれいに重なりあっているのである。

ここから、さらに重要なことがわかる。ここで見つかった「エフェクチュエーション」という正しい方法で新事業の創生活動を進めれば、関係者は持続的に幸せになるということである。正しい新事業創生は、持続的な幸せを得るような行動やマインドを人に求めるのである。これを続けることで、人は幸せになることができる。そして、この持続的な幸せがないと、新事業はうまくいかないということである。

もちろん、本当に新事業が成功できるかは、外部環境を含めたさまざまな状況に影響を受けるであろう。しかし、新事業の創生を正しい方法で追求すれば、「心の資本」を高め、持続的な幸せを得る。それは、成功の可能性をより高めるのである。

成功は誰も保証することはできない。しかし、「内なるＨＥＲＯ」を育むことで、持続的な幸せを得るのは確かで保証されているのだ。

各言語に表れる幸せの多様性

幸せに関係する言葉は、世界にいろいろあり、それぞれに微妙にニュアンスが異なる。これは、この多様な変化と幸せのどこを強調するかが、国ごとに、歴史的に異なるためだと思われる。

実は、この中に、内なるＨＥＲＯに近い言葉を使っている国がある。

英語では、幸福に関係する言葉の代表は、「Happiness（ハピネス）」「Wellbeing（ウエルビーイング）」「Fortune（フォーチュン）」「Luck（ラック）」などがある。Happinessは、日本語の「幸福」に近い意味で広義に使われる場合もあれば、より狭義にポジティブな気分の意味で使われることもある。

このポジティブな気分の利那的な側面を避け、より持続的な幸福の意味を強調し、より学術的な中立性を出したいと思う人が増えている。このために最近ではWellbeingという言葉が使われることが増えている。

しかし、Wellbeingは、Happinessに比べ普通の人になじみがないため、Wellbeingを説明するときに、結局Happinessという言葉を使う場合が多い。このため、実務的な折衷案として、Happiness and Wellbeingもよく使われる。アラブ首長国連邦（UAE）の政府は、ハピネス&ウエルビーイング大臣を任命した（Minister of State for Happiness and Wellbeing）。

FortuneやLuckは、幸運や与えられた境遇の側面がより強調されている。日本でよく使われる「幸福」の「幸」も「福」も、ニュアンスに違いはあるが、いずれも外からか、あるいは神から与えられた幸いの意味である。

ドイツ語には、英語のHappinessに直接対応する言葉がないという。ドイツでは、一時的な気分を重要視しないということかもしれない。むしろ、ドイツ語では「Glück（グリュック）」が一般的である。これはニュアンスとしては、英語のLuckに近い。私の愛読書であるヒルティの『幸福論』の原題は「Glück」である。このヒルティの幸福論では、まさに、本章で展開した、やむことのない変化にいかに向き合うかが、一貫した姿勢で論じられている。この源流は、ギリシャのストア派の哲学者、エピクテトスの哲学にある。エピクテトスは今読んでも、その一貫性や簡潔さで心を動かされるし、ヒルティもこのエピクテトスの哲学を『幸福論』の中で大きく紙幅を割いて取りあげている。

日本のしあわせは「人との交わり」

これに対して、日本語の「しあわせ」は、「仕合う」「仕合い（＝試合）」という言葉と同じ語源だ。この言葉には、人と人とが交わることで得られる幸せというニュアンスがある。古代の日本人は、人の幸せを人と人との交わりの中に求めていたということなのではないか。

本書で説明したように、会話を互いの身体の動きで盛り上げることがFINEというよい人間関係の本質であることが、大量のデータにより科学的に示されている。この「仕合わせ」という言葉は、この科学的な幸せの本質に近い。古代の日本人は、データなどを使わずに、直覚力と経験だけから同じ結論にいたっていたのかもしれない。

本居宣長によれば、「考える」という言葉の語源は「交《か》う」にあり、やはり人と人とが交わることを指すという。「考える」というと、我々は自分一人で熟考することをイメージしやすいが、古代の日本人は、むしろ人と人との交わりの中に考えることの本質があると考えたのだ。すなわち、古代の日本人は、幸せも、考えることも、人と人との交わりの中に生まれるものと考えたと思われるのである。

日本語でFortuneやLuckに近いのは、「さち（幸）」や「さいわい（幸い）」という言葉である。今でも、「海の幸」「山の幸」というときには、獲物と出会えた幸運のニュアンスが残っている。

HEROと重なりあうのが、フィンランドである。フィンランドは、国連が毎年主催する世界幸福度調査（World Happiness Report）で2018〜2020年に世界1位となっているために、幸せという意味では最も注目される国の一つである。

『フィンランドの幸せメソッドSISU』（方丈社）という本によると、フィンランドでは、「Sisu（シス）」という言葉がいい意味でよく使われるという。このSisuという言葉は、「困難に負けない強さ」というニュアンスが強いという。まさに、HEROに近い概念を幸せの表現にしているのである。このような概念を幸せの表現にしている国が、世界幸福度調査で世界1位になっているのは注目に値すると思う。

このフィンランドの「Sisu」は、日本語では「頑張る」という言葉に近いのかもしれない。昭和の時代には、この「頑張る」という言葉が、国民のスローガンのようにあらゆる場面で使われていた。

子供の頃、私は、母にことあるごとに「為せばなる為さねばならぬ何事も」といわれた。興味があったので妻に聞いてみると、妻も子供の頃に親によくいわれたという。私が育った1960年代から70年代は、多くの親は、この言葉を子供に言い聞かせてきたのだと思う。この「為せばなる」は前記の「心の資本」（＝HERO）や「Sisu」の概念と重なるところが多い。その当時は、今と比べて、物質的には、決して豊かではなかった。しかし、豊かな「心の資本」に満ち、HEROが多かったのかもしれない。このような考え方は、豊かになるにつれ「精神論」「根性論」と一蹴され、急速に薄れていった。まだ残るのは高校野球などのスポーツ指導とアニメの世界ぐらいであろうか。

しかし今、あらゆる人が「実験と学習」を実践する「探索者」となる時代とは、それすなわち、あらゆる人が変化を機会に変える「HERO」になることだ。そして、仲間をも「HERO」にする社会である。これが、社会の最大の課題である、知識労働者とサービス労働者との階級闘争を超えていくことにもつながる。

それは意外にも、この40年、我々が忘れかけた「為せばなる」を今の時代に思い出すことではないかと思うのである。

第5章

変化に向き合うマネジメント

今や人こそが企業の価値の源泉

予測不能な変化に立ち向かうには人も組織も変わらなければならない。これを第1章で指摘した。未知の変化に前向きに向き合い続けるのに、第2～4章で述べたデータに基づく科学的な知見が生きる。

本章では、このようなデータに基づく新たな企業やマネジメントの姿をより具体的に論じたい。それがここで論じる「人的資本の定量化」と「ウエルビーイングケア」である。

第1章でも指摘したが、人の「前向きな心」や「信頼できる関係」は、従来の企業評価では考慮されてこなかった。これまで企業の評価には、専ら財務的な指標が使われてきた。

20世紀には、標準的なプロダクトやサービスを一律に広く安く展開することが幅広い分野で行われた。その中心が生産工場である。この生産工場という産業のエンジンに資本を投下し、それが有形の資産となり、有形資産が大量のプロダクトを生産することで、利益というリターンを生んだ。

ところが今や、価値を生む主体が大きく変化した。GAFA（グーグル／アマゾン／フェイスブック／アップル）などの21世紀を象徴する企業では、価値を生み出しているのは人であり、その知的生産力である。

にもかかわらず、今も企業評価の際には、20世紀型のモデルに沿って、専ら有形資産（モノ）

として数値化できる範囲のものについて、どれだけの利益を生み出すかを評価対象にしている。実態としては、人が価値を生み出しているのに、有形資産の価値を前提に評価することしかできず、そのため、実態との乖離が大きくなっている。実際に優良企業ではPBR（株価純資産倍率）が基準となる1を大きく上回っていることが多くなっている。一方で、本来の価値を生み出している「人の価値」が評価できないために、人に対し、適切な投資ができない歪みも生じているという現実もある。

今、価値を生んでいるのは、人という資本である。すなわち「人的資本」だ。人という資本に適切に投資し、企業評価に反映させることは、21世紀の企業と資本主義に求められる重要な要件である。特に、変化する中で新たな価値を生み出せるかどうかは、常に人にかかっているし、それを阻むのも常に人である。

人的資本のものさしをつくる

この人的資本は定性的にはこれまでも語られてきた。しかし、後に述べるように、定量化できるかどうかで、現実のマネジメントに対するインパクトには大きな違いが出る。

この人的資本を定量化する尺度としては以下の3要件が求められる。

第1の要件　業績と幸せの両方にポジティブな影響を与える

第2の要件　施策や訓練によって改善可能
第3の要件　以上の要件が、多様な組織で科学的に検証済み

この3つを同時に満たす尺度というのは厳しいが、これまで紹介してきた「前向きな心」の尺度である「心の資本」と、「信頼できる関係」の尺度である「ハピネス関係度」がこれらを満たす。

この組織の中核的な2つの尺度を用いることで、「人的資本」の定量化が可能になる。これを見える化するのが「人的資本マップ」である（口絵4）。

組織のレントゲン写真「人的資本マップ」

人的資本マップはいわば「組織のレントゲン写真」だ。

人的資本マップでは、データによって科学的に検証済みの組織の健全性を測る尺度を用いる。このために、横軸に「信頼できる関係」を取り、縦軸に「前向きな心」を取る。それぞれを「ハピネス関係度」（横軸）と「心の資本」（縦軸）によって数値化する。

この両軸による4つの象限は、組織の現状と改善の方向を以下のように示すものとなる（口絵4）。信頼できる人間関係も前向きな心も乏しい組織を「無力（アパシー＝Apathy）」と呼ぶ。

これは、組織の状態としてはよくない状態であるが、前向きに考えれば、今後の「改善代《しろ》」は

大きい組織ともいえる。

次に、信頼できる人間関係があっても、前向きな心がともなっていない組織を「受動（パッシブ＝Passive）」と呼ぶ。受け身の組織ということである。同僚や上司との関係は悪くなくとも、それが、前向きに自分の道を見つけたり、自ら新たな行動を起こすことにつながっていない。これは、トップダウンのプレッシャーやノルマやルールによる制約が強すぎて、前向きになれない場合などが考えられる。

一方、個人が前向きな心を持っていても、信頼できる人間関係に乏しい組織は「不安（アングザイエティ＝Anxiety）」になる。メンバーが個人として前向きな心を持っているのに、組織として機動性がなく、前向きな行動を支援しない文化になっている場合は、不安や孤立をもたらすからだ。

前向きな心と信頼できる人間関係の両者を備えることができて初めて、変化に挑戦する、幸せで生産的な組織になれるのである。これを「挑戦（チャレンジ＝Challenge）」と呼ぶ。まわりをＨＥＲＯにし、自らもＨＥＲＯになっていく組織である。

「ウエルビーイングケア」が可能になる

このデータを活用した組織のマネジメントは、組織をシステマティックに健全にする営みである。

近年、社会が高齢化し、同時に、医療や介護に対する社会コストは急増しており、個人の心身の健全性やケアへの関心が高まっている。国も巨額な予算を計上している。しかし、ある意味でもっと重要でありながら、注意が向けられていないのが、組織や集団レベルでの健全性の確保である。

これは従業員個人の健康を、組織的にケアするという意味ではない。組織には、人の集合体として集団レベルでの健全性あるいは不健全な状態があり、それは、個人レベルでの健康や不健康とは別物である。

たとえば、組織の中に、人との共感や信頼、相互理解、助け合いが失われていたり、心理的安全性が失われていたり、従業員の孤立やパワハラやいじめが存在していることは「組織レベルでの病気」と捉えることができる。結果としてこれらは、個人レベルでのうつ病や自殺など、心身の健康にも重大な影響を与える。

組織レベルでの健全性の視点が重要なのは、ほとんどの場合、組織や集団が社会に成果を生む主体であり、個人が単独で成果を生む場面は極めて限られるからだ。しかも、解決すべき問題が生じるのも、ほとんどの場合、組織や集団レベルであり、個人が単独で解決できる問題は限られるからだ。

このように組織レベルでの健全性の確保や不健全な状態への対策を科学的に行う社会の仕組みを「ウエルビーイングケア」と呼ぶ。これは、2010年3月に今後のグランドチャレンジを発信した「直島宣言」で提唱された概念である「組織のヘルスケア」を発展させたものだ（「直島宣言」については前著『データの見えざる手』で紹介した）[1]。

「ウエルビーイングケア」では、組織の状態を計測に基づき診断し、よりよい状態にするための科学的な施策を、テクノロジーを活用して行う。このときに、組織の状態をモニタリングするための鍵が、人の「前向きな心」や「信頼できる関係」の定量化であり、「人的資本マップ」である。

個人レベルでのヘルスケアには、多額の予算が費やされ、検査装置や薬や医療機関などを含めた大きな産業になっている。一方、組織レベルで見た「ウエルビーイングケア」には、これに相当するものがまったくない。

この大きな理由は、個人レベルでの健康状態については、体重計や血液検査やレントゲンなどの計測技術が確立されているのに対し、組織レベルでのヘルスケアである「ウエルビーイングケア」については、これにあたるものが確立されていなかったからだと思われる。

計測が確立されていない対象には、科学的なアプローチができない。だから、これまでは、定性的なコンサルティングやコーチングのような手段に留まっていた。しかし、ここまで記したように、人間行動やつながりのデータから、組織がよい状態かどうかを測れる計測技術がいよいよ確立してきた。

これまで述べてきたように、我々はウエアラブル端末やスマートフォンを使って多様な企業や学校や病院で、1000万人日を超えるデータを集めて、幸せで生産的なよい組織や反対に不幸で生産性の低い悪い組織の特徴を研究してきた。これをもとに、前記のように幸せで生産的な組織を客観的に計測する方法を開発してきたのである。特に、「人的資本マップ」を使って、システマティックに組織を診断し、改善の方向付けが可能になったことで「ウエルビーイングケア」(すなわち「組織レベルでのヘルスケア」)が現実的なものとなったのだ。

人的資本マップを使えば、幸せで生産的な組織に向けて、継続的にモニタリングや診断が可能になる。ダイエットで結果を出そうと思ったら、体重計が必須である。組織を計測する一種の体重計やレントゲン写真にあたるものができたことは、組織マネジメントに大きなインパクトがある。

この診断結果に基づき、改善の方向も明確に決まる。人的資本マップによる診断結果から、「信頼できる関係」の強化(人的資本マップで、右に移動させること)が必要な場合には、「ハピネス関係度」を強化する施策を実施する。一方、より「前向きな心」の強化(人的資本マップで、上に移動させること)が必要な場合には、「心の資本」を強化する施策を実施する。

具体的には、「ハピネス関係度」を向上させるには、第2章に示した4つの特徴の強化、すなわちこの文脈に沿っていいかえるなら「組織図にとらわれないフラットなつながり(フラット)」「予定表にとらわれない5分から10分の会話(インプロバイズド)」「互いの相違点にとらわれない共感の身体表現(ノンバーバル)」「職位にとらわれない平等な発言権(イコール)」を強化する。つまり、「FINE thanks（いいね、ありがとう）」の強化が必要になる。

一方、「心の資本」の強化のためには、「自ら道を見つける力（ホープ）」「行動を起こす力（エフィカシー）」「困難に立ち向かう力（レジリエンス）」「前向きな物語を生む力（オプティミズム）」を高める職場の習慣や風土を育む施策を行う。すなわち「HERO within（内なるHERO）」の強化である。

両者を合わせて、組織として強化すべきことを、覚えやすく「FINE thanks, HERO within」と呼ぼう。後で述べるように、この施策の実施自体も、テクノロジーが強力に支援する。

今、多様な背景を持った人々が、専門分野、年齢、性別、文化、能力の違いを超えて組織として協力しあうことの重要性はどんどん高まっている。しかし、組織のメンバーの多様性が高まるほど、組織における問題発生のリスクも同時に高まる。

そこで、身体の異常に対し、さまざまな検査装置と客観的なデータが活用されているように、組織における問題を、データを活用することで、科学的に予防、診断、処方し、また、メンバーが自ら管理できる社会システムが必要である。これにより、組織やコミュニティの健康状態を保ち、多様な人が継続的に協力しあうことを目指すのである。

この「ウエルビーイングケア」がいよいよ現実のものとなった。これを社会のシステムとして確立していくことが重要と考える。

このために、我々はスマートフォンのアプリ（「Happiness Planet（ハピネスプラネット）」と呼ぶ）を開発した。このアプリでは、人的資本マップを使い、「ハピネス関係度」と「心の資本」を見える化できる。

ハピネス関係度は、前章までに述べたように、スマホアプリを使って各人の無意識の身体運動のデータから数値化する。具体的には、スマホに計測用のアプリをダウンロードし、3時間ポケットなどに入れて身につけてもらえば、身体の動きは計測できる。

この身体運動データから「動き」を表す「1」と「静止」を表す「0」からなるシークエンス（配列）を抽出し、まわりの人も自分も元気にする、いわば「幸せの配列」や、まわりの人も自分も元気を奪う「不幸せの配列」のパターンが含まれているかによって、信頼できる人間関係の度合いを数値化する。一方、縦軸の「心の資本」は、ルーサンス教授が作成した質問紙への回答によって数値化できる。

このアプリを使って、83社、4300人の方々が参加した実証実験を行った（※注参照）。計測した結果を、この人的資本マップに示す（口絵4）。世の中の組織を俯瞰したときに、平均値がいくつで、どれくらいばらついており、その中で対象となる組織がどこに位置するかが、この2軸にマッピングできた。

このように、組織全体をシステマティックに客観的なマップ上に位置づけることで、企業価値を高めるために改善すべき方向を示すことができるようになった。マネジャーの経験と勘だけに頼った従来の組織マネジメントからの脱皮が可能になったのである。

我々は、このウエルビーイングケアの取り組みを、さまざまな組織において行って来た。以下に具体事例を紹介したい。

※注
多様な業種や業務の企業に参加いただいた。具体的には、コクヨ株式会社、住信ＳＢＩネット銀行株式会社、株式会社第一生命経済研究所、株式会社電通、東京ガス株式会社、東京ガス・ｉネット株式会社、名古屋鉄道株式会社、株式会社日建設計、株式会社日建設計総合研究所、日本たばこ産業株式会社、日本ユニシス株式会社、日立キャピタル株式会社、株式会社日立製作所、株式会社日立物流、株式会社ブリヂストン、株式会社丸井グループ、明治安田生命保険相互会社、ユニリーバ・ジャパン・ホールディングス株式会社、ライオン株式会社、株式会社ＬＩＦＵＬＬ、株式会社リコーなど全83社に参加いただいた[7]

組織の病としての「孤立」

リモートワークが拡がる中で、今まで以上に気をつけなければいけないこと。それが「孤立」だ。とはいえ、その孤立した人が悪いのではなく、これは組織の病である。喩えていうと、ニキビは皮膚に生じる病気だが、ニキビのできたところが悪いのではない。全身の状態や体質や生活習慣などに原因があり、それがたまたま弱いところに、ニキビとして顕在化するわけである。組織に生じる孤立も、孤立した人に原因があるという見方は適切ではない。組織全体の問題なのだ。ウエルビーイングケアは、この組織の病に立ち向かう武器になる。

孤立を解消するのをITとデータが強力にサポートする。これを具体的に示すために、あるコールセンタの事例を紹介しよう。[2-4] このコールセンタは、商材を潜在顧客に電話をかけて売り込む、いわゆるアウトバウンドのコールセンタだった。パートタイムの従業員が多い職場で、マニュアル通り顧客候補に電話をかけ、1時間あたり何件注文を取ったかによって従業員は評価されていた。

このコールセンタのパフォーマンスは何によって決まっているのか、どうすればよい生産性を上げられるのかは、大変重要な課題であった。

我々は、コールセンタの従業員の行動を名札型のウエアラブル端末で収集し、受注率などのデータと合わせて解析した。その結果によると、まず、コールセンタ全体の受注率が日々大きく変動していることは明らかだった。受注率は日ごとに2倍以上も変動していた。

さらに、日ごとに働いている人は入れ替わっていた。従って、出勤している従業員が、たまたま能力の高い人が多いときに、受注率が高くなると考えられた。ところが、個人のパフォーマンスデータ（過去の受注実績）を確認してみると、驚くべきことがわかった。高パフォーマンスの人が多い日に、センタ全体の受注率が高いということはまったく見られなかったのである。

電話での営業には、性格的な向き不向きがあると思われた。そこで、オペレータのパーソナリティ(性格)の調査も行った。しかし、このパーソナリティと受注率との間にも相関はなかった。

意外なことに、受注のパフォーマンスを損なっていたのは、「孤立」だった。

我々がデータにより見出した幸せも生産性も低い組織の4つの普遍的な特徴(FINEでないこと)が現れたのが、実は孤立の正体なのである。

孤立が発生するとき、組織内の人がどんな状況に置かれるかを描いてみよう。まず、組織の中で、他の誰かが独占的に人とのつながりや影響力を持っており、その結果、自分には人とのつながりの数や他の人への影響力が、相対的に少ない(第1の特徴)。このため、組織の中で相対的に情報の獲得も少なくなりがちである。ここで大事なのは、第2章でも述べたように、つながりの絶対値が多いか少ないかは重要でなく、「相対的なつながりの少なさ」が孤立をもたらすということだ。つまり、組織内でつながりの数の格差・不平等が著しいときに、つながりの少ない人は孤立するのだ。

加えて、必要があっても、質問しにくい、あるいは話しかけにくい雰囲気で、正式にスケジュールされた会議のとき以外には会話がしにくい(第2の特徴)。会議で発言しても、まわりの人たちはうなずいたり、関心を示したりして、タイミングよく反応するわけでもなく、むしろ、自分の元気を奪うような反応しかしてくれない(第3の特徴)。しかも、会議においても、発言権は、他の誰かに占有されており、自分からは話しにくい状況である（第4の特徴）。これが孤立した人の置かれる典型的な状況である。

ここで認識しておくべきことがある。孤立とは、人との接点がないことではない。人が孤立を最も感じるのは、むしろ人と一緒にいるときなのである。人と一緒なのに、自分に関心を持たれず、応援されず、信頼されず、元気を奪われるような反応ばかり受けることによって我々は孤立を感じる。まわりに関わる人が多ければ多いほど、このような反応を感じたときの孤立は深まる。そのような状況ならば、「いっそ一人きりでいた方がまし」と思えるのが孤立なのだ。[5-6]その結果、本当に一人きりの状態に自らを追い込むことにもなりがちなのである。

さらに重要なことは、この孤立した人、その個人のパフォーマンスが低くなるだけではなく、孤立した人が多い日には孤立していない人のパフォーマンスも低くなる点である。前記のコールセンタでは、データが明確にこれを示していた。孤立した人がいるような状況では、全員のパフォーマンスが低下するのである。まさに、孤立とは「組織の病」なのである。コールセンタのように一見、個人プレーの業務でも、人は無意識のうちに、職場の雰囲気に強い影響を受けていたのだ。しかも、それは受注率という数字に明確に出ていた。

孤立へのテクノロジーを使った処方箋

我々は、この孤立という問題の解決のために、名札型ウエアラブル端末のデータから得た従業員のソーシャルグラフを利用した実験的なアプリを開発し、適用した。ソーシャルグラフとは、会話があった人どうしを線で結ぶことで、人と人とのつながりを表す図である(第2章参照)。コールセンタには、オペレータの支援を行ったり、声かけを行ったりするスーパーバイザーがいる。この開発したアプリは、スーパーバイザーに孤立した人をつくらないような、声かけの優先度を示すものである。ソーシャルグラフにより、そのとき孤立している人を検出し、その人への声かけを促すのだ。

このアプリを約1年にわたり使用してもらった。また、まったく同じ業務を行っているもう1つのセンタには、このアプリを使わずにそのまま業務を行ってもらい比較した。その結果、この孤立を防ぐアプリによって、2つのセンタで、受注率は年平均で27%もの大差がついた。大きな業績の差になって表れたのだ。テクノロジーを使えば、データに基づき支援が必要な人を検出することができ、スーパーバイザーがその人に優先的に行動を起こすことが可能になること、その結果、従業員の孤立を防げることがわかったのである。

この実験の成功を受けて、孤立を抑止するためのスマートフォン用のアプリを開発した。ここで組織内の「孤立」を検出するのに、前記した「ハピネス関係度」が威力を発揮する。先の実験では名札型ウエアラブル端末を使うことで、ソーシャルグラフを作成し、孤立している人を発見した。その代わり、スマホに内蔵された動きのセンサによって測定したハピネス関係度により、その人が関わる相手が、元気を与えるような行動をしているのか、むしろ元気を奪うような行動をしているのかを数値化した。これを集計することで、その人がまわりから元気やエネルギーをもらい応援されているのか、それとも、まわりから元気やエネルギーを奪われるような状況なのか、すなわち孤立しているのかが可視化される。これにより、アプリを経由して管理職に声かけなどの介入を促したり、まわりの従業員に行動を変えるきっかけとなる気づきを与えたりすることができるようになった。

以上のように、今や、大量のデータに基づく科学的な方法で、テクノロジーを活用して、幸せで生産的な組織が実現可能になったのである。このテクノロジーを新たな社会のインフラとして普及させていく時期がきたと考える。

組織へのデジタルなクスリ：X施策とY施策

病気の人には、診断に応じてクスリが処方される。組織についても、ここまで紹介したような新しいテクノロジーを使うことで、その健康状態について診断を下し、処方することができるようになった。

前記の「孤立」が生じている組織は、人的資本マップにおいて、「信頼できる関係」を表す横軸の「ハピネス関係度」が低い状態になっている。すなわち、左側の「無力」あるいは「不安」の象限にある。このような組織には、「ハピネス関係度」を高める処方が有効である。前記のコールセンタの事例は、スマホのアプリを用いて、このような組織レベルでの「クスリ」

を処方したことにあたる。これはもちろん、生化学的な反応を起こす従来の意味でのクスリではない。人に気づきを与え、行動を変えることによって、組織レベルでの改善を可能にするデジタルなクスリ（アプリ）である。人的資本マップにおいて、横軸方向、すなわちX軸方向への改善を行う処方という意味で、これを「X施策」と呼ぼう。

M&Aなどによって会社の構造自体を大幅に変えるのは、組織の手術といえるであろう。しかし、このような構造変革以上に重要なのは、日頃から組織を健全に保ち、病を防ぐことである。コールセンタの事例では、スーパーバイザーの声かけによるつながりを生むアプリの処方（X施策）により、孤立が改善し、受注率に年平均27%もの差がついた。

このように、ほんの小さな施策で組織は大きく変わる。組織行動に関する科学的な知見を活用した、ごく短時間の介入で、人も組織も変わるのだ。ここにデジタル技術が威力を発揮する。

この組織へのデジタル介入、すなわち「デジタルなクスリ」の別の方向を示そう。今度は、人的資本マップにおける縦軸（Y軸）方向に、「前向きな心」（＝「心の資本」）を高める処方である。これを「Y施策」と呼ぶことにする。人的資本マップにおいて、下側にあたる「無力」や「受動」の象限にある組織ではこの必要性と効果は特に大きい。

この「心の資本」を高める「Y施策」は、以下のようなアプリを用いる。このアプリは、ユーザーに毎朝「チャレンジ宣言」を行うよう通知で促す。ここで、チャレンジ宣言とは、「その日に前向きに挑戦すること」を、アプリ上に提示されたメニューから選択し、コメントをつけて他のメンバーと共有することである。チャレンジ宣言としては、たとえば「今日一番の仕事はこれです」や「協力者と互いに助け合います」など、対象となる組織のミッションや方針に沿って「心の資本」を高めるためのメニューを予め設定する。ここで行ったチャレンジ宣言は、アプリのタイムライン上で他のメンバーに共有される。基本は、これだけである。これに要する時間は、1日1分程度である。なお、ユーザーのインセンティブを高めるためにこのチャレンジ宣言を行うごとにポイントが加算され、それに応じて個人のレベル表示が上昇していくゲーミフィケーションの仕組みも組み込まれている。

驚くべきことに、このちょっとしたことでも、人の前向きな心を大きく変えたのである。たった3週間この1日1分の処方を行うだけで「心の資本」が33%も向上した（全体の標準偏差を100%とする相対値である）。心の資本の提唱者であるフレッド・ルーサンス教授による、心の資本から業績への換算式にこの改善効果を入力すると、これは10%の営業利益向上に相当する。極めて大きな業績効果が見込まれるわけだ。

我々の心は、注意（アテンション）をどこに向けるかによって決まる。1日1回でよいので、ポジティブな行動にアテンションを向けるだけで、見える世界はまったく異なるものになる。これには1日1分で十分である。この1日1分のアプリを使ったデジタルなクスリの事例はこのポジティブなアテンションの威力を示しているのである。

もう1つ、デジタルなクスリ「X施策」の事例を示そう。日立は売上の大部分を法人向け事業から得ている。この幅広い顧客や商材をカバーするさまざまな法人向けの営業部隊がある。その中には、金融、公共、産業、電力に関するシステムや機器、自動車部品から家電までの幅広い顧客や商材担当が含まれる。

我々は、この中の26の法人営業部署で、従業員600人の行動データを取得し、それに基づき働き方に関するポジティブな示唆を、スマートフォンに日々自動で提示するアプリを開発し、これらの組織に適用した。

ここで、ポジティブな示唆というのは、「Aさんに話しかけましょう」「部下の相談をオープンに受けましょう」といった、人との関係性を促すものだ。それ自体はほんの小さなことである。おそらく、これに注意を向ける時間はやはり1分程度だ。

このスマホへの小さな示唆を見せるシステムを約4か月続けたことで、このアプリ使用率の高いチームと低いチームでは、翌四半期の受注達成率に27％もの差がついたのだ。このとき、前者のハピネス関係度は54％も向上した（標準偏差を100％とする相対値である）。すなわち、職場の信頼できる関係は、日々のちょっとした習慣や声かけでつくれること、そして、それにより業績が大きく改善することがわかったのだ。

幸せを求める心につけ込むコロナウイルス

2020年に起きた新型のウイルスによるグローバルな感染症の拡がりは、我々の働き方を大きく変えるきっかけとなった。この機会に、リモートワークが一気に拡がったことは特に大きい変化だ。このリモートワークという環境変化の中で、幸せで生産的な組織をつくるために、何が必要なのかを考えてみよう。特に、ウエルビーイングケアの必要性を論じたい。既に知られているように、リモートワークをはじめ、ソーシャル・ディスタンスを確保する新型コロナ感染症対策には、気をつけないと組織の健康を損なう側面があるのだ。

幸せな集団では、ソーシャルグラフに表れる人と人とのつながりがフラットで網目状になっており、特につながりが集中する人や、逆につながりが少ない人がいないということは、既に解説した。実は、つながりがフラットである組織では、このソーシャルグラフにおいて三角形ができやすい。三角形とは、あなたのつながっている人を2人選んだときに、その2人どうしもつながっているということを示している。逆にこのような三角形が少ないと、必然的に集団の人間関係は疎となる。

そして、あなたのまわりに、このような三角形の構造があるかが、あなたが幸福を感じるかに強い影響があることが、大量のデータから見出されるのである。

この三角形の関係をつくるにはどうしたらいいか。あなたが、発起人になり、知り合いを複数人呼んで、会食や飲み会を行えばよい。その中には、この会合に参加するまでは、互いにあまり話すこともなかった関係も含まれる。しかし、このようなインフォーマルな会合によって、直接的な仕事の依存関係などを越えて、人と人がつながっていく。これによって三角形が増えるのである。花見や同窓会や卒業パーティーは、こういう効果を持っているわけである。

このつながりに関する三角形ができることをネットワーク科学では「クラスター」(「かたまり」の意味)と呼ぶ(感染症に関してよく使われる「クラスター〔disease cluster〕」は疫学用語で「集団感染」の意味。ネットワーク科学における意味とは異なる)。そして、三角形のクラスターがどれほどの密度でできているか数えた尺度(ものさし)を「クラスター係数」と呼ぶ。自分の周囲のクラスター係数は、自分がつながっている人たちの中から無作為に2人を選んだとき、その2人どうしもつながっている確率に相当する。

その人のまわりにクラスターができているほど(クラスター係数が高いほど)、実は、人は幸せになりやすいのである。逆に、クラスターがなくなると、人は孤独感やうつ傾向を示し、全般に幸せ度が下がる。これを進化の視点から考えると、クラスター係数が高い環境の方が人と一体感を持って協力でき、安全であることから、人間はそのような人間関係を求める生理的なフィードバックを本能として持つようになったということだろう。

ところが、幸せのための本能に導かれて、自分のまわりに三角形(クラスター)を発生させる行動(つまり自分の複数の知り合いと一緒に過ごす飲み会や会食)は、社会に感染症のウイルスを拡散するメカニズムにもなる。

三角形の構造は、人のネットワークの離れたところに、架け橋をつくる作用がある。もともとは何ステップもの人のつながりを介さないとつながらなかった人間関係に、バイパス(近道)

をつくって一気につなげてしまうのである。だから、三角形の関係がたくさんできると、ウイルスの拡散が加速することになる。ウイルスの拡散を遅くしたり止めたりするには、クラスター化を防ぎ、三角形をつくらないようにするしか対策はない。しかし、それは我々が幸せになるための本能的な要求と対立する。だから厄介なのである。

逆にいうと、2020年に大流行したコロナウイルスは、人の幸せを求める本能につけ込んで拡散するという、大変いやらしい性格を持っているといえる。

これまでのインフルエンザも、クラスター化すれば拡散が加速する点は同様だった。しかし、インフルエンザでは、潜伏期間が比較的短く、無症状の感染者も少ないので、感染した本人の体調がすぐに確実に悪くなった。発症後は体調の回復が優先されることになるので、三角形を発生させる行動はできなくなるのだ。しかし新型コロナウイルスは、感染後も元気な期間が比較的長く、無症状の人も少なくないことから、感染中に本能に従って幸せを求める行動（花見や会食など）を起こしやすく、それによりウイルスの拡散をもたらしてしまうのである。

これこそが、このウイルスが進化により獲得した巧妙な戦略なのである。

ここには、もう一つ、心配しなければならない点がある。

それは、人間関係のクラスター化を妨げる感染症対策は、人の幸福感を必然的に下げるということだ。クラスターを作ることこそ、人が孤立することを防ぎ、幸せになる源泉なのだ。しかも、これは進化の中で培われた、我々の本能の中に深く埋め込まれた特性だ。心がけや訓練では変えにくい特性である。

従って、クラスター化が長期にわたって妨げられ続けると、必然的に社会に孤立が増えて、ストレスが増え、うつ病などのメンタルヘルスのリスクが高まると考えられる。これはまさに、「ウエルビーイングケア」がシステマティックに取り組むべき問題だ。

幸せなリモートワークのための4箇条

コロナ禍以降、在宅勤務あるいはリモートワークや、リモートとフィジカルのハイブリッドワークが広く行われるようになった。しかし、リモートワーク疲れを感じたり、難しさを感じたりする人も増えている。

リモートワークの中でも幸せになるための条件がある。第2章で紹介した、幸せで生産的な集団に普遍的に見られる4つの特徴FINEはリモートワークでも成り立つ。

第1の特徴　フラット（Flat）＝均等　人と人のつながりが特定の人に偏らず均等である
第2の特徴　インプロバイズド（Improvised）＝即興的　5分から10分の短い会話が高頻度で行われている
第3の特徴　ノンバーバル（Non-verbal）＝非言語的　会話中に身体が同調してよく動く
第4の特徴　イコール（Equal）＝平等　発言権が平等である

すなわち、幸せで生産的なリモートワークができる集団では、いろいろな人と人の組合せで、5分程度の短い相談や質問や雑談が、リモート環境でも頻繁に生じている。そして面会やビデオ会議の際には、互いに身体を同調させ、それが見えやすい工夫をすることで信頼や共感を、言葉を超えて確認しあいながら、遠慮せず皆が発言しあっているのである。

反対に、幸せでない集団では、特定の人が、独占的に多くの人とビデオ会議や電話で会話しており、しかも、時間的にも会議などの場に偏っている(たとえば毎週1時間の定例会議などのみで、それ以外の日には会話がない)。会議ではメンバーが互いに身体運動を同調させなかったり、それを相手に見えやすくする工夫を怠っていたりするために、不信感が言葉を超えて表れ、しかも、特定の人のみに発言権が偏っており、他の人は沈黙しているのである。

意識すべきは、リモートワークの環境下では、このFINEの4条件を自然に満たすことがより難しくなることである。だからこそ、我々は意識的に工夫する必要がある。仮に制約があってもできることはあるからである。よく考えると、この4つとも、リモートワークの中でも工夫すれば実現可能である。それを意識して行うかどうかにかかっている。

おそらくリモートワークでも多くの場合、上司と部下の会話は行われているであろう。意識的で計画的なコミュニケーションは可能である。たとえば、議題が明確な会議は可能だ。

しかし、それだけではだめである。部下と部下のいろいろな組合せで、5分程度の短い相談や確認や雑談があった方がよい。しかも、遠慮せずに発言しあうことだ。このことをマネジャーがメンバーに推奨し、職場のメンバーが認識し、日々実行するだけでも大きな変化が期待できる。

より効果的なのは、いろいろな人の組合せで仕事を割り当てることである。職場では、共同して進める仕事がないのに、つながるのは難しい。だから、一緒に仕事をするつながりが固定化することは、リモートワーク環境下では幸せと生産性を下げる危険がある。意識して、人と人との組合せを流動化することが重要なのだ。

しかし、ともすればマネジャーは、仕事が進み始めると、仕事を安定させるために、既存の人の役割と人との関係性をそのままにしておきたくなる。リモートワークのときには、意識して別の組合せでの仕事をつくることである。職場には、いろいろな雑務を含めた活動やタスクが発生する。それを、従来とは異なる組合せのペアや3人組に割り当てることが大変重要である。

そして、テレビ会議や電話でも、相手を想像して、身体を同調させることである。電話での会話で「うなずく」ことをおかしいと思うかもしれない。とんでもない。それこそが、相手を想像し、身体を同調させるという幸せの重要な条件である。テレビ会議では、少し大げさなぐらいに大いに行うべきなのだ。またよく見えるように工夫すべきだ。

雑談支援のためのデジタルなクスリ

リモートワークでは、インフォーマルな会話、特に雑談がしにくくなる。さらに、オフィスにいれば自然と感じられる「この人、今日は元気がないなあ」といった非言語の訴えがわかりにくくなる。

我々はアプリを使って、ＩＴ上で雑談の支援をする取り組みを行っている。雑談支援のためのデジタルなクスリである。これを日立全社で８００名を超える規模で行っており、「Remote Work Together運動」と呼んでいる。

具体的には、参加者はアプリ上でのメニューを使って。毎朝つぶやきを発信する。ここには、「今日は……の仕事をやりきります」「今日一番の予定は……です」といった固めのメニューに加え、「ありがとうを伝えたい」という感謝のメニューがあり、「私の調子は……です」という自分の調子を発信するメニューもあり、さらに「最近の面白かったＴＶ」「最近面白かった本」などの柔らかめの題目もある。

ＩＴを活用して１日１分、前記のような雑談のネタを発信し、これをアプリのタイムライン上で共有することで、ちょっとした時間の雑談を支援する仕組みである。このような雑談ネタを共有することで、会議の前後やチームのミーティングなどで雑談がしやすくなる（加えて、会議の前後に意識的に雑談時間をとることも有効である）。雑談は、信頼できる関係づくりを支援する。これは「心理的安全性」や「集合的知能」を高める。そして、このリモートワーク環境では、意識して努力しないと、職場の心理的安全性は低下しがちなのだ。この「Remote Work Together」は、IT技術を使って、心理的安全性が高く、生産的な状態にする挑戦である。

このように、組織の健全性をモニタリングし、科学的に対策する「ウエルビーイングケア」の時代が始まっている。このウエルビーイングケアが目指すものこそ、科学的に検証された「FINE thanks, HERO within」に溢れる組織なのである。

第6章　変化にデータで向き合う

データやＡＩに関する議論はリセットが必要

未来は知り得ないし、予測不能であることを前提に、仕事や組織、そして幸せをどのように捉え直したらよいかを論じてきた。

ここで読者の中には、疑問を持つ人がいるに違いない。それは、

データや人工知能は役に立たないのか？

という疑問である。つまり世界中で、「データは次の時代のオイルになる」し、その鍵となる「人工知能（ＡＩ）の覇者が次の世界の覇者になる」と、メディアや有識者が盛んに論じてきた。これらは、すべて間違っていたのか、という疑問である。

結論からいおう。これまで論じられてきたデータの活用に関する議論は、未来が予測不能であることを前提にすると、すべて見直されなければならない。データの意味も、使い方も、これまでの議論はリセットする必要がある。これには、「大量のデータを保有する企業や国が産業競争力で圧倒的に優位な立場に立つ」という議論も含まれる。

本章では、この予測不能な未来を前提にしたときに、データの新たな活用の考え方を論じたい。

データは過去をまねるためのものか？

コンビニという生活のインフラをつくりあげたセブン&アイの鈴木敏文氏が、データ活用に関して重要な発言をしている。

ビッグデータという言葉がよく使われますよね。私は好きじゃないんですよ。(中略)あれは過去に経験したことをまねするということです。

(「日経ビジネス」2020年2月3日号「データより変化を見よ」)

この鈴木氏の発言ほど、現在のデータの使い方の問題を的確に指摘したものはない。

実は、現在のデータの活用もAIの活用も、まさに「過去の経験をまねする」ことだけを行っているのだ。いや、それしかできないのである。

なぜか。それは、データは常に過去のものであり、未来のデータは存在しないからだ。データでできることは、過去のデータでうまくいったことを繰り返すことだ。これにより、過去のうまくいったことを繰り返し、うまくいかなかったことをやらないようにすることができる。

これは、一見正しそうに見える。それの何が問題なのか。

よく考えると、これには原理的な問題がある。まず、新しいことをやらなくなるという問題が生じる。過去のうまくいったデータや経験を参考に行動することになるので、新しいことはやらなくなる。

このため、変化に弱くなる。本書で繰り返し強調してきたように、ビジネスも社会も国も常に変化の只中にある。しかも未来は予測できない。だからやってみないとわからないことだらけだ。いかに未来に向けて行動を起こすかが最も重要なのに、データやＡＩに頼ると、過去のデータで経験したことの範囲で行動や判断をするようになる。これはいわば車を運転するのに前を見ず、バックミラーばかりを見ているようなもので、危険極まりない。

あまり認識されていない「統計学の限界」

多くの企業がデータを使ったＡＩの活用に取り組んだ。残念ながら大きな成果が生まれていないのは、このような原理的な限界があるからである。

よくメディアや有識者は、データを大量に持っている企業がＡＩやデータの時代に勝者になると主張している。これは間違っている。過去のデータは、その後に状況が変われば、何の役にも立たないからだ。

実は、このデータやＡＩの限界を、専門家はよく知っている。従って、ＡＩの専門家やデータサイエンティストが顧客に一番聞かれたくないのが次のような質問だ。

「過去のデータを使って、未来の判断を本当に正しくできるのですか」

素朴かつ本質的な問いである。正直な専門家は、「過去のデータでは、未来の判断を正しく行うことは必ずしもできません」あるいは「過去のデータの中に含まれる情報の範囲で正しい判断ができますが、未来に状況が変わったときには、保証はできません」と答えると思う。

しかし、これではデータやＡＩでは、未来に向けて大したことはできない、といっているようなものだ。だからこのような質問を受けることは、避けたいのである。

にもかかわらず、ビジネスにおけるＡＩ適用の現場では、データ量とＡＩによる予測精度を問題にしている場合が多い。データを大量に集めることの効果は、既に大量の経験がある問題をさらに精度よく判断することだけである。

このような問題は、未知の未来に向かって挑戦することに比べれば、小さな問題だ。敢えて強くいおう。それは「くだらない問題」である。そんな後ろ向きのことに、エネルギーを使っていること自体が、「大きな問題」である。

さらに、大量のデータを使ったＡＩでの問題解決がシステム化されたら、もっと悪い状況になる。過去を繰り返すことしかできない企業と組織が完成する。未来に向けて新たな挑戦や試行錯誤を行うことができないという、致命的なシステムができあがるのだ。

このような事態が生じるのは、問題のとらえ方とデータの使い方が間違っているからだ。これは、実は「教師あり学習」という、過去を再現するための手法とその使い方の限界なのであるが、その限界を意識せず、無邪気に適用している場合が多い。教師あり学習を素朴に適用してできることは、過去の再現だけで、新しいことを生み出すことはできないのである。

この教師あり学習は、統計学をベースにしている。そして、統計学は多数のサンプルによって「統計的に有意な現象」を見出す学問である（そのときに登場するのが、後述するサンプル数*N*と「有意水準」を表す「*p*値」である）。

実は、これまでの伝統的な統計学は、我々が日々直面しているような、状況が時々刻々変化するような問題には使えないのである。

意外に思った人がいるかもしれない。このような複雑な問題に的確な答えを出したい状況にこそ、データを活用したいからである。しかし、残念ながら、現状の統計学は状況が変化する問題には、適用できないのである。

統計学が力を注いできたのは、科学的仮説を確かめるための実験や観測の結果が、たまたま偶然に起きたのか、そうでないのかを区別することである。仮説が実は真ではなく、にもかかわらず偶然によって仮説を支持するような結果（実験結果や観測結果）が生じた確率を「*p*値」という。これが5%以下のような低い確率になった場合に、仮説が「検証された」と判定するという基準がよく使われている。仮説を支持する実験結果が偶然でないことを、「統計的に有意」であると呼ぶ。

たとえば、ある大学について「学生は男性より女性の方が多い」という仮説を検証する場合を考えよう。検証のため、学生10人を無作為に選んでうち6人が女性だった場合と、1000人を選んでうち600人が女性だった場合では、後者の方が仮説を支持する力は強い。つまり、サンプル数(データ数)Nが多い方が、女性比率が同じく6割だったとしても、仮説が真でないにもかかわらず偶然にそのような結果が生じる確率、すなわちp値は低くなる(p値は計算できる)。科学的仮説の検証には、このp値が5%以下になるというような基準をクリアするため、サンプル数やデータ数を増やす必要があるのだ。

学問の世界では、この偶然かどうか(統計的に有意かどうか)は、大変大事なことである。実際、「ネイチャー」という最も権威のある科学雑誌の投稿規定には、論文にデータを示すときには、統計有意性を表すp値を示すことが求められている。「偶然ではないことを確認してから論文として発表しなさい」といっているわけだ。

学問では、普遍性のある発見にこそ価値がある。従って、偶然ではないことがしっかり確認されてから発表しなさいというのは、当然の要求と思われる。もし、データ数Nが不足して、有意性が確認できなかったのなら、データをもっと積み上げて確証を得てから発表しなさい、というのもうなずける。

しかし、実社会やビジネスの世界は、学問とは異なる。今日の決定が、明日の企業の盛衰や存続に直結する。その過程は、不可逆的で、繰り返しは不可能である。一度起きたことを後で元に戻すことはできないのだ。データが不足していても、統計的な有意性が確認されていなくとも、状況は待ってくれない。有意性が確認されるまで待つわけにはいかないのである。何もしなければ、「何もしないで待つ」という重要な判断をしたことになるのだ。

また、これまでに経験したことのない変化の中では、それまでのデータから傾向を抽出しても、今後はその通りにはならない。さらに常に変化している状況では、偶然か必然かを定義するのさえ難しい。このような状況では、従来の統計学の前提が成り立たないのである。

ところが、データの活用について学ぼうとしたら、今も、従来型の統計学を学ぶことになってしまう。もちろん、それは、学術活動のためには有用である。

しかし、タイミングがすべての、実世界の判断では、これはあまり役に立たない。この重要な事実が、世の中では認識されていない。

予測不能に対応するためのデータ活用

それでは、予測不能な実世界の判断に使えるデータ解析とはいかなるものになるだろうか。この新しいデータ解析や統計の姿を体系化することは、大変意味のあることだと思う。ここではこの新たなデータ解析を「アナリティクス2・0」と呼ぼう。

この新しいデータ解析が前提とすべき原則がある。これを3つの原則にまとめた。

第1原則　予測不能性の原則　未来は予測不能に変化し続ける
第2原則　データ能動獲得の原則　データは、能動的に獲得し続ける
第3原則　実験と学習の原則　データを活用し、実験と学習を繰り返して目的を追求し続ける

3つの原則が、すべて「し続ける」で終わっていることが大変重要だ。人生も、ビジネスも社会も、終わりのない動的な営みである。これに正面から向き合うことが必要だ。それこそが科学的な態度なのである。

これに対し、従来の統計学では、

第1原則　再現可能性の原則　繰り返し再現可能なことを対象にする
第2原則　データ所与の原則　データは与えられるものである
第3原則　仮説検証の原則　仮説の成否の検証を目的とする

という静的で閉じた世界を前提としている。[1] このため、繰り返しが可能で、再現できることを対象にし、与えられたデータで、検証したい仮説の正否を知ることを目的にしていた。データが足りなければ、このデータ量では不十分です、という答えを出すだけだった。もちろん、今

でも、これが役立つ場面はある。その代表が学問的な発見の場である。

しかし今、重要なのは、予測不能に世界が変化するときに、どう判断し、行動するかだ。同じことは2度と起きないのである（予測不能性の原則）。

人類もウイルスも進化論に従って発展している。進化に繰り返しはなく、再現性はない。アナリティクス2・0は、この現実を対象にする。

このような場合、たった1個の事例のデータでも、貴重な情報なのである。$N=1$では、決して統計的に有意にならないが、$N=1$で行動を起こすべきだ。我々はデータが集まるまで待つわけにいかない。

しかも、データは誰かに与えてもらうものではない。「どんなデータを獲得すべきか」こそが、重要な判断である（データ能動獲得の原則）。データを取るのには実験が必要な場合が多く、コストもリスクも時間もかかる。どんな条件のデータを増やすべきで、どんな条件のデータはそれほど重要でないかを常に問い続ける必要がある。この優先順位づけも、データに基づき、科学的に行うべきなのである。

データを取るというのは、実験を通して学ぶことである。この「実験と学習」を新たな仕事の仕方の原則とすべきだ（実験と学習の原則）。その意味で、どれだけの量のデータが既に溜まっているかよりも大事なことがある。それは、新たな実験を通して、未知の世界に踏み出す価値のあるデータが新たに生み出されているかどうかである。そして、そのデータの重要性の度合いである。

もちろん、予測不能な変化が起きる中で、実験から目的に沿ったよい結果が出るとは限らない。しかし、我々は行動すれば必ず学習できる。しかも、正しく優先度をつけて新たなデータを獲得し、活用すれば、よりよく学習できる行動は何か、既にわかっていることを繰り返すだけの行動は何かを見分けられる。過去のデータと新たに獲得したデータを使えば、よりよき未知の未来を開拓することは可能だし、それを目指すべきだ。すなわち、データを使った実験と学習の繰り返しを通じて、目的に効果的に近づくことは常に可能である。常に行動を通して前進する方向を知るためのものとしてデータを捉える必要がある。

従来は、仕事のオペレーションとデータによる状況の分析は、分離されていた。しかし、予測不能な状況では、両者は分離できない。なぜなら、仕事のオペレーションこそが、新たなデータを生み出す営みだからである。オペレーションの中で実験を行うことこそが、新たなデータを生み出す源泉なのだ。よりよい明日を生み出すために、今日どんな新たなデータを生み出すか、どんな実験をオペレーションの中で行うかが大事なのである。それは、明日の企業をつくるために、今日何をすべきかという、企業にとって中核の問題だ。

従って、たとえば店舗のオペレーションの判断には、今日の売上に加え、明日の売上を考慮するべきである。今日の売上を最大化するために、以前のデータによって最適化した売り方に徹するのは、明日の売上を犠牲にすることになるかもしれない。それだけでは間違いということだ。明日の売上を無視し、あるいは犠牲にし、今日の売上を増やすのは、経営ではない。そして、明日の売上のためには、その判断の材料となる今日のデータが必要である。すなわち、新たな売り方の行動を今日実行することが必要なのだ。このように、今日の業務のオペレーションが、データを通じて明日の売上に直結する。すなわち、今日のオペレーションに、明日のための的確なデータ創生の視点を入れなければいけないということである。これは店舗のオペレーションに限らず、あらゆるビジネスの経営判断やアナリティクスについても同様である。

その意味で、データ活用について、我々は今、新たな視点に目覚める必要がある。

しかし、従来は予測可能性を前提としていたため、過去の実績やデータを判断の頼りとしてきた。過去の実績やデータを使って、その判断や選択の成否の見込みを客観的に評価し、最も成功しそうな選択肢を選ぶのがよい判断と考えられてきたのである。

今でも多くの人は、この方法を悪いことと思っていないと思う。

しかし、これは明らかに間違った判断なのである。よく考えてほしい。「予測不能である」というのは「未来は過去の延長線上にない」ということだ。そして重要な問題ほど、実際に、予測不能な状況変化に左右される。だから、未来に向けた重要な判断を、過去のデータや実績をもとに行ったら、必ず間違う。間違うことが保証された道ということである。過去のデータを使った最適化は、重要な問題であるほど、原理的に不可能なのだ。

人類は、過去にも原理的に不可能なものを追い求めたことがある。その代表が「錬金術」である。金以外の金属から金を生み出すことは、数百年の長期にわたり試みられた。これが原理的に不可能なのは、現代ではご承知の通りだ。

この意味で、過去のデータとAIによる未来の予測と判断というのは「現代の錬金術」のようなものである。だから、我々は思考の枠組みを転換させる必要がある。

過去の延長からの乖離を検知し対処する

それではどうすればよいのか。

我々は、予測不能な時代においては「変化に敏感」でなくてはならない。変化への感度を上げるには、過去の延長線上にないことが、どこに起きているかを体系的に見つけ、それを考慮した行動をする必要がある。

しかし、変化が起きた当初は、その事象のデータは必然的に少ない。従来型の過去の実績やデータを使った判断に従うと、変化を無視してしまうことになるのである。

統計学では、統計的有意性を問題にする。データが少なくて偶然かもしれない結果は信用するな、というのである。変化が起きた初期には、常にデータが少なく、偶然との違いを明確にすることはできない。だから、統計学を使うと、必然的に、変化に鈍感になってしまう。現状の統計学の枠組みは、予測不能な世界の現実を無視したものといえる。

統計的に有意になる前に、行動を起こすのが大事なのだ。確実なことがわかってから行動するのでは遅い。そのためには、過去の延長線上にないことをデータやAIを使って常に見つけるべきだ。

過去の延長になく、しかも、もし本当なら、影響が甚大なことは特に大事である。そのようなことが見出されたら、優先的に資源を割り当てて、実験をし、データを取得し、分析を行うことである。これを3つの過程からなるサイクルにまとめた。

第1の過程　プレディクト（Predict）＝予測　過去データを用いて過去の延長ではどうなるかを予測する
第2の過程　パシーブ（Perceive）＝気づき　過去の延長と現実との重要な乖離を特定する
第3の過程　プライオリタイズ（Prioritize）＝優先化　乖離が起きている対象に対し優先的に行動を起こす

この「PPP（Predict／Perceive／Prioritize）サイクル」こそが、予測不能なこの世界に的確な判断を行う原則なのである。

我々は、このPPPサイクルのためのAIを、企業の判断支援のためのシステムとして開発し適用してきた。

今後、このPPPサイクルの仕組みは、社会のあらゆる機能に活用されていくと期待される。ビジネスでの判断から感染症への対策まで、あらゆる判断に役立つはずである。

このPPPサイクルを当たり前のことと思った方もいるかもしれない。実際には、このPPPサイクルを実践するのは、意外なほど難しい。

まず、第1の「予測（Predict）」の結果が、現実と合わないことが障害になる。そもそも、この予測は、未来を当てるためにやっているのではない。過去の延長を知り、過去の延長を超える新たな変化がどこかで起きていることを明らかにするために行っているのである。しかし、新しいことには必ず反対する人がいる。批判しようとする人は「この予測は当てにならない」とネガティブな評価になりやすい。

次に2番目の、予測と乖離した結果から「気づき（Perceive）」をどのように得るか、そして行動に活かすかである。従来の統計学や科学的な検証では、統計的な有意性が大事にされている。得られたデータが、たまたま偶然のばらつきによって得られたものか、確かにデータで検証されたものかを気にするのである（「p値」や「5%有意性」が用いられる）。統計に関する教育を受けた多くの人は、「データにより統計的な有意性が検証された事実は認め、そうでないことは認めないことが科学的な態度である」と信じている。

しかし、実はこれが現実に合わないのである。予測不能に変化する状況では、常に新たな変化が起きている。この新たに起きた変化については、データは当初必然的に少ない。データが少ないと、統計的に決して有意にはならない。従って、前記のような一見「科学的」な態度に従うと、新たな変化を常に無視することになるので、気づいたときには「時、既に遅し」ということになる。統計的有意性の考え方は、間違った学術論文を発表しないためには有効であったが、現実に向き合うためには障害となり、科学的でもないのである。

しかも、統計的有意性まで持ち出さずとも、この乖離に注目しようとする人を批判するのは簡単である。「それが大事だという根拠は何ですか」「大事だというなら説明責任を果たしてください」「検証はできているのですか」といえばよい。そもそも「データは少ないながらも、過去の延長線上にない重要な変化のきざしが起きているから、新たな行動を起こそう」といっているのだが、「根拠」「説明責任」「検証」という何人《なんぴと》も否定しにくい言葉がそれを阻むのである。

さらに、仮に、この第1、第2の障害がクリアされたとしても、第3に、この予測からの乖離の起きている対象に優先度を上げて行動すること、つまり「優先化（Prioritize）」にも障害がある。

これはそもそも、通常のオペレーションの想定ではカバーしていない対象の変化に対し、新たな調査や試行錯誤を行って、データを積み増したり、分析したりすることが必要だといっているのである。それが明日の売上向上やリスク対策に直結するからである。しかし、現場のオペレーション関係者は、今日の効率を常に気にし、今日の効率で評価されている。そこに明日の売上向上やリスク対策は考慮されていない場合が多い。従って、根拠や検証もできていないことに、現実のオペレーションが影響を受けることに強く反発する。だから行動を起こしにくいのである。

この3つのハードルによって、このPPPサイクルは実行が難しい。しかし、このPPPサイクルというのは、データにより有効性が確かめられた科学的な考え方である。抵抗があろうとも変革が必要である。新たな時代では、予測不能な変化に対し、より体系的な行動ができる社会を目指すべきであろう。

未知の脅威や新たな機会に対し、我々は、常に前に進まねばならない。これには新たな組織のマネジメント、ひいては新たな社会のマネジメントが必要である。この予測不能な時代における進み方を、いかに体系化するか。それこそが、我々に突きつけられた最も大きな課題である。

注目すべきは変化をもたらす「力」の存在

これまでは未来へ進むための方法としてPDCAサイクル（計画・実施・評価・対処のサイクル）が広く活用されてきた。しかし、PDCAサイクルは、このPPPサイクル（予測・気づき・優先化のサイクル）とはまったく異なる。

PDCAサイクルには、PPPサイクルにある過去の延長から「予測」を行うところがない。従って、その予測との乖離を知り得ない。PDCAで問題にするのは、「計画」との乖離であるる。計画は、人間の仮説と思惑の入ったものだ。ＰＰＰにおける過去の延長からの客観的な予測とはまったく異なるものである。そして、ＰＤＣＡにおける計画とのずれは、往々にして、ずれをなくすための説明と行動を求められるものになりがちである。ＰＰＰでは、予測と乖離しているというのは、情報が不足しているということで、大きな機会が潜んでいるかもしれないが、それを知るための情報が足りない状態を示している。従って、ずれをなくすことを求めるものではないのである。むしろ、それに注目して、行動の優先度を変えることが重要なのである。

このような過去の延長と現実との乖離に着目するのは、「科学」の根幹に古くからある考え方だ。それはニュートンによって、科学が本格的に始まったときからのものだ。

ニュートンがリンゴの落ちるのを見て惑星の運動を説明できる法則を見つけたというのは有名な逸話だ。このニュートンが始めた方法が、まさに、過去の延長と現実との乖離に着目することだったのである。この乖離を起こす原因を、ニュートンは「力」と呼んだ。これを当たり前のことと考える読者も多いと思う。実はまったくそうではない。

もちろん、ニュートン以前にも「力」という概念はあった。力一杯投げた石は、速く飛び、遠くまで届くことは、当時の子供だって知っていたし、力という言葉も知っていた。

しかし「強い力を受けると石は速く飛ぶ」ということこそが実は、間違っていたのである。もともと飛んでいる石は、力を受けなくとも、そのまま飛び続けるのだ。これを明確にニュートンは認識した。すなわち、物体の運動における過去の延長とは、速度が一定のまま飛ぶことだと考えた。そして、力を受けると、速度は変わる。加速したり、減速したりする。力は、過去からの延長に対する変化をもたらすものだと考えたのである。

だから「力→速度」ではなく、「力→速度の変化」すなわち「力→過去の延長からの変化」なのである。

これを物体の運動に限らず、携帯電話に使う電波から、コンピュータの中で動く電子の動きや雲の動きの予測にまで拡げたのが、この400年の科学の発展なのだ。

もう一度この大事な点を強調しておきたい。普通の人の素朴な理解と「科学的な理解」の最も重要な違いはここにある。普通の人は、速いか遅いか、長いか短いか、量が多いか少ないかに注目しがちである。

科学は違う。速さ、長さ、多さの変化と、その変化をもたらすもの（これを力と呼ぶ）に注目するのである。速さ、長さ、多さそれ自身は、さまざまな値を取ることができる。この値を強く束縛する法則性があると、世界に多様性を認めないことになってしまう。現実は極めて多様である。一方、多様だからといって、博物学のように個別対象ごとの知見しかないならば、科学は必要ない。法則性は「力」と「変化」の関係にこそあるのである。

多様な世界に、普遍的、統一的な法則性を見出していくのが科学だ。だから科学的な法則は、注目する量の変化とそれをもたらす要因の力に着目する。これにより、世界の多様性と矛盾し

ない形で、統一的な法則性が見出せる。そして、こういう変化を定量的に取り扱うために
ニュートンが（そしてライプニッツがほぼ同時期に）発明した道具が「微分」である。

ところが、「人間」や「社会」を理解する方法は、この変化に着目するという段階にいたっていないことが多い。だから、まだ着目する量自体に法則性を見出そうとしている。統計学を用いた学術研究の多くは、まだこのレベルにある場合が多い。それでは、博物学的な知見に留まってしまう。博物学的な知識は、研究者の関心の数だけ、発見と法則がつくれてしまう。多様な世界に対し、関心の範囲を狭くすれば、その狭い範囲での特殊な法則性がつくれてしまうからである。その証拠に、そのような学問段階では「微分」というツールが出てこない。

最近の例では、新型コロナウイルス感染症の状況を捉えるときにも、最初は感染者数の絶対値、とくに100名を超えたか超えないかといった人数の多寡を、多くの人が気にしていた。しばらくすると、「実効再生産数」（1人の感染者が、平均して新たに何人に感染させるかを表す数）を重視する人が増えてきた。この実効再生産数こそ、まさに変化率（あるいは微分）を捉えた指標であり、より科学的な見方に沿ったものさしである。多くの人が感染症の状況を真剣に考える中で、単に多い少ないという一見わかりやすく、しかし実際には見通しの悪いものさしから、より科学的で普遍的なものさしを使うように目ざめたものと考える。

心理学や経営学は、まだそのような「微分」や「変化への着目」があらわれない段階である。だから心理学や経営学がだめだ、といっているのではない。むしろ逆だ。今後、社会にとって

も最も重要な学問分野だと思う。そして、前記のような段階にあるということは、とても大きな発展の可能性を秘めているということでもある。

データとAIは行動を支援するもの

この予測不能な未来に向けて、データとAIが可能にするのは、予測ではない。我々がすべきは、未来に向けて適切に行動を起こすことである。明日は、我々の今日の行動がつくるものだからである。

変化は常に予測不能な形で訪れる。我々がすべきは、時々刻々生じる変化に的確に適応し、むしろ変化を機会に変えることである。データとAIを使う意味は、この「変化を機会に変える」ことにある。我々がすべきことは、適応することである。AIは、これを支援するためのものでなければいけない。

必要なのは、予測に役立つAIではなく、未来開拓に役立つAIである。テクノロジーの目標として目指すべきは「未来開拓力」を持ったAIで、このようなAIは、従来の「教師あり学習」でも「強化学習」でもない。「未来開拓型AI」である。

テクノロジーは、何を目指すか次第でまったく異なるものになる。AIやデータがこれだけ大きく騒がれるようになっても、実際のビジネスで大きな貢献をするにいたっていないのは、これまでのAIやデータに関するテクノロジー開発が目指す方向が、残念ながら間違っていたからだと私は考えている。未来の予測という錬金術を目指していたからではないか。
我々が、むしろ目指すべきは、変化を機会に変える行動である。このために必要なのが「未来開拓型AI」である。
我々は、これに向けた開発や実適用を既に長く行ってきた。[2-3]
たとえば、物流倉庫では、棚から品物を取り出して集める作業、すなわちピッキング作業の作業指示をこの未来開拓型のAIで行った。ピッキング作業にかかる時間を短縮するために、さまざまな出荷依頼のどれを優先し、作業者に作業指示を行うかを、過去の作業指示や作業結果などのデータからAIを用いて決める。このAIは、日々加わるデータをもとに解析を毎日行うので、現場の作業者の工夫や改善によって生じた変化もその都度、反映し、そこから生産性向上の「きざし」(統計的には有意でないが、結果に影響を与えうる予測とのずれ)を捉えて、これを新たな試みとして取り入れた作業指示書を自動出力する。この結果、狭い通路で、ピッキングのためのカートが重なり合って渋滞するというそれまで起きていた問題を避けられるようになり、平均作業時間を短縮して約8%の生産性向上が実現できた。従来にない新たな倉庫運営を、すなわち未来の姿をつくることができた。[4]

データによるガバナンスの3つのレベル

このように、AIやデータの活用が、転換点に来ている。私は、AI/データ活用がまっ

データ活用の発展レベル

	特徴	限界	手法
レベル1	**データから共通ルール**をつくる	**個別の違い**に対応できない	統計学
レベル2	過去の個別**成功パターン**をまねる	過去にない**新たな未来**はつくれない	教師あり学習
レベル3	**変化のきざし**を新たな機会にする	**人間の行動力**に制約される	PPPサイクル

図6-1　データ活用の3段階。現状では、実務へのデータ／AIの適用は、レベル1あるいはレベル2の段階に留まっている。

たく新しいフェーズに入ると考えている。それは社会を大きく変える。そして、その姿は多くの新聞やメディアが描いているものとは大きく異なる。

単なるツールではなく、社会や組織のガバナンス（統治・管理）の進化をもたらすものだからである。

第1章で述べたように、「ルール」「計画」「予算」「PDCA」「標準化」などに頼った統治・管理は、多様な現実や予測不能な状況変化への対応を妨げる場合が多い。そして、このルールや計画を、状況に応じて見直すには、非常に大きな労力が必要であることも述べた。

ここにAIやデータを利用することで、ルールや計画の変更といった重要な判断・意思決定を支援することができる。この発展の段階は次のように整理できる（図6−1）。

レベル1　エビデンスベース・ガバナンス（統計学の活用）

データ活用したガバナンスの最初の段階、レベル1は、統計を使ってエビデンスベースの判断を行うものである。このレベルでは、データによって裏付けられた法則性が大事だと考えるので、よく使われる言葉は、「統計的有意性」や「p値」である。普遍的な科学法則を論じるのには有効である。しかし、これはあくまでも全体の平均的なふるまいを分析するもので、個別の人や状況を考慮はできない。

レベル2　個別化ガバナンス（機械学習による予測活用）

次のレベル2は、機械学習で大量のデータを解析することで、レベル1ではできなかった、個別状況ごとの予測や判断を行う。ここで問題になるのが個別の予測精度である。だから、このレベル2の段階では、過去のデータを大量に収集し、学習用と検証用に分け、学習したデータで、検証用のデータをどれだけ正確に予測できるかを常に気にしている。このため「データ量」を気にかけ、予測の「精度」を高め、学習時の「過学習」（学習用のデータでの予測精度を高めようとするあまり、他のデータには適用できないモデルをつくってしまうこと）をいかに避けるかを課題にする。データが大量にあれば、知りたい状況に近い過去データが増えるので、当然精

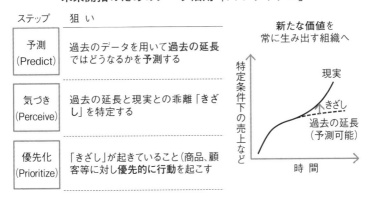

未来開拓のためのデータ活用「PPPサイクル」

ステップ	狙い
予測 (Predict)	過去のデータを用いて**過去の延長**ではどうなるかを**予測**する
気づき (Perceive)	過去の延長と現実との乖離「きざし」を特定する
優先化 (Prioritize)	「きざし」が起きていること(商品、顧客等に対し**優先的に行動**を起こす

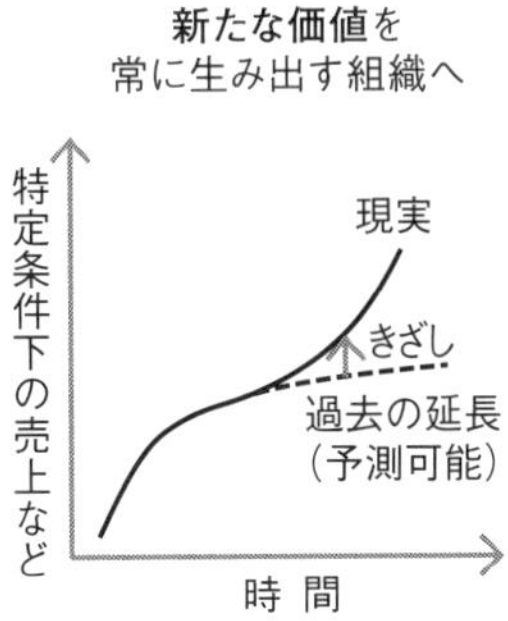

図6-2 データを活用し、新たな未来を開拓するためのPPPサイクル。データから変化のきざしを捉え、新たなビジネス機会に変える。

度が上がる。だからデータがたくさんほしくなるのである。データを持つ企業や国が強いと新聞やメディアが報道しているのは、この段階の活用モデルをイメージしたものである。

しかし、そもそも大量のデータが得られる問題は限られ、しかも、しょせん過去をまねすることしかできない。既に大量の経験があることを繰り返すだけである。従って、状況が大きく変化すれば価値がなくなる。

さらにいえば、そもそも大量に過去の体験がある問題は、比較的簡単に判断できる問題の場合が多いのでビジネスや社会においては、重要度の低い問題であり、判断である。既によくわかっている問題だからだ。

重要なのはむしろ経験が少ない問題や、未知の問題に道を拓くことである。しかし、このレベル2では、未知の未来を開拓することができしまう。

ない。これがシステム化されると、むしろ、未知の未来を開拓するのを阻むシステムができてしまう。

このため先に述べたように、鈴木敏文氏は、このような過去データやそのAI活用に批判的なのだ。しかし、現状世界中で行われているデータ活用のほとんどは、レベル1かレベル2である。だから、メディアが騒いでいるにもかかわらず、大きなビジネス的なインパクトが生まれてない。

レベル3　未来開拓型ガバナンス（PPPサイクルを活用）

以上を超えるレベル3こそがデータやAI活用の本領発揮である（図6-2）。

この段階では、過去にはなかった新たな可能性をAI／データを活用して開拓する。具体的には、データを使って予測をし、それに活用した行動は行うものの、注目するのはむしろ「現実と予測のずれ」である。この予測と結果のずれが示す「きざし」に注目する。データが少なくて統計的には有意でなくとも、結果に重要な影響を与える可能性のある「ずれ」には優先度を上げて行動を起こす。これにより実績は少ないものの、大きな可能性のある事象に関する行動とデータを増やし、次の成長の可能性を広げる。過去のうまくいった体験を繰り返すのを「守り」とすれば、この新たな成長のための行動とデータ取得は「攻め」といえる。この「守り」と「攻め」の両方を大事にするのが、このレベル3の特徴である。これにより今日の業績を上げると同時に、明日の成長も生み出していく。このために、体系的に判断を変える経営システムを、データとＡＩを使って構築するのである。環境の変化に合わせて判断の基準を変えることを最初から前提にし、この判断基準の変え方を一貫してシステム化するのである。このとき、データとＡＩは、環境の変化への高感度アンテナの役割を果たす。

これが可能であることを目に見えるようにするために、ブランコのこぎ方をデータと行動から見出すデモ機をつくった。[2-5] このデモ機は、ブランコとそこに乗ったロボットで構成され、ロボットは脚の膝関節を動かすことだけができる。膝の動きや振れ幅に関してはセンサによってデータが収集される。目的は、ブランコの振れ幅をできる限り大きくすることで、そのために膝の曲げ伸ばしを制御することである（図6-3(a)のＱＲコードからこのデモの動画が観られる）。

ここでは、まったく情報もないところから始めるので、最初できることはやみくもに動くことだけだ。従って、ただバタバタしているように見えるだけで、まったくブランコに乗っているようには見えない。しかしこの間も、膝の曲げ伸ばしのタイミングによって、振れ幅がわずかに大きくなったり、小さくなったりする。ここからＡＩは学習する。既に起きた過去のデータから学び、振れ幅が大きくなる関節の曲げ伸ばしのタイミングを実行する。すなわち過去の経験を活用する。しかし同時に、わずかにデータに表れた「きざし」を大事にし、過去の延長線を超える実験も、果敢に実行する。うまくいかなくとも決して諦めたりしない。先が見えなくとも常に道を探し、行動から学び、うまくいかなくとも常に立ち向かい、楽観的に試行し続ける。これを1分程度続けるうちに、わずかに振れ幅が大きくなり始める。3分も経つとコツをつかみ、その脚の振りは力強く、タイミングよくなり、ついには、とても上手にこげるようになる。このとき、デモ機は最も背後に振れたタイミングに合わせ、膝を大きく曲げて、振れをドライブする。多くの人がブランコに乗るときに行う動作を、AIが試行錯誤によって発見したことになる。

大事なのは、ここからだ。うまくいったからといって、実験と学習をやめないことである。データから学び、さらにきざしを活用して新たな行動を続けると、振れ幅はさらに大きくなっていく。するとここで、新たな技が生み出された。最も後方に振れたときと、最も前方に振れたときの両端で、1周期の間に2回、膝を曲げ伸ばしするようになるのだ(デモ動画参照)。

我々は、うまくいくと、それをベスト・プラクティスとして、その手順をマニュアル化し、それを守るようになる。これがテイラー以来の業務の効率化の王道でもあった。ところが、うまくいったことをルール化しそれを繰り返すという守りの姿勢では、最後の「新たな技」は決して見出せない。攻めの動きを止めてしまっているからだ。標準化や手順づくりは、我々の成長の可能性を自ら潰していることになるのだ。

きざしから学び、新たな試行錯誤を常に継続することで、我々は常に自己革新することができる。このような継続的な自己革新の威力は、状況が変化するときに、さらに発揮される。

これを示すために、このAIに、今度は鉄棒に挑戦させた。鉄棒はブランコとまったく異

(a) ブランコのこぎ方を学ぶAIの動画
(https://youtu.be/q8i6wHCefU4)

(b) ブランコの後、鉄棒を学ぶAIの動画
(https://youtu.be/uimyyGFwv2M)

図6-3　ブランコと鉄棒を学び続けるAIの動画。QRコードをスマートフォンなどのカメラで読み取ると、閲覧できる。

なる制御が必要である。さらに、ロボット本体も交換したので、身体の大きさや脚を動かせる自由度も異なるようにした。従って、またやみくもに動く状況に逆戻りである（図6-3(b)のQRコードからこのデモの動画が観られる）。ここで一番だめなのは「私はブランコ屋なのに、鉄棒をやらされて困っている」と過去を引きずることだ。ここで過去のブランコでのデータから学んだことを繰り返していたら、状況に適応できない。過去に学んだことに引きずられてはいけない。改めて新たな実験と学習を続ければよいのである。状況が変わったら、過去の延長線上にない新たな可能性を探索することが必要だ。実際、再度実験と学習を行うと、3分程度でAIは鉄棒のコツをつかみ始め、4分も経つと体操選手のような動きになる。このときの動きは、ブランコに乗っていたときとはまったく異なるものになる。

　継続的な実験と学習を通じた自己革新により、新たな自由度をも活用することができた。これは、過去のデータから学び、さらに変化のきざしを捉えて新たな可能性への探索を常

に行った結果である。このようなデータの使い方をすれば、大量のデータはいらない。データ0でも始められる。実際、このブランコのスタート時にはデータは0である[5](※注参照)。このやり方では、過去のデータを使って、よかった体験を繰り返す「守り」に加えて、予測と実績のずれという「きざし」に注目して、新たなやり方を試す「攻め」を行う。データがないために守るもののないときには、攻めるだけである。

我々が開発したブランコ[2-3、5]やディープマインド社のAlphaGo[6]やAlphaZero[7]などに見られるように、このレベル3のための要素技術はできつつあったが、実ビジネスに広く活用するまでにならない状況が続いていた。

その原因は、ここで議論してきたようなデータを活用するためのビジネスやガバナンスの基本概念の未成熟さであった。本質は技術の問題ではない。この第3段階にいくには、予測不能な社会を見据えた、統治やマネジメントの概念の再構築が必要なのである。

基本とすべき前提は、ドラッカーがいう「未来は知り得ない」「今日存在するものとも今日予測するものとも違う」である。このため、精度よく未来を予測することは最初から目指さない。そもそも目指すべきではない。目指すのは、新たな変化や可能性を的確につかみ、常に行動を起こして体系的に結果に結びつけることである。

これにより、従来のような静的なルールや判断基準による経営と比べ、はるかに未知の変化に強い経営システムが実現できる。この新しい経営では、表面的なルールや判断基準の一貫性を追求せず、判断基準や行動の変え方に一貫性を持たせ、体系的に変えるのである。

以上の3段階で最も大きく異なるのは技術ではない。むしろ、未来を予測可能と思うか、予測不能と思うかの基本的な前提の違いだ。この違いによって、社会や企業の経営やガバナンスが変わるのである。

レベル1は、標準化されたルールによる統治である。皆が一律に同一のルールに従うことを求めるし、それがいいことだと考える。これは物理現象や生理現象のように普遍性のあることには今も有効だ。また、これは20世紀の標準化されたモノやサービスを大量に普及させる時代にも有効だったが、ある程度そのような基本的なニーズが満たされると、時代に合わなくなったのである。

レベル2は、この反省として、一律なルールを捨てて、個別性や多様性を尊重した経営である。これにより、個別多様なニーズに応えることができる。言語によって表現したルールでは複雑な多様性を表現することができないので、複雑な数式を使ったルールを、データからコンピュータが生成する。この流儀の一つがニューラルネットでありディープラーニングだ。これにより、ルールの意味はわかりにくくはなる。しかし、これは一律なルールの限界を超えるために避けられないことである。その恩恵として、個別性や多様性を大事にできる。とはいえ、このレベル2には過去に既にうまくいったことをまねすることしかできないという基本的な限界がある。我々は未来に向けてよりよい社会や人生をつくるべき存在なのに、これではバックミラーを見て車を運転しているようなものだ。

だからレベル3では、予測不能に変化する未来を見据えてビジネスや社会を前進させていく統治や経営に進むのである。従来は、ルールを標準化して、合わなくなったときに、例外的に、ルールをアップデートしてきた。しかし、今や状況は刻々変化するので、ルールを常に変えることを最初から前提にし、その変え方を一貫して体系化するという経営である。データとAIの役割は、変化を捉える感度を上げるアンテナであり、それに直ちに行動を起こすための基本的なコンパスとなるのだ。

※注

技術的にはこのブランコで使われているPPPサイクルとそのための機械学習は「強化学習」（システムが自ら試行錯誤して制御を学習するタイプの機械学習）の一種と見なせる。しかし、強化学習をここで論じている意味で捉えている議論を筆者は見たことがない。その意味ではまったく別物ともいえる。

前記のブランコを見て「これってただの強化学習じゃないの？」と聞いてくる人がいる。そういう人の多くは「強化学習」という専門用語をあてはめて分類し、その意味を考えるのをやめている。用語をあてはめたり分類したりすることは、その意味を理解するのとはまったく異なる。むしろ、専門用語を使うとその時点で、その本来の意味を考えなくなる。それこそ専門用語の呪いである。しかし、ビジネスの推進者とAIの専門家が相互理解しなくてはならないときに、専門用語はそれを阻む。このような実ビジネスでの技術の意味を議論する場合には、できるだけ専門用語を使わないで本質を伝える必要がある。専門用語を使わないと説明できないのは、本当の意味がわかっていない場合が多いからだ。

「ルール廃棄ができない組織」からの脱却

第1章で、ルールが社会や組織の硬直化を生むことを論じた。その構造的な原因の一つがルールの廃棄が困難な点にある。何か問題が起きるたびに新たなルールがつくられる。しかし、時代が変わって現実に合わなくなったルールを廃棄することはほとんど行われない。ルールについては、食べるばかりで排泄しない、動脈ばかりで静脈のないシステムになっている。

ここで論じた「未来開拓型ガバナンス」によって、この硬直化しがちなルールを、データに基づき、常に自動で見直すことができる。「ルールに関する静脈システム」が可能になるのである。

今やこの社会のニーズの上でも、技術的な実現性の意味でも、この第3段階のデータ／AI活用に進むべき環境が整った。そして、このレベル3のガバナンスは、まだ世界のどこもできていない。

20世紀には、標準化と横展開を基本とするテイラーによる科学的管理法について、この日本が中心となり、世界に大きな花を開かせた。再度21世紀に、この日本から、新しい社会の革命を起こしたいと思う。日本にはそれにふさわしい条件がすべて整っている。

データは、予測と現実との差を通じて、過去の延長にないことがどこに起きているかを知るためのレーダーだ。そして、この予測不能な対象に行動を起こし、世界をよりよく理解し、前進するためにある。前進するのは常に人である。これこそが、あらゆる人が知るべき基本リテラシーなのだ。

この実行を阻むのも常に人である。技術ではない。だから、予測不能に挑む人や組織をつくる必要があるのだ。我々は、ともすれば、過去にうまくいったことを繰り返したり、確実に予測したりできる範囲の中に安住したいという誘惑に負ける。

これを越えるために、本書でこれまで述べてきた前向きに工夫し挑戦する人や組織が必要なのである。

第7章　格差の本質

格差は社会の発展に制約を与える

未来は予測不能であり、だからこそ、未来は我々が創るものである。ドラッカーはいう。「未来は今日とは違うものであって、かつ予測できないものであるがゆえに、逆に、予測できないことを起こすことは可能である」[1]。

ただし、何でも自由になるわけではない。我々は、重力などの物理法則やDNAや代謝などの生物学的な制約を受ける。本書で紹介した、会話相手の身体の動きにあなたの幸／不幸が強く影響されることも、人間の本能による重要な制約の一つである。これらを無視して勝手な未来を描くのは独りよがりだ。むしろ、これらの制約を知ることでこそ、これらを越える可能性も見えてくるのである。

本章のテーマは社会の未来だ。今後の社会に対し、最も大きな懸念の一つが、知識労働者とサービス労働者との間の格差であり、それによって引き起こされる階級闘争である。

今や先進国の労働人口の7割以上は知識労働者やサービス労働者になった。AIやデータで武装した知識労働者層が社会的に尊敬を受け経済的にも恩恵を受けるのに対し、大量に発生したサービス労働者は、業務の標準化により他の人に代替可能であり、社会的にも経済的にも高い評価を受けない。この両者の対立を解決する道は、サービス労働の生産性を抜本的に高めることである。

しかし、その道はまだ見えない。むしろ、知識労働の生産性がＡＩやデータの活用により向上しており、両者の差がどんどん開いているのが実情である。その意味で、格差の問題は、今後の社会を論ずるときに避けられない話題になっている。格差は、今後の社会に根本的な制約を与えることになる。

確かに、未来の社会は、我々が創るものであり、生み出すものである。しかし、それだからこそ、そのための基本的な制約である格差の問題を正しく知る必要がある。

過去に社会の未来について論じてきた多くの賢人たち、すなわち、古くは孔子であり、近代ではジャン＝ジャック・ルソー、アダム・スミス、トーマス・マルサス、ジェレミ・ベンサム、カール・マルクス、ジョン・メイナード・ケインズ、渋沢栄一など、時代を代表する識者たちは今のような形では、データを使えなかった。今、我々は、データという新たな手段で、この古くて、今も最も重要な問いに新たな光を与えることができる。そして、それは、今後の社会を創るために今何をすべきか、という重要な問いにも洞察を与えてくれるのである。

格差の原因は何か

格差が経済における一大問題であることは疑いない。しかし格差の影響は、経済に留まらない。格差にともなう民衆の不満が、２０１６年にトランプ大統領を誕生させ、イギリスのＥＵ離脱（ブレグジット）の引き金になるなど、民主主義のあり方を問い直すことになっている。

さらに、低所得地域を豊かにして先進国に近づけるための中国における開発が、グローバルな経済格差を縮めた一方で、森の破壊を通してパンデミックにつながった可能性も指摘されている。人々の健康や病気のリスクの考え方も問い直すことになっている。

この格差については、多くの研究が行われている。一般向けでも、トマ・ピケティの『21世紀の資本』[2]やノーベル経済学賞を受賞したジョセフ・ユージン・スティグリッツの『世界の99％を貧困にする経済』[3]などで論じられている。富める者が、よりよい教育を受けてより多くの富を得る構造や、高所得者に有利な税制の問題、さらに、株主資本主義による超高額所得者の出現などの要因が指摘されている。

しかし、私はまったく違う結論にいたった。私の知る限り、今から紹介する理論が、これまでのあらゆる理論の中で、最も少ない前提で格差を説明している。

ある現象を説明する仮説が複数ある場合、どれを選択すべきか判断する基準として、「オッカムの剃刀《かみそり》」というものがある。「よりシンプルな説明の方が望ましい」という基準である。オッカムの剃刀の基準でいえば、格差が存在する理由の説明として、ここで紹介する理論は最も望ましいものといえる。というのも、この理論では

格差が生じるのには、理由はいらない

ことを明らかにするからである。

我々は、自然に配分すれば、平等になるはずなのに、何か理由があって、格差が生じているはずだと考えてきた。従って、その理由を明らかにし、対策すべきだと考えていた。

真実は反対だ。自然に配分すれば極端な格差になるのであって、平等にするには、何か特別なことを行う必要があるのだ。富の分配を平等にする努力をしない限り、極端な格差が生じるのである。すなわち、

平等には理由があるが、格差には特別な理由はない

のである。「自由」に配分すれば格差が生じるのであり、意識的に平等にすることによって初めて格差が緩和されたり回避できたりするのだ。

フランス革命の有名なスローガンである「自由・平等・友愛」。本章で論じるのは、この「自由」と「平等」の関係である。実は、「自由」と「平等」は両立しない。平等は必然的に自由の制限をともなう。自由を制限した分だけの平等だけが得られるのだ。つまり、自由にすればするほど、平等からは遠ざかる。

「友愛」の原語はFraternité。コミュニティでの絆や助け合いを意味する。対面する相手を、身体の動きを同調させることで応援し、応援されるコミュニティこそが、幸せであることを既

に紹介した。これはまさに「友愛＝Fraternité」と解釈できる。すなわち「友愛＝幸せ」である。

しかし、極端な不平等や格差はコミュニティを分断し、互いに身体で応援しあう機会自体が失われる。その結果「友愛＝幸せ」を困難にする。「自由」と「平等」との関係を正しく理解し、制御しなければ「友愛＝幸せ」は脅かされる。

ハイエクとフリードマンの自由主義経済

経済学において、自由な富の分配の重要性を強く主張したのは、19世紀の終わりにウィーンで生まれたフリードリヒ・アウグスト・フォン・ハイエクと、その13年後にニューヨークで生まれたミルトン・フリードマンである。この2人こそが、経済学における自由の戦士だった。今もグローバルな経済や政策は、この2人の思想の強い影響下にある。

ハイエクはその主著『隷属への道』[4]で、フリードマンはその主著『資本主義と自由』[5]や『選択の自由』[6]において、平等や富の分配について論じている。その主張の基本は、あらゆる恣意的な再分配を否定する立場である。極めて一貫している。

2人にとって幸いだったことがある。それは、いずれも90歳を超えるまで生きたことだ。この2人による、自由を優先し、平等を重視しない主張は、生涯一貫しているが、若い頃は、決して社会にも学会にも受け入れられていなかった。

当時主流だったのは、イギリスのケンブリッジ出身のジョン・メイナード・ケインズによる、政府の財政出動を機動的に行う考え方だった。すなわち、ハイエクとフリードマンとは真っ向から反対の考え方が主流であった。

しかし、ケインズは、もともと、ハイエクより16歳年上であり、これに加え、ハイエクより30年も短い62歳で生涯を閉じた。ケインズの死後、ハイエクは46年の長きにわたり、敵陣営のリーダーが不在の状態で社会を動かせた。さらに、ミルトン・フリードマンという最強の論者が社会に強い影響を与え、21世紀(2006年)まで社会を動かし続けた。

この存命期間のタイミングのずれが、その後に大きな影響を与えた可能性があると私は考えている。このような実証が困難な理論においては、発案者のリーダーにあたる人物がいるといないとでは、迫力も影響力もまったく異なるからである。これが、現在にいたる自由放任のグローバル経済の考え方をもたらしたのではないかと思う。

フリードマンはさらに、会社というもののとらえ方でも、自らの考え方を貫き通した。これが現代の株主を重視する資本主義、すなわち株主資本主義の流れをもたらした。会社とは最大限の利益を生み、株主に報いることだけが唯一の目的であり、経営者がこれ以外のことを考慮することは倫理に反するとまで考えたのである。これも、現代に大きな影響を与えている。そして、最近になってやっとその見直しの議論も盛んになっている。[7]

今こそデータの力で、この状況を越えるときではないだろうか。実はこれから述べるように、格差問題はデータが威力を発揮しやすい課題である。

完全に平等な取引からも格差は生まれる

ここでは、経済的な富の分配を考える。お金を人々に分配することである。この議論は、お金以外の分配にも適用可能だし、分配を受ける対象も人以外の法人などに一般化できるが、ここではお金を個人に配分するという問題に絞る。

1789年のフランスの人権宣言では、「すべての人間は生まれながらにして平等であり、法の下で平等である」とされた。しかし、前記のお金の分配に限定してみても、この平等が実現されることは決してない。というのも、この平等の実現は、現実には不可能だからである。

たとえば、あるときに、すべての人の財産を没収し、全員に一定量のお金を分配したとしよう。乱暴なやり方ではあるが、この直後は、全員の所有しているお金は平等になる。

しかし、お金は使わないと所有している意味がない。そして、お金は使えば減るし、もらえば増える。人から人へ移動する。だから、一旦厳密に平等を実現しても、すぐに平等ではなくなってしまう。

あなたは疑問を持つかもしれない。確かに、人から人へのお金の移動により、厳密には平等ではなくなるだろう。しかし、全員がお金を使ったり、もらったりすることを似たように行えば、おおよそは平等のままなのではないか、と。少なくとも格差と呼ばれるような極端な差は生じないのではないか、と。

ところが、実際にはそうはならない。これをコンピュータでシミュレーションすることができる（図7－1）。最初に、全員が同額のマネーを持っている状況にする。そこから、人と人との間で平等に等しい確率で取引が起きることを想定する。その結果、人から人へと平等かつランダムにマネーが移動するとどうなるかをシミュレーションする。それぞれのマネーの移動は、一律同じ額で、ランダムに平等に行う。

大事なのは、これは現実にはありえないような極端に平等な条件だということである。各人がお金を使う確率（頻度）ももらう確率（頻度）も、全員が厳密に等しいとしたのである。一様にランダムな確率で割り当てたからだ。理想的な平等条件で取引を行うと、何が起きるかを見てみるというシミュレーションだ。

ところが、ここまで厳密に平等な条件を設定しても、富める人と貧しい人との大きなマネー配分の格差が生じるのである（図7－1(b)）。再度強調するが、このマネーの移動は、完全にランダムで平等に行われた。最初の所持金も平等で、一切の能力差や親の裕福さのような個人差はない完全に平等な条件でも、この格差が生じてしまうのである。

完全に理想的な平等条件にもかかわらず、結果は大きな格差を生む。ここだけを見ても、格差は極めて簡単に生じることがわかると思う。

前記のように、繰り返しランダムに人から人へとお金を移動させるのは、いわばトランプをシャッフルするような処理だ。トランプが、買った直後のように数字順に、スペード、ダイヤなどのマークごとに並べられた状態になることは、意識的に揃えないと決して実現できない。すなわちいろいろな可能性がある中ではごく珍しい状態である。一方、繰り返しシャッフルした状態、すなわちトランプがよく切れた状態は、より自然なばらつきのある状態になる。

お金の配分についても、前記のように、人から人へ繰り返しランダムに移動させることで、開始時の意識的に一律に揃えた状態から、より自然でありふれた配分状態にすることができる。

ここで覚えておいてほしいのは、トランプを繰り返しシャッフルすると、普段よく見る自然なばらつきのある状態が実現できることだ。ランダムにかき混ぜることで、自然なありふれた状態になる。そして、人々のマネーの所持額はランダムにかき混ぜているだけで、かなりの格差が自然に生まれる。つまり、格差のある状態は何の理由もなく、ごくありふれた結果だということである。

その結果、配分のためのルールでは平等だったのに、配分の結果では大きな不平等が生じたのである。ここでルールの不平等を定量化しこれをRとする。ルールの不平等、すなわち人ごとの優遇／不遇は、たとえば人ごとに異なるペナルティ値を割り当てることにより実現される。この人ごとのペナルティ値を用い、不平等を定量化する指標として有名な「ジニ係数」を使えば、ルール全体の不平等が数値化できる（完全平等な場合にはジニ係数は0、極端な格差の場合には1となる）。たとえば全員に同じルールが適用されるならば$R=0$である。一方、人ごと

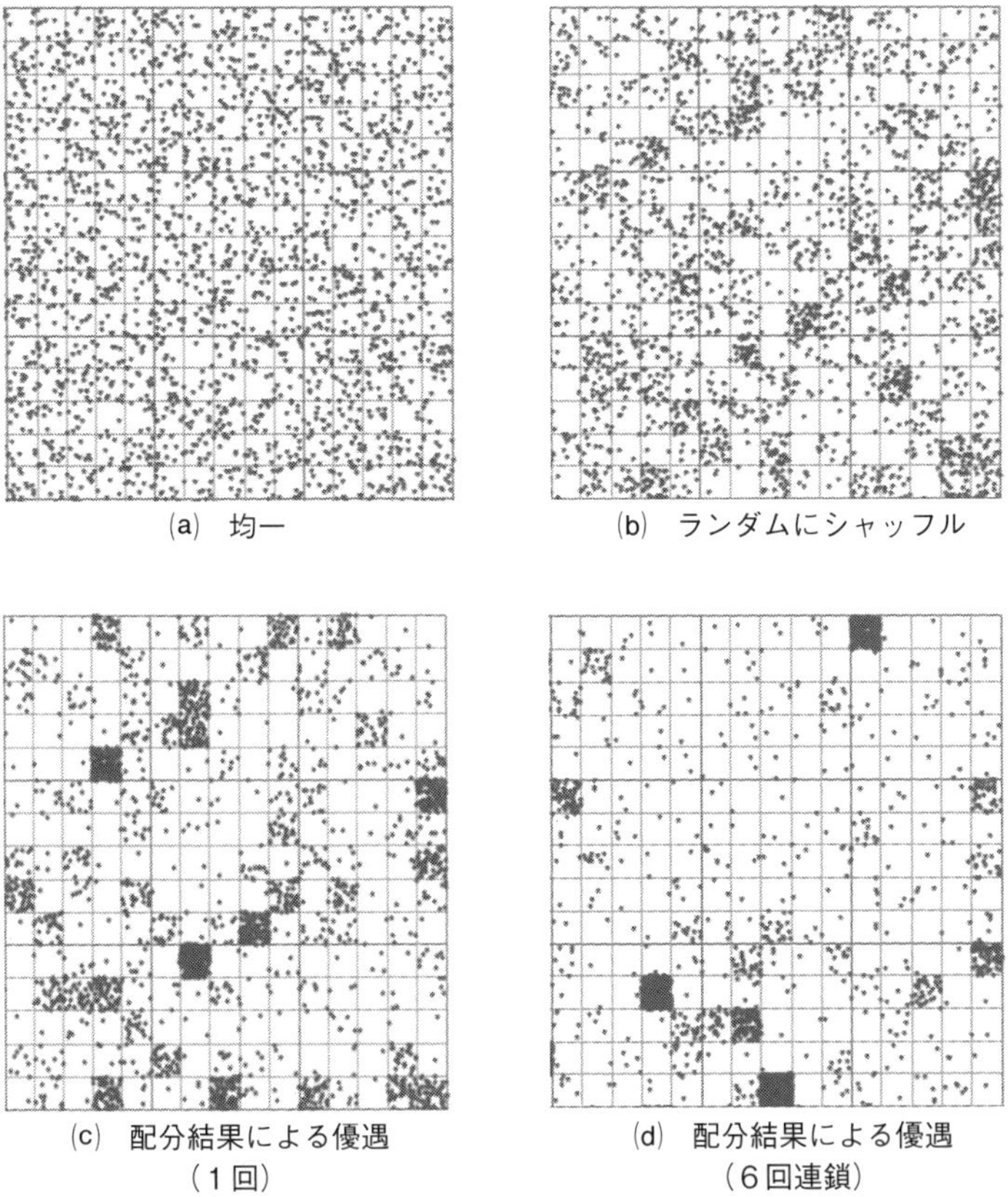

図7-1　225人（225個の箱で表す）にマネー（ドットで表す）を分配するシミュレーション結果。(a) 乱数によって均一に配分した結果。(b) 均一な配分から、人と人との間で、平等なルール（全員同一確率で同一額のマネーが、一方からもう一方へ支払われる）でやり取りを繰り返した結果。まったく平等なルールでシャッフルしたのにもかかわらず、大きな不平等が生じている。(c) 前段階の(b) の結果がよい人ほど、マネーを移動する際の量を増やすというルールでシャッフルした結果。より極端な格差が生じている。(d) 前段階の(c) で行ったように、結果に応じてマネーの移動量を変えてシャッフルすることを、6回連鎖させる。極めて極端なマネーの格差が生じる。この格差は実際に生じている経済的な格差に近い分布になる。

にルール（ペナルティ値）が異なるならば、その人ごとのペナルティ値からジニ係数を求め、ルールの不平等を定量化することができる。前記の場合ルールは完全平等なので$R=0$である。そのルールに基づいて配分した結果の不平等も定量化しDとしよう。このとき、不平等Rのルールに基づき配分された結果、不平等Dが生まれたということを

$$R \rightarrow D$$

と書こう。

シミュレーションでは、ルールの不平等Rよりも配分結果の不平等Dは大きかった。これを

配分ルールの不平等　＜　配分結果の不平等

すなわち

$$R < D$$

という不等式で表現しよう。実はこれが以下に示すように格差を起こす核心にある式である。

格差は「エントロピー増大」の帰結である

このように、ランダムにかき混ぜることによって、分配に格差が生じることは、物理学ではよく知られてきた現象である。このようなかき混ぜることによって生じた自然で、ありふれた分配状態のことを、物理学では「最も確からしい状態（Most Probable State）」と呼び、「エントロピー増大の法則」に従った結果と呼ばれる。これらの統計的な分配を扱う学問を「統計物理学」と呼び、一大分野として確立されている。

突然難しい話になったと思う人もいると思うので、以下では、予備知識なしでも理解できるよう、その本質をお伝えしたい。

自然法則はたくさんあるが、その中には、あらゆる対象に、条件を問わず普遍的に成り立つ基本的な法則もあれば、特定の条件や対象のみに成り立つ派生的な法則もある。

数多ある法則の中でも「基本の中の基本」となる法則が2つある。1つ目が「エネルギー保存の法則」である（「熱力学第1法則」とも呼ばれている）。エネルギーは運動や熱や電気や原子力や生命維持など森羅万象に関わっており、さらに、物質が存在すること自体もエネルギーの一種と考えられている。この法則によれば、エネルギーは突然発生したりすることはなく、常に形を変えるだけで、総量は宇宙の開始の瞬間であるビッグバンから今まで、さらに今後も未来永劫に常に一定なのである。物質の性質や、生命の営みや社会活動から星の一生まであらゆることが、このエネルギーの総量が一定であるという法則に制約されている。

もう1つの基本法則が、前記の「エントロピー増大の法則」である（「熱力学第2法則」とも呼ばれる）。エントロピーというのは、エネルギーに比べて理解が難しい概念であり、これまでも、エントロピーをわかりやすく論じることを試みた書籍は多数ある。[8-9] しかし、多くの説明は、エントロピーという量の一面（とくに物理学的な対象に特化した面）しか捉え切れていないと思う。ここでは、このエントロピーの本質を、格差を論じるのにふさわしい形で説明したい（一般向けにわかりやすさを第一に、数式を使わずに説明するので、専門的な定義と印象の違いがあるのはご容赦願いたい）。

この地球を含めた宇宙空間には、物質や熱や電気や生命などの形を取ったエネルギーが、空間的に配置され、時々刻々、形態や配置を変化させている。そして、このさまざまな形態のエネルギーが、どのような形態で、どこに、どんな組合せで配置されるかが、社会や地球や太陽系や銀河系を含む宇宙全体の形を決めている。地球上でのお金の配分も広い意味ではエネルギーの配分の一部である。

この組合せには、多様な可能性がある。その組合せは無限だ。時々刻々、その組合せが変化するということは、見方を変えれば、宇宙が多様な変化の可能性をランダムに探索し続けているということでもある。我々人類の社会活動も、地球や太陽系や銀河系を含めた宇宙全体と同様に、この無限に多様な可能性の中を、常に探索し続けており、今後も探索し続ける。この営みには終わりはない。なぜなら、組合せは無限にあるので、探索し尽くすことはないからだ。ある時点で探索したことのある領域は、全体からいえばごく一部の領域にすぎない。

「エントロピー」という概念の本質は、この多様な可能性の探索において、その時点で既に探索した領域の大きさを示す尺度(あるいはものさし)である。従って「エントロピー増大の法則」とは、常に新たな「エネルギーの形態や配置の組合せ」の領域が探索され続け、既に探索した領域が、常に拡がり続けることをいう。その結果、エントロピーが増え続けるのだ。

実は、経済現象も、このエントロピーが増え続けるという物理法則を逃れることはできない。世界の多様な経済取引は、この見方をすれば、これまでに経験したことのない新たな資源配分の可能性を探索する営みである。それは、既に探索した可能性の領域の大きさであるエントロピーを常に増大させる。

そして、エントロピーが大きくなると、常に格差が大きくなるのである。たとえば、ある空間の中の分子を考えるとき、すべての分子が同じ速さで動いている状態よりも、それぞれの分子が多様な速さで動いている状態の方が、探索できる可能性の領域はずっと広い。このため、各分子の速さについていえば、エントロピーが増えるということは、各分子の速さがどんどん多様になることを意味する。各分子の速さがどんどん多様になるということは、分子の速さに大きな格差が生まれるということだ。このようにして格差は自然に増えてしまう。そこには何の理由もない。あるのは、それまでやったことのない新たな配分の組合せが、自然の営みとしてランダムに試されることだけである。これまで多くの説明では、エントロピーが増えることは、乱雑になることで、それはむしろ均一になるとしていることが多い。従来の説明はこの意味で間違っているのである。

先ほど示した理想的に平等な条件でのマネーのやり取りのシミュレーションで生じた格差は、このエントロピー増大の法則に従って多様性が生み出された結果である。ルールの不平等Rよりも配分結果の不平等Dが大きい（すなわち$R<D$）という関係はエントロピー増大という宇宙の基本法則による必然的な帰結なのである。

ただし、前記のシミュレーション結果（図7-1(b)）に見える格差は、現実世界の所得や資産の格差のレベルに比べるとまだ小さい（図7-1(b)のシミュレーションでの格差は「指数分布」と呼ばれるものに近づくが、現実の所得格差はもっと偏りが大きい「べき分布」と呼ばれるものに近い）。

実は、社会に生じる格差の大きさ・偏りは、このエントロピー増大の法則の効果を何重にも増幅させることによって生じる。この増幅のメカニズムを次に説明する。

不平等を拡大させるルールの存在

ここで「平等」や「不平等」を考えるときに、思い出すゲームがある。トランプゲームの「大貧民」（あるいは「大富豪」）である。

ご存じの人も多いかもしれないが、大貧民では、1回のゲームが終わると、その順位によって、「大富豪、富豪、平民、貧民、大貧民」といった階級がプレーヤーにつけられる。普通は、階級に応じて、座る場所も上座や下座に物理的に移動する。そして、次のゲームでは、この階級によって処遇に大きな有利不利が生じる。具体的には、大貧民や貧民は、最初に持っているよいカードを、大富豪や富豪に渡さなければいけない。一方で、大富豪や富豪は、手持ちの悪いカードを、大貧民や貧民に渡すことができる。これにより、大富豪や富豪にとって、ゲームが圧倒的に有利になり、大貧民や貧民には圧倒的に不利になる。このおかげで、貧民はなかなか浮かび上がれない。格差を固定化する構造がゲームのルールに組み込まれているのである。

次に、このゲーム「大貧民」における平等の意味を考えてみよう。

まずこのゲームにおける大貧民が、不平等な扱いを受けていることは間違いない。大貧民は最初の配分から差をつけられるので浮かび上がれない苦しさを味わうし、大富豪は楽々勝てることが多い。しかし一方で、スタート時には参加者は平等でもある。誰もが大富豪になる可能性もあり、大貧民になる可能性もある。誰かが固定的に有利だとか不利だとかいうことはない。

このゲーム「大貧民」の世界では、参加者は平等なのであろうか、それとも不平等なのであろうか。最初は階級を定めずに、平等なルールで1回目のゲームを行い、その結果によって、2回目のゲームにおける大富豪から大貧民の階級を決めることとしよう。この場合、開始時点では当然、全員平等である。しかし、1回目の平等なゲームの結果によって、2回目のゲームでの各人の処遇（すなわち誰が大富豪や大貧民になるかの割当）が決まる。

そして、2回目以降のゲームでは、大貧民と大富豪とでは、ルールは平等ではない。大きな処遇の差（有利不利）が設定されており、とうてい平等とはいえない。

これは、前のゲームの結果が、次のゲームでの処遇（有利不利）を決めるからだ。これにより、最初の平等な状態から、不平等な状態が生まれる。

それでも、この「大貧民」では、最大の格差でも、大貧民と大富豪との差であり、これ以上は格差が広がらないよう歯止めがかかっている。しかし仮に、ゲームの負けの度合いに応じて、次回のゲームでの不利の度合いが大きくなるようにルールを拡張すると、一旦、貧民側へと入り込んだら無限に落ちていく力が働くようになり、そこから抜け出すのが極めて困難なゲームになる。

そして、完全に自由な自由主義経済とは、まさにそのような仕組みなのである。

これを式で表してみよう。ここでも、最初のルールの不平等を定量化してRとし、これに基づき配分された結果の不平等をDとし、このDに基づき次のルールを決め、その決めたルールの不平等を定量化してR'とする。これを$R \to D \to R'$と書こう。

ルールから配分が決まり、その結果の配分によって新たなルールが決まる。これを繰り返すことでルールを何度も更新することができる。前記のように、$R < D$という大小関係があり、Dに基づきR'を決めるので、新たに更新されたルールは常にその前のルールよりも不平等に

なる。すなわち

もとのルールの不平等さ　$<$　更新されたルールの不平等さ　（$R < R'$）

となる。これを繰り返すとルールは際限なく不平等なものになっていく。すなわち

$R < R' < R'' < \cdots\cdots$

である。この結果、

平等　→　不平等　→　もっと不平等　→　……

あるいは

平等な処遇　→　不平等な処遇　→　さらに不平等な処遇　→　……

となる。これが、不平等が生まれる基本構造である。エントロピーの増大によって生じる格差

が、何重にも増幅された結果、極端な格差が生まれるのである。

勝者優遇のルールが格差を拡大させる

実は、ここで見られるように、取引や競争や生産活動を行った結果、結果のよかった人をその後の活動で優遇することは、社会のいたるところに見られる。あるいはそのような明文化されたルールや、人の明確な作為がなくても、見栄えや味などがよい商品が、自然とうわさになり、そのうわさからSNSなどで広く情報が拡散されて売れるようなこともよく起こる。

これはある意味で当然である。一生懸命に頑張って結果を出した人と、サボっていた人との間で、処遇に差をつけないならば、頑張って工夫する人がいなくなってしまうからである。また、買った人が気に入った商品の情報が、多くの人に伝わるようになることも、人々の生活を豊かにするには欠かせない。

従って、ここで「配分のあり方の変化」を表す矢印(↓)には、「因果応報」あるいは「信賞必罰」という言葉がふさわしい。結果のよかった人やモノを優遇し、そうでなければ優遇しないということである。

ここで大事なのが、図7-1(b)に示したように、平等なルールで配分しても、相当の格差が生じるということである。これは、自然なありふれた分配の結果なのだ。そこには、何の理由もない。ということは、能力の差や努力量の差がまったくなかったとしても、よい結果に恵まれたり、悪い結果となったりすることは十分にありうるということだ。そしてこの偶然による結果の差に対しても、「因果応報」「信賞必罰」が適用されれば、次からは不平等な処遇による配分が始まる。

さらに、不平等な処遇（すなわちルール）で配分したときには、以前のように処遇されたときより大きな格差が配分に生じる。このため、前記の「因果応報」が、繰り返し連鎖すると、格差がどんどん大きくなって、極端な分配になってしまう（図7-1(c)(d)）。ここでも、生じた極端な格差には何の理由もない。敢えていえば、この社会の「因果応報」の連鎖によって、エントロピーの増大という自然の営みが繰り返され、その格差を生む効果が増幅されたのである。

因果応報で格差拡大する例：書籍売上

本の売上を例にとって、この因果応報とエントロピー増大の連鎖を具体的に説明しよう。本の売上には、何百万部も売れるベストセラーから、100部も売れない本まで、桁違いに大きな格差がある。これには、この因果応報が関係している。

まず、本の売上に重要な影響を与える要因は、影響力のある人（インフルエンサー）の目に留まるかどうかである。毎月数え切れないほどの新著が出版される中で、インフルエンサーの目に触れる本は限られる。従って、「何人のインフルエンサーの目に入るか」が第1の配分であり、関門である。

インフルエンサーが興味を持ち、読んで気に入れば、SNSや他のメディアで、その本について書評やレビューを発信する。もちろん、インフルエンサー以外の人も、本が気に入ればSNSなどで発信する。しかし、その拡散力や影響力は、インフルエンサーによる発信に比べればはるかに小さい。

いずれにせよ、インフルエンサーの発信によって、SNSなどのメディアで本についての情報を目にする人が増える。この「インフルエンサーたちの書評やレビューがどのくらいの規模で拡散するか」が、第2の配分である。ここに、第1の配分が影響を与える。内容が悪ければ、インフルエンサーも発信しないので内容も大事だ。影響力の強い人の発信は、何度もSNSや口コミで拡散され増幅されるので、第2の配分によって、第1の配分(インフルエンサーの数)以上の桁違いな格差が生じる。

この発信を目にする人の中には、書店の関係者が含まれる。この書店関係者は、メディアでの発信に影響され、書店における本の発注と陳列の優先度を決める。書店という限られた物理空間の中での「陳列における優先度」が第3の配分である。書店での本の扱いという、この第3の配分により、さらに大きな格差が生じる。

優先度の高い本は、売場の目立つところに大きなスペースを取って平積みされ、これが長期にわたって続けられる。一方、売れない本は、そもそも書店に置かれないし、仮に置かれたとしても、本棚の隅の誰の目にもとまらないところに1冊だけ置かれ、しかも、短期間だけだ。

この書店の物理的なスペース配分の優先度により本の売上は大きく左右される。第4の配分は、結果として生じるこの「本の売上」である。この第4の配分では、ベストセラーと売れない本との間に、3桁以上の違いが生じる。
以上をまとめると以下のような因果応報のルートが想定される。

本に目を留めたインフルエンサー数
↓　メディアでのレビューの拡散数
↓　書店での陳列スペースの大きさ
↓　本の売上

これ以外にも、売上に影響を与える因果応報のルートはいろいろあるので、これはあくまでも一例である。社会の因果応報の連鎖は何重にも連鎖するので、前記を一般化すると、以下のように書ける。

平等　↓　不平等　↓　さらに不平等　↓　……　さらに大きな不平等

最初は平等なルール（処遇）で配分されるとしても、そこからは自然と不平等な結果が生じる。そして、その結果次第で不平等なルールが適用されて配分されるので、次の段階の結果では不平等がさらに強まる。格差が大きくなる。従って、この連鎖が長くなるほど格差が大きく極端になる。そして、社会にはいたるところに因果応報が存在しているので、この連鎖は通常長い。

因果応報の配分のシミュレーションを行えば、これを目に見える形で確認することもできる。因果応報の連鎖が繰り返されるほどに、持てる者と持たざる者の格差が桁違いに大きくなっていき、連鎖が何回か繰り返されるだけで、実際の所得の格差に近い、極端に偏った分布になる。実はこの格差の大きさは、連鎖の長さだけで決まる。途中にどんな変数が効いているか（前記の矢印の式に現れる変数）は関係ないことが数学的に示されている。だから、この世に因果応報があり、エントロピーの増大がある限り、極端な格差は避けられない。格差に特定の理由はいらないのである。

平等は自然には現れず、意識的にしかつくれない

この格差を小さくする方法はある。まず単純には意識的に結果を平等にすることである。一番単純なのは、最終的な富の配分の結果を配分し直すことである。

これはある程度は既に行われている。所得税における累進課税によって、より所得の大きな人の税率を高めることで、税を国の財源とし、さらに、所得の少なかった人には再分配が行わ

れる。あるいは、相続税によって、所得の多い人の有利さが、子供の世代では薄まるようにしている。

ただし、この富自体を配分し直すことには、自ずから限界がある。これをやりすぎると、人が努力して頑張る意味がなくなるからだ。本書でたびたび取りあげたように、常に工夫し、挑戦することこそが人生の至福である。それには、その結果への報いがないとうまくいかない。これこそが、まさにマルクス主義が見落としていた重要な点であり、20世紀にマルクス主義が失敗した大きな原因でもあった。

格差回避の本丸、教育

その意味で、むしろ重要なことは、最終配分にいたる因果応報の連鎖の数が少なくなるよう修正・介入することである。

修正の対象として最も有力なのが「教育」であろう。教育の格差を少なくするのだ。その人の受けた教育によって、その後の人生における処遇が異なるのは明らかだからだ。

この教育による処遇の違いについては、未成年を教育する過程において何重にも「因果応報」の連鎖があるのが大きな問題である。連鎖が3重、4重になると、桁違いの処遇の違いが生じるからである。

たとえば、進学に有利な小学校に通うかどうかによって、進学に有利な中学校に入れるかに処遇の差が出る。この結果、進学に有利な高校に入れるかに処遇の差が出る。この結果、一流の大学に入れるかに処遇の差が出る。そして、この結果によって、一流の企業や官庁に入れるかに処遇の差が出る。すなわち、教育の過程で、「結果によって処遇を変える」という「不平等→さらに不平等→さらに大きな不平等→……」の長い連鎖が既に現実に行われているのである。

これを変えるにはいろいろな方法が考えられる。単純で効果的な方法がある。それはある年齢まで（たとえば高校まで）は、試験の成績で入学の選抜をするのを法律で禁止することである。基本はランダムにくじ引きで応募者の中から選択することだけを許すのである。

なぜ大学入試ではなく、高校以下の入試なのか、と疑問を持つ読者もいよう。これは、努力や頑張りによって結果が変わることは残した方がよいからである。そのために、連鎖の最後段にあたる大学入試だけは残す必要があると考え、その前の選抜を平等にすることが有効と考えたのだ。

そして問題なのは、「結果による処遇の不平等」が連鎖することなのである。大学入試だけは今まで通り残しても、高校までの処遇差をなくせば、前記の、「不平等→さらに不平等→さらに大きな不平等→……」の連鎖がなくなる。代わって、大学入試の選抜による処遇の差だけが残るので、おそらく劇的な効果が期待できる。この1回の処遇差だけでは、桁違いな教育格差が原理的に生じなくなる。「結果による処遇差」が連鎖するのが問題だからである。

何よりも、桁違いな格差を緩和しようとするならば、このような方法が必要だ。何かの形で「結果によって処遇を変える」ことを「連鎖」させると、社会に極端な格差が必然的に生じるからである。

前記の介入にはいくつもバリエーションが考えられる。たとえば、大学を含めた入試において、入学者の一定数（たとえば30％）は、入学希望者からクジで（すなわちランダムに）選ぶことにする。これにより、親の所得や資産による子供の教育の格差を少なくすることができる。このランダムにクジで選ぶ比率を上げれば、前記の不平等が不平等を助長する連鎖を弱くすることができる。

そんなことをすれば、教育の効率が下がり、教育の質も落ちる、という反論があるのは承知している。しかし、その発想こそが時代遅れではないか。教育にこそ「効率化」を超える発想が必要である。20世紀では、いわれたことへ素直に従う人材の大量生産が必要だった。今、この20世紀の思考から解き放たれ、21世紀にふさわしい「幸福化」へと向かわなければならない（第4章の図4−1を参照）。

ネットで検索可能な知識を学校で教えることの価値はどんどん小さくなっている。強めにいえば、そのような知識の価値はゼロに収斂しつつある。むしろ、多様な強みと背景を持った人たちといかに協力できるか、相手の背景や心に配慮し、コミュニケーションによって未来を創造する力こそが、集団としてのパフォーマンス（すなわち利益）にも、幸せにも重要なのである（第3章を参照）。そのためには、多様な強みを持った人との交わりが、最も重要な成長と学習の機会になると思う。

さらに極端な格差は、人と人との間に無理解を発生させ、社会の不安定性に直結する。これはすべての人にとって、不幸な状況につながる。努力した人、結果を出した人に報いよう、という素朴な思いが、社会を混乱と闘争の世界に導く。この行き着くところは、階級闘争であり、内戦や戦争への道である。

学歴と賢さは必ずしも関係ない

社会で仕事をしていると東大や早稲田、慶應などの一流大学卒に、いかに愚かな人が多いかがわかるようになるし、一方で、大学など出ていない人の中に、いかに聡明で賢い人が多いかがわかる。

私ごとで恐縮だが、私の父は地方で夜間の旧制中学しか出ていないものの、聡明な人だったし、ベンチャービジネス（旅館業）を創業し、母と二人三脚で成功に導いた。幼い頃からこの父にいろいろな話を聞いたことで、今の自分がある。

あるときは、ビジネスの基本を教えてもらった。父は、月末の支払いのために小切手を回転式の手動の機械で打っていた。茶の間が父の仕事場でもあったので、私は、その姿をいつも見ていた。小学生の私が興味深そうにその小切手を打つ姿を見ていると「これは小切手といってね、お金がわりに、支払いに使えるものなんだよ。たとえば、酒屋さんにこれで支払うとする。酒屋さんはこれを銀行にもっていくとお金に替えてもらえるんだ。もちろん、銀行のうちの口座にお金がないとだめだ。ただし、1回はお金が支払いできなくても、特別に許してもらえる。しかし、2回目になると、この旅館は潰れてしまうんだよ。だから商売では、銀行に現金があることがとても大事なんだ」。

この我が家が潰れる話は、小学生の私には、とても印象に残ったし、正直いって、少し恐いと思った。これにより、私は、手形の不渡りや倒産の概念を、身近な現実として知り、商売における現預金の重要性を、小学生のときに学んだ。

この父が、中学生の私にいったことも忘れられない。月末は、ベンチャーの社長には、いろいろと忙しい時期だ。父は、月末の支払いや従業員の給与計算、そして、月次の業績などの大きな表を手書きでつくって管理していた（まだパソコンもエクセルもこの世に存在していなかった時代である。若い頃、大工をやっていた父は、正確な寸法にはこだわりがあり、手書きでとてもきれいに寸法通りに表をつくった）。私が興味深そうに見ていると父はいった。「商売は、数字で見るのがとても大事なんだ。ただ、世の中の変化には、それが会社の数字に見えるようになってから手を打つんじゃ、既に遅いんだ。その前の兆候が、数字以外のところに出ている。だから、現場が大事なんだ。現場を整理整頓したり掃除をしたりすることで気づくことが多いんだよ」。

この会話によって、私は、世の中は予測不能に変化し、それは我が家の浮沈という身近なところで関わっていることや、現場を見ることで、小さなきざしに注目することの重要性を、中学生のときに学んだ。父には、学歴はなかったが、その後に出会った一流大学卒の多くの人より聡明なところが多かった。そして、生涯、熱心に勉強し、工夫し続けた。

いずれにせよ、人生を通していろいろな人たちと接点を持つことは大変重要である。小さいころから進学校の連鎖をたどり、一流大学に入って一流企業に入ったり官僚になったりした人は、そのこと自体がわからなくなっていることが懸念される。付き合う人は、自分と同じようなルートをたどった人が多くなるし、さらに、趣味や考え方が合う人とつながりやすいSNSからの情報は、このような情報の分断を助長しているからである。このような情報の分断と格差が、人が世界を見るレンズをいかに歪めているかの実態には恐ろしいものがある。

前記のように、試験による処遇差の連鎖を断ち切ったり緩和したりすることで、より多様な人と付き合う機会を持つのは、人格形成上も望ましいと思われる。

もちろん、従来型の見方をしている人には抵抗感があるだろう。抵抗を覚える人は、試験の成績自体が、その人の能力を測っているのではないことを認識することが大事である。試験成績は、親の資産や、それまでの段階でどんな教育環境が与えられたかを、単純に表している面が強い。従って、それ自体が厳密な個人の能力という意味を持つわけでも、頑張った度合いを表しているわけでもない。

格差とは量子効果である

以上で述べてきた格差の理論は、たとえば経済学や社会学などの他分野では論じられていない観点だ。格差のような本質的な問いに答えようとすると、専門分野間の壁を越えて知見を統合する必要がある。しかし現実には、専門や学会ごとの壁があって、なかなか知見の統合は簡単ではない。

私はこれまでの人生をかけてこの「分野の壁」と闘ってきたつもりだ。分野の垣根を越えて統合して本質を捉えることにこだわってきたのである。

20世紀は特定の専門分野の知識や常識を学び、それを使える人が必要とされた時代だった。今、時代は大きく変わった。専門分野の常識を疑い、基本に立ち返って考えることが必要なことが増えた。この基本に立ち返って考えられる人材を今後育てる必要がある。

基本に立ち返るとは、学校で教わったことやネットの記事に書いてあることを鵜呑みにしないことである。この「基本に立ち返ること」が必要な局面は、実はいたるところにある。この格差の理解では、ことさらに、この基本に立ち返ることが強く求められる。

私は、データを解析したり、そのための人工知能を開発したりしているので、データの「分布」や「ばらつき」と向き合うことが多い。前記の富の分布もその一つである。

この分布やばらつきの形として、最も有名なのが、平均値を中心にばらついた「釣り鐘型」

の分布である。この分布は「正規分布」と呼ばれていて、ばらつきの大きさを定量化したものは「標準偏差」と呼ばれる。この偏差が、いわゆる、入学試験の「偏差値」に使われている。ところが、この有名な正規分布ですら、その「ばらつき」の大きさを決めている本質が何であるかを答えるのは、専門家でも難しいのである。

ばらつきを単純化してイメージするために、コインをたくさん用意し、人に配ることを考える（m個のコインを、n人で分けることを考える）。完全にランダムにコインを人に分配していくと、人ごとに配布されたコインの数は、平均値（$N = m / n$個）程度になる。しかし、たとえばサイコロの目に従ってランダムに平等にコインを配っても、たまたま運がよかった人は平均より多くコインがもらえるし、運が悪い人は少なくしかもらえない。この分布がおおよそ正規分布になる。

このコインの数のばらつき（標準偏差）には、面白い性質がある。コインがたくさんあるとばらつきが相対的には少なくなるのだ。たとえば、平均10個のコインを人に配るとすると、3個程度、すなわち30％程度のばらつきが生じる。これを1人あたり、平均40個にすると、ばらつきは6個程度になる。すなわち、15％程度のばらつきに減る。このように、平均を4倍に増やしても、ばらつきは2倍にしかならない。人ごとの平均値Nが増えると、Nの平方根に比例してしか、ばらつきが増えないのである。

コインが増えると何度もコインをもらえるチャンスが来るので、運がよかったプラスの局面と運の悪かったマイナスの局面の両方が起きやすくなり、両者が相殺しあってばらつきが小さくなるのである。定性的にはこのように理解できる。

これを説明するとき、多少、統計の知識のある人は、複数回の観測の平均のばらつきは「データ数Nの平方根に反比例する」という定理（これを確率論では「中心極限定理」と呼ぶ）で説明すると思う。

しかし、私はこれとは違った理解をしている。そして、その方が直感的である。1人あたりのコイン数が多くなると（Nを大きくすると）、次第にコイン1個という単位が、あまり重要でなくなり、水のような流体と同じに考えることができるようになる（実際の水も、水のH_2Oという粒子、あるいは水分子の集まりであるが、この分子の数がとても多いので、あたかも連続的な流体に見えるのである）。たとえば、7人に5個のコインを配るときには、コイン1個という単位が大変重要だ。しかし、7人に50個のコイン、さらに7人に500個のコインというふうに、コインの数を増やしていくと、水や砂粒を分配するときのように、1個や2個のばらつきは問題ではなくなっていく。この結果、ばらつきは相対的にゼロに近づいていく。従って、前記のばらつきは、分配されるのが水のような連続的なものではなく、コインという「つぶつぶ」からなるものであることに起因することになる。

このような「つぶつぶ」から生じる効果を物理学では、広義の「量子効果」と呼ぶ。「量子力学」という言葉でも使われる「量子」とは、物質に関連する量（質量や電荷やエネルギーなど）

が連続的でなく、ある値の整数倍のようなとびとびの値しか持てない場合の最小単位のことだ。たとえば、電気（電荷）が、電子という粒から成り立っているために、小さい電荷量を扱う場合には（つまり数個の電子を扱うことになる場合には）、さまざまな不思議な現象が起きることが知られており、これは「電荷の量子化」、あるいは「単一電子現象」と呼ばれる（私は以前この単一電子現象に関する研究をしていて、単一電子メモリの室温動作を世界で初めて実証した実績もあり[10]、これについては詳しい）。

このように考えると、正規分布があるばらつきを持つのは、一種の「量子現象」と捉えることができる。コインの数（N）が大きくなると、連続的な流体に近づくために、この量子的な揺らぎが消えていくわけだ。そして実は、前記の「中心極限定理」は、たくさんの要素（コイン）が関わるようになると（Nが増えると）、この「量子効果」が徐々に消えていくこと（ばらつきが相対的に小さくなること）を、定量化したものだったのだ。

何かを統計的に扱うときに、まず知らなければいけない基本知識の1つが「正規分布」であり、そのばらつきを表すのが「標準偏差」である。この基本中の基本が、本当は、「量子効果」だ、ということを知っている人は、ほとんどいないと思う。

専門的な知識には、基本的なところにまだまだ穴があるのだ。むしろ基本的なところほど、そこまで遡って疑問を持つ人が少ない分、穴や抜けがあるものなのである。

ここで格差の話に戻したい。前記の格差の理論が明らかにしたのは、結果と処遇の因果応報の連鎖が1段階増えるごとに、不平等の大きさは拡大するということだ。言い換えれば、どの段階においても、処遇における不平等の大きさ（R）より、その結果として生じる配分の不平等の大きさ（D）の方が常に大きい（$R<D$）。これが、格差をもたらす本質であり、エントロピーの増大から必然的に生じる現象であった。このために、結果と処遇の因果応報が複数回も連鎖すると、桁違いの格差になってしまうのである。

実は、この「処遇における不平等の大きさより、その結果として生じる配分の不平等の大きさの方が常に大きい」のは、「人」という離散的な対象（水のように連続的なものでなく、つぶつぶの対象）に、「お金」という離散的な移動しかできないものを配分することによる、一種の「量子効果」なのである。正規分布が量子効果なのとまったく同じで、格差も対象の離散性によって生じるばらつきなのだ。人もお金も、水のような連続的な対象ではなく、つぶつぶの離散的な対象であるがゆえに、格差が生じているのだ。

再度いおう。「格差」とは「量子効果」だ。量子効果が「ばらつき」を生み、そして、それを時間の経過とともに増幅しているのが、「エントロピー増大の法則」という、宇宙が常に新たな可能性を探索し続ける物理の基本法則である。

「格差」という経済・社会現象の根源を考えると、そこには、宇宙や物質の根源の理解に不可欠な物理学が必要になるのである。経済を基本から理解するには、物理学が必要なのだ。そうなると、物理学は物理の専門家だけが知っていればよいものではないことになる。格差の根本を理解し、正面からその対策に向き合うには、物理学の基本が必要になるということだ（物理学の方法論を活用して経済現象を解明する研究は既に一つの分野になっている）[11-12]。

以上のことは、物理学の教科書にも、経済学の教科書にも、統計学や確率論や機械学習の教科書にも、どこの教科書にも書いていない。むしろ、物理学と経済学と統計学や確率論に関する分野の壁をとりはらい、統合してものを見ることで初めて見えることである。現実の本質を見ようとするときには、分野の垣根が、むしろ障害になる。

だから、多くの場合、専門分野の知識を持っている人ほど、その特定分野の知識にとらわれて、本質が見えなくなってしまう。そして、現実における本物の問題やデータを扱うときには、分野の壁を越えて、このような物事の本質を理解しているかどうかが大事なポイントになる。

今後の気候変動やグローバルな格差や分断の問題など、地球規模の課題に立ち向かうには、基本に戻って考える人を社会に増やす必要がある。そのためには、分野の垣根という人為的な分類に惑わされず、本質を探究する人を増やすことである。この例からもわかるように、経済学、社会学、物理学、統計学、確率論、機械学習やＡＩなどの分野の垣根を越えたアプローチが必要になるのである。

まとめると、極端な格差には理由はない。敢えて理由を説明すれば、世界が新たな可能性を常に探索すること（すなわち、エントロピーが常に増大していること）が必然的に生む格差が、この社会の「因果応報」によって何重にも増幅されることである。いずれもこの世の基本的な理《ことわり》であり、自然なことだ。

そして、平等に少しでも近づけるには、意識的な行動が必要である。すなわち、平等の実現には原因となる行動が必要で、意識的な行動が必要なのである。

従って、フランス革命のスローガン「自由・平等・友愛」の「自由」と「平等」を両立させることは、原理的にできないのだ。常にトレードオフの関係にある。そのどこの点を目指すのかを決めるのは我々だ。

我々は、この平等に向けた行動をどこまでするべきだろうか。経済学や既存の資本主義の枠組みだけでは、これに答えることは原理的にできない。我々は、その外に新たな枠組みを構築する必要がある。

これこそが、人の幸せの追求である。その意味でも、本書がテーマとしてきた幸せの科学こそが、今後の社会を論じるための最も基本的な基盤になるのだ。既に10億人を超えるまで普及したスマートフォンを使い、アプリによって、世界の幸せをリアルタイムに客観的に計測することにより、どこまでの自由が、あるいは平等が、最も幸せを高めるのかという重要な問いに迫れる。このような客観的なデータによって、格差に関しイデオロギーを超えた議論が可能になると思う。

第8章　予測不能な人生を生きる

幸せとは「状態」ではなく「行為」である

これまで、予測不能な変化に立ち向かう組織の中核にあるものを論じた。それが、「心の資本」すなわち「HERO」であった。HEROが我々に迫ることは、幸せを状態ではなく行為として捉えるべきだ、ということだ。

アメリカの下院議員で、人種問題と長年闘ってきた活動家、ジョン・ルイス氏は

「民主主義とは状態ではない。民主主義とは行為である」

と述べた。社会とは、一種の川の流れである。一見、一つの「状態」を保っているかに見えることも、実はその背後で無数の「行為」が続けられている結果である。その行為を合わせると、表面上は「波」や「淀み」ができる。すべてはその背後において活動が続いているという意味で、動的なことである。

ルイス議員は、民主主義も、そのように動的に生成するものだというのだ。生涯をかけて常に闘い、行動し続けた人が、今後の世代も戦い続けることを期待した言葉である。それは今後も人々の心を動かすであろう。

「幸せ」も動的な行為である。日々の生活や仕事の中で常に動的に生み出しているものである。

だから、ルイス氏に倣えば

「幸せとは状態ではない。幸せとは行為である」

と捉えるべきだ。幸せとは、日々生み出すものであり、所与の「状態」ではない。

我々のまわりに起きる変化は避けることができない。予測不能である。環境が変化するとき、我々は行動を変えなければならない。それゆえに、幸せは、状況に合わせ違う形を見せることになる。幸せは多様な顔を持つのである。

予測不能な変化は、我々にこの多様な幸せを見せる。この多様な幸せを統一的に論じるのが、本章のテーマである。

予測不能と向き合う最古の方法『易』

この社会や人生、そして幸せが、常に生み出されているもの、弛まず生成発展しているものという動的な世界観を明確に論じた古典がある。それは3000年ほど前にその原型ができた書『易《えき》』である。[1-2]

『易』とは、英語名では「ブック・オブ・チェンジズ（Book of Changes）」と訳されるように、その中心テーマは、変化であり、変化への向き合い方である。

変化を論じる際に重要なのは今（現在）のとらえ方である。「今」という「過去と未来の出会う点」をどう見るかについては、2つの異なる視点が存在する。

1つ目は、「今」は過去の確立された知識を活用する場であるという見方である。従って、既に確立された知識（学問や科学やノウハウ）を学び、その活用が大事と考える。この見方によれば、過去の知識にないことは、対応できないことになる。

2つ目は、「今」は「予想不能な未来へと向き合う最前線」であるという見方だ。仮に予測不能であっても、多様な状況変化に体系的に処する方法はあると考えるのである。

20世紀は、幅広い分野で科学的発見が行われ、その工学的応用が拡がった時代であった。この中で、学ぶのが追いつかないほどの速度で知識が生まれた。これにより、前者のアプローチが強調された時代だったといえる。災害などのリスクに対してさえ、過去の知識に基づき対応可能と考えてきたのである。

質問されたことに対して「それは、私の専門分野ではないのでわからない」という答えをする人がいる。質問に対し、過去に得た知識では答えられないという意味だ。この場合、まさに、前者の見方で「今」を見ていることになる。我々の中には、前者の「既存の知識の活用の場としての今」という視点が深く染みこんでいる。

あまり知られていないことだが、かつては後者の「予測不能な未来に体系的に処する」ことが、むしろ大事にされていた。歴史的には、長くこの見方が支配的だったのである。

これを具体的に示す例がある。この話には、勝海舟と陸奥宗光が登場する。いずれも幕末から明治にかけて歴史を動かした人物で、2人には意外な共通点がある。

勝が艦長を務め、初めて渡米した船は「咸臨丸《かんりん》」。陸奥の主著は『蹇蹇録《けんけん》』。実はいずれも『易』に定義された「変化のパターン」を船名や書名にしているのだ。

この約2000年以上前に書かれた古典は、未知の状況においても、わずかなきざしを捉えれば、それに応じた体系的な処し方があることを説く。その適用範囲は、国の政策から組織の経営、さらに人生の判断にまでいたる。

『易』は前述の通り「変化の書」で、64個の極めて体系的に構成されたパターンによって、未知の変化を分類し、それぞれの状況への処し方を記述する。『易』は儒教において四書五経の筆頭に挙げられることから、未知への対応方法が学問の中心に位置づけられていたことがわかる。既存の確立した知識や情報を知ることよりも、むしろ、予測不能な状況へ体系的に対応することに重きが置かれていたのである。

この2000年以上前に構築された64個のパターンの分類は、驚くべきことに、コンピュータや情報システムの基本になっている二進法の仕組みによって、数学的に定義されている。

『易』とコンピュータの両方に二進法が使われているのは偶然ではない。17世紀に中国に渡った宣教師らが、ヨーロッパにこの『易』という書物を持ち帰った。このおかげで、その中にある64個の体系的な分類図とそこに使われている二進法の原理は、当時、二進法を独自に考えていたゴットフリート・ヴィルヘルム・ライプニッツ（1646－1716）の目に留まることになった。ライプニッツは、古代中国で、自分が考えていた二進法の原理が使われていたことに驚き、これをテーマにした論文も書いている[3]（ライプニッツ「0と1の数字だけを使用する二進法算術の解説、ならびにこの算術の効用と古代中国から伝わる伏羲の図の解読に対するこの算術の貢献について」）。ライプニッツによって体系化された二進法はこの後、コンピュータや情報技術の発展になくてはならないものになっていった。意外なところで東西が結びついている。

「咸臨丸」や『蹇蹇録』の話に戻ろう。ここで使われた、「咸《かん》」「臨《りん》」「蹇《けん》」という文字はいずれも『易』で定義された未知の変化を表す64個のパターンの1つを指す言葉であり、その当時の学問を修めた知識人にとってその意味するところは、常識だった。

「咸」は言葉を超えて世界や宇宙と響きあうことを指す。『易』では二進法、6ビットの体系で変化の状況をパターン分類し、陰と陽という2状態の組合せで変化を表現する。陰＝0、陽＝1と二進法表現にすると、咸のコードは「001　110」である。「臨」は可能性を見つけたら迷わず全身全霊で跳躍すること（コード＝「110　000」）。従って、「咸臨」とは、「言葉の違いを超えて、世界と響きあうべき状況である今こそ、新たな可能性を見出したら、全身全霊で跳躍せよ」という意味になる。この「咸臨丸」という船名は、幕末から明治の新たな変化の時代に向かう態度を、易のパターン言語を使って、船名にしていたのだ。ちなみに、この咸臨丸は、幕末に幕府が保有した2番目の軍艦であったが、1番目の軍艦の艦名は「観光丸」であった。この観光という言葉も、『易』が語源になっており、コードは「000011」であり、「国の光を観る」という表現で、その土地の実態を見ることで、リーダーの人徳を知ることができるという意味である。これが語源になって、いわゆる「観光業」などの用法に発展したものだ。

一方、陸奥が使った「蹇」は、[4]八方塞がりだからこそ、人に協力を仰ぎ一歩ずつ前進するべし、を意味する（コード＝「001　101」）。蹇蹇とはこれを重ねたもので、「どこから見ても八方塞がりの中だからこそ、人に協力を仰ぎ、一歩ずつ前進する」という意味である。このように、2つのパターンを続けることで、64×64＝4096個という多数の変化を表現できる。

江戸明治の知識人にとって「学問を修める」というのは、「未知のどんな状況になっても、ぶれずに正しい態度で向き合える人になる」ということだった。その正統かつ最高の教科書が『易』だったのだ。

この考え方は、現在の学問が、学習していないことや、知らないことには無力なのとは対照的である。本や学校で習ったことを理解する今の学問とは、学問のあり方がまったく違ったのだ。

「未知の変化への対応力」は退化してきた

明治や戦後の「欧米に追いつき追い越せ」の時代になると、既にある知識や情報を取り入れることが学問である、という認識が急速に拡がった。実際に、過去の知識によって予測でき、対処可能なことも増えた。このため、この予測不能な変化に向き合う能力は、この100年あまりの間に、低下したと思われる。一種の退化である。

技術や道具の発展とともにそれまで保有していた人の能力が退化することは珍しくない。たとえば、文字の発明によって、それまで「語り部」が保有していた物語を記憶する能力は大きく退化したものと思われる。最近の例では、電卓の登場で暗算の能力が、ワープロの登場によって漢字の記憶能力が退化したと思われる。

同様に、最近の科学技術の進歩により、あらゆる社会生活の領域で予測可能な部分が増え、科学的知識に基づき対応できる能力が大いに進歩した。残念ながら、これにともない予測不能な変化に対応する力が退化した。

しかしここで重要なことは、予測不能な変化は、今も次々に起きていて、止まることはないし、むしろ変化は激しさを増しているということだ。いくら知識や科学が発達しても、今後も、未知の変化を避けることはできないのだ。

だから、過去からの既に得られた知識を活用する力と、予測不能な未来に向き合う力の2つはどちらも必要である。どちらが重要かという問いは無意味だ。

我々はどちらの力も発展させ保有しなければならない。どちらもできる組織や社会を創らねばならない。そして、予測不能への向き合い方がこの100年で退化してきたからには、今後特に強化すべきは、人や組織、そして社会を予測不能な変化に正しく向き合えるようにすることである。

2000年以上にわたり、予測不能な変化への対処の方法として綿々と活用されてきた『易』の知恵も忘れられてきた。今こそ、これを思い出すことから始めてみることを提案したいのである。

体系的な未知の変化への対処法は、『易』あるいは『易経』として、今も多数の書籍が出版されており、現代語訳にもなっている。しかし、同じ儒教の古典でも、『論語』が広く読まれているのに対し、『易』を読んでいる人は極めて少ない。そして、その本質を理解している人はさらに少ない。『易』は、そもそも数学的な体系になっており、読み物にはなっていない。このため、理解が難しいし、読み通すのには、努力が必要であることにも原因がある。

しかし、私の知る限り、未知の変化への向き合い方というテーマについては、現代にいたるまで、『易』が最も体系的で、かつ本質を論じている。今もって、古代の体系『易』が、最も先進的で、とがった存在なのだ。

そこで、この『易』において体系化された、未知の変化への対処法のエッセンスを抽出し、現代的な視点で解説するのが本章の狙いである（本当は、これだけでも1冊の本になるが、今回はそのエッセンスを本章に凝縮して紹介したい）。

驚くべきことに、この数千年前に書かれた変化に関する書物には、本書でここまで紹介してきたような、データによって裏付けられた変化への向き合い方が、既に体系的に論じられているのである。

これをここでは、「変化の理論」＝セオリー・オブ・チェンジ（Theory of Change）と呼ぼう。

『易』の変化の理論とはどのようなものか

まず、予測不能な変化とその向き合い方を俯瞰し、これを体系化することを考えよう。これは数千年前の為政者にとっては、生死や存続をかけた問題だったに違いない。今日の企業経営者や個人にとっても同様に極めて重要な問題である。

変化に向き合う主体としては、個人以外にも、企業や国家などを一般に扱うことができるが、ここではわかりやすさのために、個人を主体として説明する。

今やりたいのは、未知の多様な変化を分類し、その全体を俯瞰することだ。そしてそれら分類されたすべての変化から、前向きなストーリーが描けると知ることである。対象とする変化は予測不能で未知である。それには無限の可能性がありうる。一見、未知の変化を分類するのは原理的に不可能のように思える。未知だからだ。どうすれば、未知の変化を捉え、俯瞰することができるであろうか。

「変化の理論」では、これを逆転の発想で乗り越える。それは、未知の変化そのものではなく、あなたとの相対的な関係に着目するのである。変化とあなたの関係に着目すれば、どのような状況変化にも適用可能な複数の視点を設定することができ、その視点は分類可能である。その分類された多様な視点のありようを俯瞰するのだ。ある視点に固着してしまい、柔軟性を欠けば、ペシミズム(悲観主義)に陥り、道を誤る危険が高まる。複数の視点を俯瞰する能力を身につけることにより、これを避けることができる。そして後に述べるが、それらのどの視点からも幸せな行動(前向きなストーリー)を考えられるよう、自らを訓練することにより、あらゆる変化に備えることもできるようになる。

この分類のために、複数の二分法によりあなたを見ることとする(図8-1)。前章までで、「自分」の前向きな心と「他者」との信頼できる関係という2つの視点から幸せな人や組織を論じてきた。

これをシンプルに「幸せ」=「私」×「私たち」と書こう。すなわち、1つ目の二分法は、あなたの状況を「私」と「私たち」に分けるものである。活動や思考を「自分」に対することと「他者」との関わりに関することに分類するのだ。

もう1つの二分法は、あなたを「表に見えるあなた」と「表に見えないあなた」に分けるものである。すなわち、あなたの表に出た行動とあなたの内面とに分類するのだ。

外から見えるあなたの行動は、あなたという広大な宇宙空間のごく一部、あるいは氷山の一角である。表に見えない水面下では、40億年の進化で培ってきた無意識の生化学的な自律反応の巨大ネットワークが常に同時多発的に動いている。

もちろんこの表に見える行動と、見えない生化学的なネットワーク（内面）は、本当は互いに関係している。内面は行動に表れ、表に出た行動によって、内面は影響を受ける。だから、この二分法は、あなたを見る視点であって、あくまでも便宜的なものである。むしろ大事なのは、この両者が常に連動しているという視点を持つことである。

この「表出」対「内面」の二分法を、先に述べた「私」対「我々」の二分法と掛け合わせると、この両者によって、あなたが受ける変化を4つに分類することができる。これは、別の表現をすれば、「Me」対「Us」と「Visible」対「Invisible」の組合せともいえる。第1が、「私の内面」の変化である（Invisible Me）。第2が、「私の行動」の変化である（Visible Me）。第3が、「我々の内面」の変化である（Invisible Us）。第4が、「外に見える我々」の変化（Visible Us）である。この4つの変化に、我々は常に向き合わなければいけない。

第1の視点（私の内面＝Invisible Me）は、先の見えない変化により、内面に生じる不安や迷いにどう向き合うかを問う。日々の仕事に追われて、状況の分析もできない。矛盾した要求にどう向き合うのか。

第2の視点（私の行動＝Visible Me）は、この予測不能な変化の中で、自分はどんな行動をす

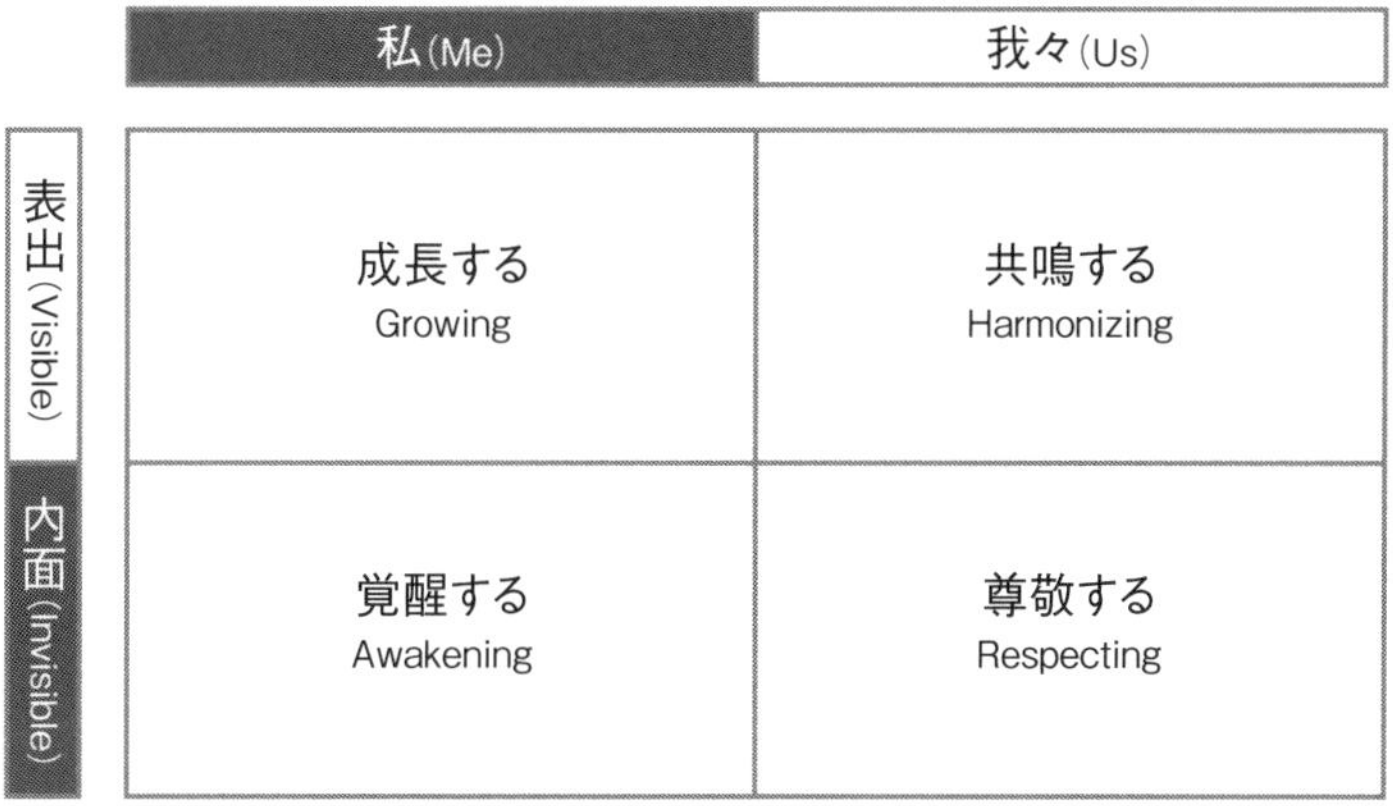

	私 (Me)	我々 (Us)
表出 (Visible)	成長する Growing	共鳴する Harmonizing
内面 (Invisible)	覚醒する Awakening	尊敬する Respecting

図8-1　変化に向き合う4つの視点

べきかを問う。これまで大事にしてきたことをどこまで守るべきか。新たな領域に踏み込むべきか。慣れない状況の中で思うようにいかない焦りにどう対処すべきか。

第3の視点（我々の内面＝Invisible Us）は、この中で生じる新たな人との関係にともなう不安や迷いにいかに対処すべきかを問う。人はあなたについてくるのか、複雑な人との関係性にいかにあなたは向き合うべきだろうか。

そして第4の視点（外に見える我々＝Visible Us）は、一人では生きられない我々は、いかに人と協力しあい、新たなことを生み出せるのかを問う。自分の思い通りにはいかない中で、いかに一緒に物事を前進させることができるのか。

あなたに起きる未知の変化は、常に、この4つの視点から見ることができる。この4つの視点の中で、どれか1つにとらわれることが多い。これは、人が4つの変化に同時に注目するのは難しいからであり、普通、4つのうちのどれか1つに注意を向けることしかできないからだ。

逆にいうと、この4つの視点を、意識的に動かして俯瞰することで、全体を把握することができる。このように視点をコントロールすることで状況を把握する能力は、変化に立ち向かう上では大きな力になる。4象限のいずれにも意識的に自分の注意を自在に変えられる力は一種のスキルであり、変化に対処する重要な能力である。

実は、「変化の理論」の核心が、視点を変えて変化に向き合うことであり、以下の3原則にまとめられる。

第1の原則　変化にはその特徴にあった向き合い方がある。
第2の原則　的確に向き合えば、変化は機会となる。
第3の原則　変化を機会に変える行為が「幸せ」である（『易』では「幸せ」のことを「吉」「利」「亨《とおる》」などと呼ぶ）。

前記の変化の4つの視点における、それぞれの向き合い方による幸せに、「変化の理論」は以下の名前をつけている。

第1の視点（私の内面＝Invisible Me）による幸せを「覚醒する＝Awakening」と呼ぶ。気づいていくことであり、ひらかれていくことである。

第2の視点（私の行動＝Visible Me）による幸せを「成長する＝Growing」と呼ぶ。踏み出していくことであり、越えていくことである。

第3の視点（我々の内面＝Invisible Us）による幸せを「尊敬する＝Respecting」と呼ぶ。つながっていくことであり、信じていくことである。

第4の視点（外に見える我々＝Visible Us）による幸せを「共鳴する＝Harmonizing」と呼ぶ。共に創っていくことであり、分かち合っていくことである。

大事なのは、変化や対処すべき問題が生じないことが幸せなのではないことである。変化は、何人にも常に起きることだ。これを避けようとしてはいけないし、それは不可能である。むしろ、注力すべきは、これら4つの視点から見た変化に、的確に向き合い、変化を機会とすべく、立ち向かうことが幸せの本質なのである。

前記の「表出」と「内面」の二分法を、「1」と「0」という1番目の数字で表現し、「私たち」と「私」の二分法を、やはり「1」と「0」という2番目の数字で表現することにしよう。これにより、「覚醒する」は「00」、「成長する」は「10」、「尊敬する」は「01」、「共鳴する」は「11」と2ビットの表現にできる。『易』では、この「1」を「陽」、「0」を「陰」と漢字で表す。

このように未知の変化を、あなたへの4つ視点から見て、それぞれに的確な名前をつけることで、変化の全体像を俯瞰し、いかなる変化にも、揺るがず立ち向かうのが「変化の理論」のエッセンスである。

しかも、この「覚醒する」「成長する」「尊敬する」「共鳴する」という4つは、どれも視点を変えて捉えた「幸せ」の姿である。変化に立ち向かうときに、どれも必要になることだ。これを数式風に書けば、

「幸せ」＝「覚醒する」→「成長する」→「尊敬する」→「共鳴する」

となる。

変化の理論の原則は、どんな変化も機会とすることができ、前向きに立ち向かうことこそが「幸せ」であるという前向きな哲学なのである。幸せの本質は、このような未知の変化にいかに立ち向かうかにあり、これは静的な状態ではなく、絶え間なく生み続ける行動である。

私はこの動的な側面を表すために、ここでは4つを統合した動的な営みとしての幸せを、Happinessではなく、

「Happying」

という動名詞で表現することとしたい。幸せとは状態ではなく、動的な営みだからである。

ここでは、4通りの変化（2ビット＝2の2乗）を対象にした。これが「変化の理論」の最も単純な場合である。「変化の理論」のエッセンスは、この4象限への分解に凝縮されている。しかし、考慮する特徴を増やしていけば（ビット数を増やせば）、もっと複雑な分類が可能になり、より微妙なニュアンスが表現できるようになる。

次の段階としては、4つの幸せのそれぞれをさらに4つに分けることで16個の幸せの表現が生まれる。具体的にいえば、「探索」対「深化」と、「果敢」対「着実」というさらに2つの二分法を用いる。すると、上記の4つの視点あるいはゾーン（「覚醒する」「成長する」「尊敬する」「共鳴する」）は、以下のように分解される（図8－2）。


「覚醒する」＝「受けとめる」↓「覚悟する」↓「求める」↓「立ち向かう」

「成長する」＝「始める」↓「やってみる」↓「交わる」↓「踏み出す」

「尊敬する」＝「信頼する」↓「教わる」↓「心開く」↓「感謝する」

「共鳴する」＝「結束する」↓「協調する」↓「対等になる」↓「協創する」


このように、幸せを4×4＝16個の顔として捉えることができるのである。

そして、さらにこの16個をそれぞれ4つに分ければ、64個の幸せの表現が生まれる。より精緻な表現ができるのである。実際、『易』では、6ビット＝2の6乗＝64通りの状態が定義されている。

実は、前記の勝海舟や陸奥宗光が用いていた「咸」「臨」「蹇」は、いずれも、この64個の変化の1つだ。「咸」は「尊敬する」の一側面を表し、「臨」は「成長する」の一側面を表す。「蹇」は「覚醒する」の一側面を表すパターン名である。

二項対立を俯瞰・統合し突破する能力

予測不能な変化は、あなたの内面に揺さぶりをかける。先の見えない、不安や迷いにどう向き合うのかが問われるのだ。変化が起きている。しかし、日々の仕事に追われて、状況を分析することもできない。ここで目の前の日常への対応と、放ってはおけない大きな変化に向き合うという矛盾した要求にどう向き合うのか。

二項対立を超えて、一段視点を高めて、統合的な視点から道を切り開くことが必要だ、というのが「変化の理論」の根幹にある考え方なのである。

この一見対立し、相克することを「昇華」することにより、動的に道を見つけていく考え方は、西洋哲学におけるヘーゲルの「弁証法」にも通じるものがある。東洋哲学（『易』）では、「太極」「道」あるいは「中」と呼ぶ。

私は、36年以上にわたり企業の中で研究開発に従事してきた。この中で常に、私を悩まして

		私（Me）		我々（Us）	
		深化	探索	深化	探索
表出（Visible）	果敢	やってみる 力を蓄え、次の伸びしろが見えたら全身全霊で飛び移る 1100	踏み出す 人が集まり、知恵が交わる機会を活かす 1101	協調する 活躍できる状況に我欲を越えた行動を貫く 1110	協創する 緊張する状況でもぶれずに前に進む 1111
表出（Visible）	着実	始める 次のステージに向け、最初の一文字を書き始める 1000	交わる 制約の中だからこそ、内なる原理に従う 1001	結束する 心配し、そして笑い飛ばす 1010	対等になる 制約には従い、工夫する 1011
内面（Invisible）	果敢	覚悟する 矛盾を引き受けることを覚悟する 0100	立ち向かう 困難には立ち向かい、今日を最高の学びの日にする 0101	教わる 心を開いて、異質な事物と交わる 0110	感謝する 成長のための困難に感謝し、立ち向かう 0111
内面（Invisible）	着実	受けとめる 素直にやるべきことを実行する 0000	求める 先走らず、今の一歩に集中する 0001	信頼する 旅の落ちつかなさを楽しむ 0010	心開く 積極的な意味で、一旦引く 0011

図8-2　変化に向き合う16の視点

きたのは、このような対立と相克をいかに乗り越えるかであった。

たとえば、目の前の顧客のニーズだけに対応し、長期の変化を無視するならば、既に見えているニーズへの対応は可能であるが、見えないニーズに顧客に先行して応える力はなくなる。しかし、一方で、長期ばかりに注力して、目の前のニーズを無視するならば、現実との接点のない独りよがりな技術開発に陥ってしまう危険性がある。

技術とその成果はこのように、「長期と短期」「ニーズとシーズ」「応用と基礎」「個人と集団」「ソリューションと要素」というような、どちらに素朴に倒してもうまくいかない矛盾の中で、いかに二項対立を避けて、突破していくかが最も高度な「本当の技術」で、それができるかが技術者、研究者の真の力量であり、腕の見せ所だと思うようになった。実際に、私の属する研究組織には、これらの対立軸をマネジメントするために長年にわたってつくってきた仕組みがいろいろとある。おそらくどんな組織でも、経営陣は、日々そのような矛盾に向き合っていると想像する。

サイバネティクスの草分けの一人、ロス・アシュビーは、システムが環境に適応するには、環境の複雑さと同様の複雑性を内部に持つ必要があることを示し「必要多様性（Requisite Variety）」と呼んだ。組織が置かれている社会や経済という複雑系に対応するには、前記のような対立や矛盾を内部に持つ必要があるのである。

我々は誰しも、予測不能で多様な変化を避けることはできない。だからどのような変化に対しても、常に正面から向き合い、立ち向かうことが必要なのである。

このときに、先に示した「変化と幸せの全体像」を俯瞰できていれば、圧倒的に有利である。だから、江戸時代までの教育では、この「変化の理論」を学ぶことこそが、学問を修めることの中核と考えられたのだ。仕事でも、人生でも、この俯瞰力こそが、最も基盤となる人間の生きる力になるのである。

「人生いかに生きるべきか」。誰しもが問い、そして、簡単には答えの得られないこの問いに、今の学問はまったく答えをくれない。これに対し、江戸時代までの学問は、まさにこの基本的な問いに答えていた。知識人（すなわち当時の武士）は、人生のあらゆる場面で、それが実践できるかを問われていたのである。

変化に立ち向かう力を高める方法

前記の4つの視点とそれを分解した、合計16個の視点（幸せの顔）を1つずつ深めて、自分のものにするのは大変意味のあることである。変化に立ち向かう力を高めることそのものだからだ。

ただし残念ながら、これは本で読むだけでは身につかない。人生の現実にあてはめて、その意味をくみ取り、行動に活かして始めて身につくスキルなのである。教則本をいくら読み込んでも、車の運転を習得することはできないのと同じだ。やはり、実車の運転席に乗って経験することが必要である。

そこでここでは、この16個の視点を、日々の人生の中で身につけていくために、私が実践している訓練の方法を提案したい。

まず、16個の視点から1つをランダムに選ぶ。具体的には、たとえば以下の方法が簡易である。コインを1枚用意する。コインは一円玉でも、十円玉でも何でも構わない。そして、コインを4回投げ、その表裏を記録する。そして、表＝1、裏＝0、という具合に、1と0の記法で記載する。たとえば、「表表裏表」の場合は、「1101」である。この1と0のパターンの組合せは、2の4乗、すなわち16通りあり、これから1つがランダムに選ばれることになる。

実際には、4個のコインを手で包むか、ポケットの中で何度かシャッフルして、その並びを見る方法もある。この方法の方が早く結果が得られる。これ以外にも、4つの1か0がランダムに得られる方法なら何でもよい。

このような方法であなたがその日得た、1と0のパターンは、あなたへの今日の「変化に立ち向かう力を高める訓練」の項目なのである。実際には以下の手順に従う。
(1)　毎朝、コイン投げ他の方法によって、16のうちから1つの視点（訓練項目）を得る。
(2)　その視点に対応する本章末尾の記述を読む。
(3)　その意味を、その日の仕事や状況にあてはめて、自分なりに解釈する。

(4)　この解釈を、その日の仕事や人生における実践で意識し活用する。
(5)　翌朝、昨日どうだったかを振り返り、(1)に戻る。

ここで大事なのは、現実の具体事象にあてはめるところである。本章末尾の16個の視点に関する記述は、わざと抽象的にしてある。そして、どれも前向きな考え方の型を示している。朝に具体的な、その日の予定や状況を想定し、前向きなストーリーで、その日の仕事と状況を解釈する能力を訓練するのだ。

ここでランダムに選んだことが効いてくる。あらゆる状況は、この16個の側面から見ることができる。しかし、我々は、ともすれば、どれか1つに見方が狭く固まってしまっていることが多い。この見方に柔軟性が失われた状態を「ペシミズム（悲観）」と呼ぶのである。一方、ここに、思考の柔軟性を持っていることを「オプティミズム（楽観）」と呼び、これこそが、変化に立ち向かう最も重要な能力なのだ。そして、このオプティミズムは、筋力と同じように訓練によって高められる能力なのである。ここで紹介する方法は、多様な側面から、柔軟なストーリーを描く能力を高めるための訓練である。

その日の現実の状況を、前向きなストーリーで捉えられることこそが「オプティミズム」だ。逆に後ろ向きなストーリーで、その状況を捉えることが「ペシミズム」である。そして、これを選ぶのは、あなたである。訓練によって、常に前向きなストーリーを自ら創り出せるよう能力を養うことができる。これは、人生の最も重要な能力だ。

たとえば、私は今日、コインを投げて「1100」というパターンを得た。「1100」は「やってみる」。これに関する記述は、新たな機会が見えたら、損得などは考えず全身全霊で飛び移ることを勧めている。本日の状況にあてはめて、以下のように思った。「今日は、新たなトピックについて本書を執筆する予定だが、まだ中身は十分見えない。しかし、一つ有望な糸口がある。そこで迷わず、その糸口を追求してみよう」。このようにその日選ばれた視点に関する記述をヒントに、今日の、前向きなストーリーを考えてみるのである。そして、これは、変化に立ち向かう力を高める訓練なのだ。

これは「心の柔軟体操」だ。あなたを取り巻く環境は常に変化する。そして、それをどう捉えるかは、あなた次第である。あなたがどんなフィルターやレンズを通して、置かれている環境や変化を見るかによって、状況はまったく異なって見える。どのフィルターやレンズを通してモノを見るかは、あなた次第なのだ。

このフィルターやレンズは、状況に合わせて変えることができる。そして、変えるべきだ。この世界を見るフィルターやレンズを柔軟に変える力こそが、持続的な幸せの重要な力である「オプティミズム」である。

オプティミズムは、訓練で高められる能力だ。この能力を高めることによって、変化に強く、変化を機会にする力を高めることができ、持続的な幸せも高めることができる。身体の柔軟性を、体操やストレッチによって高めることができるように、この心の柔軟性も、訓練によって高めることができる。ここで紹介した方法は、この心の柔軟性を高めるのに極めて有効な方法なのである。

困難や逆境において、我々は平時以上にものの見方を柔軟にする必要がある。しかし実際には、ますます視野が狭くなる傾向がある。これには理由がある。サバンナで人類の祖先が生きていた頃は、困難や逆境は現代より単純で、より差し迫ったものだった。突然ライオンが近づくのに気がついたとしたら、視野を狭くしてあれこれ選択肢を考えず、ともかく逃げることに集中した方が、生き延びる確率が高くなった。ここで培われた、困難や逆境を前にしたときに視野を狭くするという遺伝子が、我々の中に今も脈々と生きているのである。

我々が目の前にする困難や逆境の多くは、目の前にいるライオンほどには、命の危険が差し迫ってはいない。しかし、多くの場合、状況はより複雑で、より広い視野が求められる。このために、我々の視野や視点を解きほぐすことが重要である。

この16個の異なる視点からランダムに1つを選び、新たな視点で目の前の課題や状況を見直すことで、視野を拡げ、柔軟に対応することができる。どんな状況でも、強がりではなく、楽観的に見る力を養うことが重要なのである。

視点の柔軟性が人生を変える

私は、この訓練を10年以上毎朝、続けてきた。具体的には、通勤電車の空き時間にこれを毎日やってきた。その結果、自分でも驚くほど、その日の具体的な状況に合わせ、前向きなストーリーを創り出す能力が向上した。自在に前向きなストーリーが生み出せるようになったのである。この威力は言葉では表し切れない。今、この本を書くような機会を得ることができたのも、この訓練のおかげだと思う。

これは結果的には、いわゆる「おみくじ」に似ているが、おみくじとは決定的に違う。未来を予測したり、決めつけたりはしない。あくまでも考えるのも決めるのも自分である。自ら新たな視点で現実を見て、腹を決め、行動するのだ。提示された新たな視点が、あなたをとらわれから解放し、行動への背中を押す。

ただ、おみくじや占いは古代から現代にいたるまで広く好まれている。庶民はもとより、経営者や政治家にも占いに頼る人は多いと聞く。おみくじや占いが好きな人の多くは、それなりの知性を持ち、おみくじや占いで未来が予測されるはずはないことぐらいわかっているはずだ。

それなのになぜ今なお、おみくじは好まれるのであろうか。おそらく、ここで私が提案している、状況を新たな視点で見ることの利点に経験的に気づき、困ったときにこそ視点を柔軟にするために、おみくじを活用しているのではないだろうか。そのようなおみくじの活用は、ここで論じたような意味で、大変理に適った方法ともいえるのである。データに基づく幸せの研究に沿った、科学的方法にも位置づけられるのである。

宗教と捉えられてきた禅の瞑想が、最近になって脳科学や心理学と結びつき、データに裏付けられた「マインドフルネス」として現代で新たな意義を見出した。同様に、非科学的と考えられてきた「おみくじ」や「占い」という営みも、このポジティブ心理学や経営学と結びつき、データに裏付けられた「オプティミズム」の訓練法として現代に新たな意義を見出すと考えるのである。

「オプティミズム」訓練のための16個の視点

以下に、この16個の変化に立ち向かう視点あるいはパターン(型)を列挙し、その解説を加える。順序よく読む必要はない。前記のように、コイン投げによって4ビットのパターンを得てから、そこを読み、その日の状況に合わせて、具体的なストーリーを描いてほしい。

ただし、一度に適用するのは、1つだけである。一旦結果が出た後に、気に入らないから、再度別のパターンを選ぶと、新たな視点を得る効果が失せる。『易』でも「初めて筮《ぜい》するときは告ぐ。再三なれば瀆《けが》る」と警告している。ランダムに与えられた視点から状況を見直すことで、状況を見る視野が拡がり、視点が柔らかくなるのである。

このように人生の多様な状況を、柔軟な視点で見る力を身につけた状態のことを、孔子は

『論語』の中で以下のように語っている。

「易を学べば、大いなる過ち無かるべし」（述而）

この訓練はあなたの人生を大きく変えるはずだ。

なお、この4ビット（＝16通り）の簡易版を習得し、自分のものにした方には、続きがある。

それは、古典そのもの、すなわち6ビット（＝64通り）の『易』そのものに挑戦することである。

私は、この変化に立ち向かう『易』の64個の側面を、常にそらでいえる状態に訓練してきた。

これによりさらに豊かな、人生の変化を俯瞰し、味わえる力を獲得できたと思う。

予測不能な変化に向き合う主体は常にあなたである。これを評論家の小林秀雄は「信ずることと知ること」という講義で訴えた。小林は集まった若者に対しこう述べた。「信ずるということは、諸君が諸君流に信ずることです。知るということは、万人の如く知ることです。人間にはこの二つの道があるのです」（小林秀雄、国民文化研究会・新潮社編『学生との対話』、『小林秀雄講演第二巻　信ずることと考えること』〈新潮CD〉）。

まさに知識を得てそれを適用する「知る」という道と、予測不能な未来に向き合う「信ずる」という道の2つがあり、両者は別物であり区別しなければならないことを強調したのである。

そして、現代において「信ずる力」が低下していることに警鐘を鳴らし、小林の声に一段と力が入り、「信ずるということは、責任を取ることです。僕は間違って信ずるかも知れませんよ。万人の如く考えないのだから。僕は僕流に考えるんですから、勿論間違うこともあります。しかし、責任は取ります。それが信ずることなのです。信ずるという力を失うと、人間は責任を取らなくなるのです」。

視点を柔らかくし、あなたが自らを信じて行動し、道を切り開いていただきたい。それは、自ら責任を取って人生を生きるということと表裏一体なのである。

16個の変化に立ち向かう視点

受けとめる　「ＯＯＯＯ」
〈素直にやるべきことを実行する〉

やるべき仕事に追われて、時間もない。ところが、問題が見えてきている。それなのに、状況の分析もできない。先の見えない不安や迷いが生じる。このような状況にどう向き合えばよいのだろうか。これを「受けとめる（Mindfulness）」と呼ぶ。

大事なことは、置かれている環境や境遇をまずは、ありのままに受け入れ、やるべきことを着実に実行することである。

まずはやるべきことを素直に実行してこそ、その先がある。現実は急には変わらない。そして、現実が今そこにあるのには理由がある。だから、我々は、現実を謙虚に受け入れなければならない。

すなわち、この「受けとめる」とは、現実を謙虚に認め、人のせいにせず、素直にやるべきことを実行することである。どんな状況でも、自己の内面において、迷わずにこの境地にいたれれば、それは動的な意味で「幸せ」である。Happyingである。

覚悟する「０１００」

〈矛盾を引き受けることを覚悟する〉

現実には、矛盾や対立が必ず存在する。予測不能な変化の下では、この矛盾や対立がさらに顕在化する。短期の成果を大事にするか、それとも長期の成果を大事にするか。短期がうまくいかなければ長期はないので、短期は大事だ。しかし、一方で、長期の目的や存在意義がおろそかになっては、短期の意味もない。このような対立があらゆるところに表れる。

これらの矛盾・対立は、あなたの内面を落ち着かなくさせる。心がザワザワする。だからこそ、この矛盾をまずはそのままで引き受けなければならない。ありのままで、矛盾し対立する現実を受け入れる覚悟を持つのである。これを「覚悟する（Resolution）」と呼ぼう。ここで対立する一方を犯人や悪者にするのは、安易な答えである。このような安易さを避ける覚悟により、矛盾を越えた新たな視点へとつながっていく。

「覚悟する」とは、矛盾を引き受け、そのための行動をいとわない覚悟を持つことである。どんな状況でも、迷わずにこの境地にいたれれば、それは動的な意味で「幸せ」である。Happyingである。

求める「０００１」

〈先走らず、今の一歩に集中する〉

新たなことを求めて前に進むことが必要なときがある。慣れない状況で、先行きも見通せない。必然的にこの先に不安を覚える。このときにどうするか。これを「求める（Quest）」と呼ぼう。

現実は常に複雑である。しかし、この先の見えない状況でも、立ち止まってはいけない。常に前向きに大きな目的を追求することが大事である。そのためには、先が見えなくとも、いや、先が見えないからこそ、不安を越えて、今の一歩に集中することである。

すなわち、この「求める」とは、先が見えなくとも今の一歩に集中することである。どんな状況でも、迷わずにこの境地にいたれれば、それは動的な意味で「幸せ」である。Happyingである。

立ち向かう 「0101」
〈困難には立ち向かい、今日を最高の学びの日にする〉

先の見えない状況に、行動を起こせば、思うようにはいかない。どうすればうまくいくか見通しもない困難に苦しむことになる。このときにどうするか。これを「立ち向かう（Challenge）」と呼ぼう。

仕事も人生も、山あり谷ありである。困難や試練が降りかかってくることは、何人も避けられない。このときこそが大事である。この日こそが最高の学びの機会だからである。あなたは、このような困難や試練を、最高の学びの機会に使えるだろうか。

実際、そのような状況でなければ体験できないことは多い。まさに貴重な機会を得ているのである。これを使わない手はない。この日に潜む機会を汲みあげられるかが試されているのである。常に状況は複雑である。表面を見れば混沌としていることも多い。しかし、この混沌に立ち向かい、この混沌から知恵を導けるだろうか。

すなわち、この「立ち向かう」とは、困難に果敢に立ち向かうことで、これを最高の学びの機会に変え、そこに潜む新たな機会を汲み上げることである。どんな状況でも、迷わずにこの境地にいたれれば、それは動的な意味で「幸せ」である。Happyingである。

始める「1000」

〈次のステージに向け、最初の一文字を書き始める〉

新しいことを前にして、先が見えない。ここでどうするか。それが「始める（Begin）」である。

ことが新しい段階に進んだときや状況変化があったときは、道もなく地図もコンパスもなく、正しい方向も道もわからない。だからこそ、ともかく始めることが大事なのである。

19世紀スイスの哲学者カール・ヒルティはその『幸福論』[5]の中で印象的なことをいっている。「まず何よりも肝心なのは、思い切ってやり始めることである。（中略）一度ペンをとって最初の一線を引くか、あるいは鍬を握って一打ちするかすれば、それでもう事柄はずっと容易になっているのである」。何かが足りなくて、準備ばかりするのが一番いけないのだ。

私も、このような経験を何度もしている。「ともかくやり始めること」が大事なのである。この意味で、私は「モチベーション」という言葉が嫌いだ。モチベーションという言葉は、何かを始める前に、そのための精神状態が事前に必要であると思わせる。しかし、これは因果関係が逆である。前向きな精神は、ことを始めることによって生まれるからだ。やり始めることで次第に、集中が生まれるのである。熱が入ってくるのである。そして、道が見えてくる。そこに小さな一歩を進めることが、この「始める」の神髄である。

当然、現実にはいろいろ制約がある。始めても小さなことかもしれない。しかし、ともかく始めることで次第に湧き上がる行動と精神のエネルギー。それは動的な意味で「幸せ」である。Happyingである。

やってみる「1100」
〈力を蓄え、次の伸びしろが見えたら全身全霊で飛び移る〉

始めたことをより具体的な行動で示すのが「やってみる（Passion）」である。自信を持って行動することである。

始めたことは、最初は小さい。しかし、始めてみると、そのうち、次にやるべきことが見えてくるものだ。そしてそれを愚直にやっていると、自分でも気がつかないうちに、あなたには力が蓄積されている。力が溜まっていく。

そうしていると、思わぬところから、新たな機会がやってくることがある。実は、このときこそが大事だ。そのときこそ、これまで蓄えてきた力を使って、全身全霊で飛び移るときである。文字通り全身全霊で飛び移れ。迷ってはいけない。仲間もそこにいる。一緒に新たな道を拓こう。

これが自分の意志でできるのは、動的な意味で「幸せ」である。Happyingである。

交わる「1001」

〈制約の中だからこそ、内なる原理に従う〉

新たな行動を起こすとき、うまくいかないことも多いし、先が見えないことも多い。そこで焦りや迷いが生じることもある。このときにどうすべきか。これが「交わる（Curiosity）」である。

新たなことには自由がある。しかし、自由は、一方で人を苦しめる。あなたの前には未知の世界が拡がるからだ。既存のことの組合せだけでも、無限にある。この中に道を見つけていく必要がある。

このような知らない世界、不確実な未来を前に前向きな態度を取るか、それとも、後ろ向きな態度を取るか。ここであなたは問われている。答えは常に1つだ。知らない未知の世界に前向きな態度を取るべきなのである。

何が起きているかわからないという制約があるからこそ、あなたの内にある原理こそが前に進むために頼りになるのである。内なる原理を今こそ大事にしよう。

この知らない世界を前にして、内なる原理に従い、前向きな行動ができることこそ、動的な意味で「幸せ」である。Happyingである。

踏み出す「1101」

〈人が集まり、知恵が交わる機会を活かす〉

踏み出すときがきた。未知に向かって、自分の意志で敢えて進もう。これこそが「踏み出す(Adventure)」である。

世界は未知なだけではない。複雑である。こちらを押せば、あちらに影響が出る。互いに引き合う因果の網、広大なネットワークが目の前に拡がる。すべては見えない。しかし、すべてを感じることはできる。あなたには、今それができる。信じて進もう。

人が集まり、知恵が交わる場に、不安を感じるときもある。それを機会に変える。その覚悟で行動できるかが問われているのである。未知で複雑な因果のネットワークが目の前に拡がる中でも、状況を前向きに機会に変えよう。行動ができることこそ、動的な意味で「幸せ」である。Happyingである。

信頼する「0010」
〈旅の落ちつかなさを楽しむ〉

変化に向き合うとき、我々は慣れない分野やなじみのない人と交わらなければいけない。まわりの反応が読めず、落ち着かないし、不安を感じることもある。ここで問われることが、「信頼する（Trust）」である。

他者との関係の基本は信頼である。予測不能な変化の中にあっても、この信頼こそが、人との関係の基本である。それは、既に持っている信頼できる関係だけの問題ではない、新たな人を信頼できるかが問われるのである。

身体の動きで会話を盛り上げることができるかが、幸せと信頼の基本である。これは気の合う仲間と談笑したり、飲み会をしているときには、誰しもが自然に行っていることである。

しかしあなたは、それを誰かに与えられるのを待ってはいけない。自らのまわりに生み出そう。

この人と信頼をつくる人生という旅を前向きに楽しむ境地になることこそ、動的な意味で

「幸せ」である。Happyingである。

教わる「0110」

〈心を開いて、異質な事物と交わる〉

変化に立ち向かうべく進むとき、必然的に「自分が知らないこと」が必要になる。このとき、どんな向き合い方をすればよいのか。これが「教わる（Update）」である。

自分が知らないことが必要になったときに、あなたには2つの道がある。1つ目は、自分が知っている範囲の中に活動を制限することである。2つ目は、知らないことを学び、自分の範囲を拡大することである。変化に向き合うときに選ぶべきは、常に第2の道である。謙虚に人に教わることである。我々は、常に人から学び、教わる気持ちで、人と向かい合うべきである。

人に教わることで、答えの見えなかった問題へのヒントやアプローチが見えて来る。これこそが、人とのよい関係の至福である。そして、何よりも大事なのは、人からの新たな刺激に、心を開いて交わることである。小林秀雄は、これを以下のように述べたという。

「自分の知恵が人に伝わるのは、心を開いてその人と語り合う時だ。心を開いて、人を信じてお互いに語り合うところに、火花のように散る知恵が、本当に生きた知恵だ」

（『学生との対話』所収・國武忠彦「小林秀雄先生と学生たち」）

この火花が起きるためには、心を開くことが必要だ。そこで生まれる本当に生きた知恵からいつも教わる準備ができていること。それは、生きている限り、常に学び続け、常に教わることのできるという境地であり、動的な意味で「幸せ」である。Happyingである。

心開く「0011」

〈積極的な意味で、一旦引く〉

新たな関係は、あなたの意志から始まったものではないかもしれない。誰かに依頼されたものだったり、立場上その場に出ているだけかもしれない。それは相手も一緒だ。ここで問われるのが、この機会にどう向き合うか。これこそが、「心開く（Diversity）」である。

多様なバックグラウンドの人たちが集まることを否定する人は今、少ない。ダイバーシティの重要性は既に広く論じられている。しかし、もっと大事なことがある。多様な背景や専門分野の人たちが集まれば集まるほど、新たな関係が思うようにいかない可能性が高まるということである。

背景の違う人たちと交わるというのは、未知の世界と交わることである。もちろん、うまくいかないことも起こる。このときには、一旦引くことも大事だ。それこそが「心開く」ことのポイントである。この境地にいたったときの人との交わりやそこで生まれる新たな知恵や信頼関係こそ、動的な意味で「幸せ」である。Happyingである。

感謝する「0111」
〈成長のための困難に感謝し、立ち向かう〉

常に心を開き、あらゆる機会を捉えて教わり、多様な人と新たな知恵を生むというのは、実は決して楽ではない。その困難や食い違いにどんな態度で向き合うか。そここそがあなたが試されているところである。そこで困難や食い違いや複雑な状況に「感謝する（Synergy）」ことができるか。

ダイバーシティが大事という。多様な背景の人や分野を掛け合わせてシナジーを生むことが大事といわれる。それが簡単なら、そんなことを敢えていう必要もない。

実際には、簡単ではないし、大いなる困難をともなう。その困難に感謝し、挑戦できるだろうか。それができるかどうかで、その先の果実が得られるかが決まる。
敢えて困難に感謝し立ち向かうことこそ、動的な意味で「幸せ」である。Happyingである。

結束する「1010」
〈心配し、そして笑い飛ばす〉

人と共鳴しあうためには、まず身近な人たちと、よい関係を築くことである。これを「結束する（Relationship）」と呼ぶ。

チームの仲間とよい関係を築くことの重要性は疑いない。よいチームは生産的で創造的で、そして互いに助け合うことによって、一人ではできないことを可能にする。

しかし、予測不能な変化は、この結束に揺さぶりをかける。うまくいっていたやり方を見直さなければならなくなる。新たなルールや資源も必要になる。だから、あなたは心配になる。といって、あらかじめ心配して準備すると、意外に結果としては、大事にいたらず、後からは笑い飛ばせるようになる。

これこそが「結束する」の至福であり、この境地にいたることこそ、動的な意味で「幸せ」である。Happyingである。

協調する「１１１０」

〈活躍できる状況に我欲を越えた行動を貫く〉

新たな協力関係が動き始めたときにこそ、気をつけるべきことがある。それは何か。これを「協調する（Partnership）」と呼ぶ。

新たな人と助け合い、協力をしあうというのは、実は口でいうほど簡単ではない。その場に集まることになった人は、集まった目的について納得していないものである。出身母体が異なったり、専門性が異なったりすると、個人ごとに参画する目的意識は異なる場合が多い。だからこそ、違いを認めて、共通の目的に導く必要がある。このためにまずは、リーダーが我欲を捨て、共通の目的のための行動や発言を貫く必要がある。

異なる文化や専門性が集まっているからこそ、単なる足し算を超えた新たなものを生み出すことができる。このように協調によって、新たな知恵や行動を生むために日々動き続けることが「協調する」の本質であり、この境地にいたることこそ、動的な意味で「幸せ」であるHappyingである。

対等になる 「１０１１」

〈制約には従い、工夫する〉

一見、人との協力が進んでいる。そのときこそ、意識すべきことがある。それが「対等になる（Inclusion）」。

新たな人との関係をつくるときには、先の見通しが立たない場合が多い。やってみないと相手の反応や相手ができることがわからない。しかも、人との関係維持に時間とエネルギーを使う。

従って、忙しい日常の中で、新たな人との関係づくりは面倒に思われるものだ。実は、新たなつながりをつくるという「面倒なこと」を行うのには、コツがある。それは「面倒だから、やろう」という言葉である。理屈を超えた思い切りが必要なのである。迷わず、行動するのである。

あなたが、従来の関係を超えて、異なる背景の人たちとかみ合うためには、現実という制約を認め、従い、工夫することが必要である。これができてこそ、新たな人のつながりを敢えてつくることができる。これが「対等になる」の境地であり、これこそが動的な意味で「幸せ」

である。Happyingである。

協創する「1111」

〈緊張する状況でもぶれずに前に進む〉

新たな関係が進むとき、忘れてはならないことがある。これを「協創する（Resonance）」という。これはただ仲良くするというのではない。実は、もっと厳しいものである。以下の4つの落とし穴に落ちないようにしなければいけない。

まず、もともと異なる背景を持った人たちが集まり、力を合わせ、一人ではできないことができるようになることは素晴らしいことである。しかし、そこで止まってはいけない。

第1に気をつけるべきは、共感しても、迎合してはならないことである。これを孔子は「和して同ぜず」（『論語』子路）と呼び、『易』では同じく孔子は「和してよろこぶ」という。それでこそ、新たな機会を活かすことにつながるのである。共感が、迎合につながるとき、新たなものが生まれる可能性が失われる。

その上で、一緒にコトを起こすのである。ただし、このときにも大事なことがある。

第2に、うまくいけばいくほど、山を越えるときには、人としての「まこと」を忘れてはならないということである。我々には自然の我欲がある。これにとらわれてはいけない。うまくいっているときほどそうである。まさに、今越えようとしている山は、一人で越えたのではない。しかも、あなたがうまくいったことで、むしろ困っている人もいるかもしれない。しかし、越えなければいけないときは来る。ここでどんな態度を取るか。ここにあなたの人徳が出る。

もちろん、大きなことを起こすには、緊張する状況も避けられない。協創する仲間の中から、状況が緊迫する中で、怖じ気づく人も出てくるかもしれない。あなた自身も、本当にこの道でよいのか、迷う瞬間もあろう。第3の留意点は、だからこそ、緊張する状況でも、ぶれずに進め、ということである。

そして、うまくいっているときこそが、最も危ない。我々の自尊心や安易な心が顔を出すからだ。だから、そういうときこそ、自らをいつも以上に省みる必要がある。これが第4の留意点である。

このような4つの点に留意し、いろいろな人たちが力を合わせて山を越えていくことこそ、人生の醍醐味である。これこそが動的な意味で「幸せ」である。Happyingである。

あとがき

日本が世界に誇るべき概念「道」

最近、ご縁あって、ポーランドの山の中にいくことがあった。ワルシャワからバスで3時間ゆられたところにＤｏｊｏ（道場）という世界的な空手の施設がある。素晴らしい自然の中にあって、そこで「人の幸せのためのＡＩ」について、講演した。

『サピエンス全史』[1]で有名なユヴァル・ハラリ氏がインタビューで「人工知能や技術によって世の中の変化が激しくなり、同時に人生１００年時代になっていくと、人は一生学び続けることが求められる。これに人が精神的に耐えられるかが社会的な一大課題になる」という趣旨のことをいっていた。

ハラリ氏の主張には、納得するところが多いのであるが、この点にはちょっと違和感があった。その答えが、このポーランドの道場で見つかった気がする。

小高い丘の上に建つ道場の入口に入る。この道場では、空手の世界チャンピオン、パヴェウ・ヤノシュ氏に空手の基本を1時間半にわたって指導いただいた。礼に始まり礼に終わり、瞑想の仕方や呼吸、さらに気合いの入れ方をポーランド人に習うのは大変新鮮だ。

さらにヤノシュ氏に武道の根底にある心得を教わった。まず教わったのは、武道とは小手先のテクニックではないことである。

「武道の目的は、他人に勝つことではなく、自分に勝ち、常に昨日の自分を超えていくことにある」

という。以前の日本には自然にあったが、今は失われかけている考え方をポーランド人に教えてもらった。

私は別に空手をやるわけではない。まったく初めてであった。このイベントは、ポーランド人の企業役員を集めたイベントだった。そのイベントの一つの趣向として空手の稽古の時間が組まれていたのである。そこで企業役員の参加者は道着を着て、空手の指南を受けたのだ。この施設の入口に英語、ポーランド語、日本語で、こう書いてある。

「武道とは、精神と肉体の鍛錬に依って、人格の完成を目指す道である」

正直いって、私は感動した。これは日本が本来受け継いできたものであり、同時に最近失いかけているものだ。この日本発の概念は世界に通じる普遍性を持っていることに改めて気づいたのだ。それをポーランドの山奥の道場で、ポーランド人のマスターに習ったのである。そしてポーランド人の子供から大人までがそれを教わっているのである。

近年このような伝統的精神は、日本では薄れている。むしろここ30年の間に、このようなことは「根性論」「精神論」として疎んじられたり馬鹿にされたりしてきた面もある。

日本では、一生学び続け、自らを高めていくことを「道」と呼んできた。武道、茶道、剣道、柔道、香道などの言葉にこれが残っている。一生学び続け、高め続けることは、何も人工知能によって始まったわけではない。実は、我々には大変なじみのある概念なのである。改めて、道とは世界に日本が誇るべき中核となる概念だと思った。

人生100年時代になり、AIやIoTの技術の進歩はますます加速する中で、我々は常に変わることを求められる。ベストセラー『ワーク・シフト』（プレジデント社）、『ライフ・シフト』（東洋経済新報社）の著者リンダ・グラットン氏が指摘するように、いわゆる教育の期間、仕事の期間、引退の期間という3フェーズモデルは成り立たなくなり、100年間常に変わり続けることを求められる。これにそもそも人間は精神的に耐えられるのか、とユヴァル・ハラリ氏は心配する。

しかし、100年間、命がつきるその日まで、常に昨日の自分を超え、人格を高めるという道を究めるのは、日本人にとっては自然な概念である。

もちろん、人の行動の大きな変化は起きている。電車の中ではスマホに触っていない人を見つけるのが難しいというような状況は、少し前には考えられなかった。しかし一方で、茶道を淡々と続ける日常を描いた『日日是好日』（森下典子著、新潮社）が、本や映画で大変共感を持って受け入れられたように、我々には、道という概念が今も根底に常に流れている。そもそも茶道、書道、弓道、武道、さらに野球道、レスリング道のように、我々はあらゆることを、人格を生涯にわたり高め続ける「道」として捉えてきた。

今回ポーランドの道場で、呼吸の仕方、声の出し方、黙想の仕方、お辞儀の仕方までをポーランド人の会社役員たちと習ったときに、気づいたことがある。空手の先生やそのお弟子さんである13歳の女の子は、当然ながら、大変きちんとしたお辞儀をする。ところが、ポーランド人の会社役員たちは、お辞儀が、我々のようにきちんとできないのだ。基本のところで、日本人は一歩も二歩も先にいっているのである。

この「道」という忘れられようとしている概念を、科学的に立証することはできないだろうか。いいお手本がある。以前も書いたように禅の瞑想が、鈴木俊隆老師[2]ほかの尽力によってアメリカに渡り、さらにそれが最近になって心理学や脳科学の科学的検証を受けて、「マインドフルネス」として世界的なブームになっている。この「道」という概念も、世界に通用するものので、しかも空手特有なものでもない。

予測不能な時代に、我々は素直に我々のルーツに戻り、さらにそれを科学的な新しい姿にして、現代に蘇らせる。これが日本を今後輝かせる希望の星ではないか。

年齢と創造性

こんなことを考えているときに、『ザ・フォーミュラ』[3]というアルバート＝ラズロ・バラバシ教授の本を読んだ。ネットワーク科学の研究者である著者が、社会現象をデータから解析する中で見えた法則性を解説したもので、自己啓発本とは一線を画す内容に、いろいろと頭を刺激された。

一番印象に残ったのは、「成功に年齢は関係ない」ことがデータから示されたというくだりであった。この分野で成功するには何歳まで、というような説をよく聞く。しかし、データはこれを否定し、何歳まででも成功できるという。ただし、一般的な傾向として、年齢が高くなると、生産そのものが低下することが多いので(たとえば論文の執筆数)、成功しにくくなるだけである、という結論である。生産し続けるということは、そのために実験と学習を続けていくことである。そして、これにより成功の女神は年齢に関わりなく同じようにやってくるという。

これは年齢をある程度重ねた私には、大変心強い結果である。この本でも取りあげられているが、過去にも葛飾北斎という大変素晴らしい実例がある。北斎は89歳まで生き、その有名な最高の作品は、晩年の20年になってからだ。ドラッカーもそうである。有名な本の執筆は、ほぼ50代からで、90代までその創造力と質は落ちずに、むしろ高まっていったようにも見える。

年齢とともに成功に有利になる要因もいろいろある。明らかに、年齢とともに高まっているのは、人とのつながりである。これは段々蓄積していくのと、社会的な地位が高まることによると思う。さらに、私の実感でいうと、年齢とともに明らかに高まっているのは、前向きなストーリーをつくる力である。視野が広くなるので、その気になれば、物事を前向きに捉える見方を見つけることができる。

最近、個人的にも年齢と成功との関係を再認識する体験をした。私は、データ解析に関する基本的なブレークスルーとなるような、ある発見をした。そして、これに関する論文を投稿してきた。「ネイチャー」誌や「サイエンス」誌などの一流の論文誌に投稿しているが、なかなか掲載にいたらない状況が続いてきた。過去8年間に20回ほど投稿したが、残念ながら一次審査（編集者による審査）を通らない状況が続いたのだ。ただ、投稿して拒絶されるたびに、闘争本能が芽生え、中身はさらによくなってきたのが唯一の希望だ。

論文を書ける年齢ではなくなったのでは、という懸念も正直、どこかにないではなかった。ところが、先日、なんと一次審査に通った。それに続く、厳しい専門家の審査で、また非採択であったが、ともかく一つ限界を突破できたのは素直にうれしいし、今後のさらなる挑戦への勇気を与えてくれる結果だった。そして、このバラバシ氏の本の結論が、次の挑戦への勇気をさらに高めてくれた気がする。

バラバシ氏による成功の法則は「不屈の精神があれば、成功はいつまでもやってくる」。不屈の精神をいつまでも持ち続けたいものだ。予測不能な変化に立ち向かう基本はここだと思う。生涯「道」を歩み続けたいと思う。

しあわせ憲法

この幸せの追求という道の楽しみは、道中で素晴らしい出会いがあることである。

その出会いの場の一つになったのが、「幸せと経営」に関するフォーラムである。このフォーラムが行われた会場は、日比谷の皇居をも望む位置にある、戦後処理のために旧GHQがあった建物だった。日本国憲法の草案が作成されたという部屋そのもので、「幸せと経営」に関するフォーラムを行った（株式会社第一生命経済研究所と第一生命保険株式会社の方々のご厚意によって実現できた。この場を借りて心からの御礼を申し上げたい）。しかも、その部屋の近くには、マッカーサー元帥の執務室や吉田茂元首相とマッカーサーが会談した応接室が75年前の姿のままに残っているのだ。

そこで、日本国憲法が20世紀後半の日本を、そして世界を方向付け、強い影響を与えたように、21世紀を方向付ける憲法が生み出せないかと思った。

2020年1月27日に「幸せと経営」に関するフォーラムが盛況のうちに開催された。フォーラムの参加者も、私も、空間に力をもらったと思う。

今、企業経営や国づくりを論じる際に、「幸せ」や「ウエルビーイング（Wellbeing）」を正面から取りあげることができるようになったのだ。数年前まで、理想論や宗教と揶揄される雰囲気があったのとは様変わりである。時代は動いている。

このフォーラムで、参加者の賛同の中で生まれたのが、後に示した「しあわせ憲法」である。本書の最後に、この幸せ憲法の草案を示したい。

本書の執筆自体が、予測不能な旅で、出会いの連続であった。執筆中にコロナ禍という社会の劇的な変化が始まり、さらにここで書いたことを事業化する、株式会社ハピネスプラネットという新会社の立ち上げに追われる中で、書籍の執筆がどこまで可能か、先はまったく見えなかった。

しかし、幸いにして多くの人たちに助けられ、また刺激を受け、なんとか上梓できた。以下に名前を挙げさせていただいた方々に加え、とてもすべては書き切れない多くの方々に支えられたおかげである。この場を借りて、心からの感謝を申し上げたいと思う。

本書の執筆は、幸せな社会実現のためのスタートアップである株式会社ハピネスプラネットに参画された以下の方々のご尽力により可能になりました。荒宏視氏、太田雄貴氏、佐藤信夫氏、嶋田敬太氏、辻聡美氏、殿岡貴志氏、船木謙一氏、堀内静氏、前田英行氏、松村健一氏、森田守氏、淀川隆生氏のおかげです。ここに心からの御礼を申し上げます。

加えて、この新しい組織づくりや取り組みにご支援いただいた、饗庭健司氏、秋野啓一氏、畔上靖氏、阿部淳氏、天野善夫氏、有金剛氏、飯塚宏氏、石井武夫氏、石井智之氏、石黒誉久氏、伊藤淳史氏、伊藤潔人氏、井上進一朗氏、井上瑞江氏、井上拓生氏、井原康弘氏、入江直

彦氏、鵜飼敏之氏、宇都陽平氏、榎本勇一氏、大石誠氏、大槻隆一氏、大野佳幸氏、大原瑞稀氏、大森久永氏、小川正義氏、小川祐一氏、小掠義之氏、小平千春氏、小野猶生氏、音川芳賢氏、影広達彦氏、風間頼子氏、勝田烈士氏、加藤知巳氏、加藤修一氏、加藤博光氏、加藤雄大氏、金井健太氏、金子大輔氏、叶谷和之氏、上村理氏、河村芳彦氏、勘場永子氏、北川央樹氏、木下登美子氏、木村智雄氏、木村英樹氏、窪田充氏、小池麻子氏、小菅丈雄氏、小浜隼人氏、熊﨑裕之氏、栗林健士氏、小泉喜之介氏、小島岳氏、児玉康平氏、後藤友紀子氏、後藤康氏、小林祐介氏、小松正樹氏、近藤恭子氏、櫻庭広光氏、佐々木肇氏、佐藤篤氏、佐藤孝夫氏、佐藤正輝氏、鮫島茂稔氏、澤田理氏、志賀道憲氏、清水裕幸氏、城石芳博氏、菅谷奈津子氏、鈴木敦氏、鈴木朋子氏、鈴木教洋氏、住友滋氏、園田英史氏、高本真樹氏、高谷紀子氏、竹内要司氏、武田景氏、蛸川哲也氏、田代大輔氏、田島裕史氏、立石寛氏、田中一也氏、田中悠一郎氏、谷崎正明氏、田原健一氏、津嶋孝宏氏、辻琢矢氏、都々木直子氏、津田義孝氏、角田元泰氏、遠山昌宏氏、徳永和朗氏、徳永俊昭氏、留目真伸氏、豊田大輔氏、内藤昌浩氏、仲秋武氏、中村祐子氏、永島康貴氏、中川雅之氏、中北浩仁氏、仲田正和氏、中谷陽氏、中畑英信氏、中原成人氏、仲田智将氏、永野勝也氏、中屋雄一郎氏、仲見知恵氏、難波康晴氏、西澤格氏、西正氏、西部伸二氏、西原慎氏、西村祥一氏、西村信治氏、西山光秋氏、貫井清一郎氏、野村泰嗣氏、橋口司氏、橋本哲也氏、長谷川雅彦氏、畠山高之氏、馬場貴子氏、林潤一郎氏、原真司氏、原佳佑氏、原口拓也氏、春野祐輝氏、人見俊太郎氏、平野泰男氏、弘田澄男氏、福田修一氏、福山満由美氏、藤石美樹子氏、星野攻氏、細川雅弘氏、布袋和博氏、真家優子氏、蒔田恵理氏、松村美月氏、松本晃氏、松本明紘氏、的池陽氏、真鍋靖氏、水上保氏、水野篤氏、水野弘之氏、三谷俊行氏、南和男氏、三家本芳浩氏、美濃部真佑子氏、宮崎正道氏、宮武孝文氏、三輪高嶺氏、向井靖博氏、村上昌久氏、村山昌史氏、元岡孝平氏、桃木典子氏、森旭紘氏、森木竜也氏、森卓久氏、森田歩氏、森田和信氏、森田将孝氏、森博之氏、森正勝氏、諸橋政幸氏、矢川雄一氏、谷澤崇道氏、安井久美子氏、安井将昭氏、山内一生氏、山崎功一朗氏、山添義明氏、山田信治氏、山本二雄氏、吉田順氏、米山尚吾氏、渡邉友範氏、和田淳志氏には、この場を借りて御礼を申し上げます。

本書の内容は、組織現場での実証により生み出されたものです。このために多くの方々がご尽力くださいました。特に、青井浩氏、秋岡洋介氏、朝倉香織氏、池田信男氏、石原彩子氏、稲垣志明氏、稲垣精二氏、井上高志氏、井福正博氏、岩田彰一郎氏、植田隆氏、大澤和浩氏、大塚裕司氏、越智郁夫氏、小野川節子氏、川部誠治氏、神村玲緒奈氏、菊池正氏、清田学氏、國井弘文氏、黒田章裕氏、黒田英邦氏、熊澤欣徳氏、閤師敏晃氏、小島玲子氏、小林祐樹氏、近藤久暉氏、三枝幸夫氏、齋藤敦子氏、齋藤廣伸氏、属卓広氏、鳴谷あゆみ氏、嶋村瞳美氏、清水英恵氏、白石浩荘氏、関口明央氏、世良多加紘氏、髙宮咲妃氏、竹國淳史氏、竹本雅雄氏、丹下博史氏、児野昭彦氏、地主隆宏氏、中村公洋氏、中谷康夫氏、野島廣司氏、野本征史氏、田中良晃氏、濱逸夫氏、藤谷寛幹氏、丸野孝一氏、円山法昭氏、宮木由貴子氏、森野耕輔氏、山縣崇之氏、山上伸氏、山口大樹氏、山崎理香氏、山下良則氏、山田貴士氏、湯澤秀樹氏、吉岡晃氏をはじめとして、とても書き切れないほど多くの方々に大変お世話になりました。厚く御礼を申し上げます。

本書で論じた人間やデータ活用に関する研究は、多くの方々と共同で行われたものです。その中でも、秋富知明氏、淺原彰規氏、石村遼汰氏、イ・ジョンヒョク氏、圓佛伊智朗氏、大久保教夫氏、陰山晃治氏、木村淳一氏、鯨井俊宏氏、工藤文也氏、栗山裕之氏、熊谷貴禎氏、小林義之氏、小山光氏、清水孝太氏、清水正明氏、清水裕貴氏、ジュリエ・ディアレク・ブロード氏、ソニア・リュボミアスキー氏、田中毅氏、永井勇輝氏、早川幹氏、平山淳一氏、福田幸二氏、藤大樹氏、古谷了氏、フレッド・ルーサンス氏、馬越恵美子氏、松村忠幸氏、松本高斉氏、嶺竜治氏、三宅美博氏、宮本篤志氏、守屋俊夫氏、森脇紀彦氏、山下宙元氏、吉村地尋氏、渡邊純一郎氏に大いにお世話になりました。まことにありがとうございました。

本書に論じたさまざまな視点は、深い見識を持たれた以下の方々との対話から目を啓かれた結果です。青木優和氏、赤井厚雄氏、秋山仁氏、浅井彰二郎氏、朝倉祐介氏、小豆畑茂氏、安宅和人氏、アリステア・ドーマー氏、飯田泰之氏、家入一真氏、池田良介氏、イーサン・バーンスタイン氏、石川善樹氏、市川芳明氏、伊藤裕氏、入山章栄氏、宇野常寛氏、海猫沢めろん氏、浦川伸一氏、江畑潤氏、遠藤直樹氏、遠藤信博氏、大瀧裕樹氏、小河義美氏、荻野直幸氏、奥本直子氏、尾関一郎氏、落合陽一氏、尾原和啓氏、加々見崇氏、柏野牧夫氏、河合薫氏、岸本照之氏、北川拓也氏、北野宏明氏、北山隆一氏、キング・モトコ・ササキ氏、楠木健氏、黒田忠広氏、国見昭仁氏、小泉英明氏、越塚登氏、小島啓二氏、小谷真生子氏、小林賢治氏、小林正忠氏、後藤久雄氏、小室淑恵氏、小山薫堂氏、近藤克則氏、佐々木俊尚氏、佐宗邦威氏、佐藤彰氏、佐渡島庸平氏、塩田元基氏、塩塚啓一氏、篠田徹也氏、篠田真貴子氏、柴沼俊一氏、島田太郎氏、島田由香氏、清水健太郎氏、清水千弘氏、妹尾大氏、高橋広敏氏、高橋慶生氏、高畠宏一氏、武部貴則氏、竹村真一氏、田中弦氏、谷家衛氏、田端信太郎氏、為末大氏、十時裕樹氏、ドミニク・チェン氏、中西宏明氏、仲山進也氏、中山泰男氏、名越康文氏、楢﨑浩一氏、ニコール・ブラッドフォード氏、西内啓氏、西野壽一氏、ニール・ボガハランダ氏、野中郁次郎氏、羽田幸広氏、馬場渉氏、林要氏、林秀樹氏、長谷部貴美氏、東原敏昭氏、平野晋氏、弘田増巳氏、藤田研一氏、ベン・ウエーバー氏、星野佳路氏、堀義人氏、堀江貴文氏、前野隆司氏、牧野恵美氏、松島正之氏、溝口勇児氏、御立尚資氏、宮坂学氏、ミハイ・チクセントミハイ氏、宮田裕章氏、村上誠典氏、村林聡氏、森正弥氏、谷澤邦彦氏、安川新一郎氏、山極壽一氏、山口周氏、山﨑耕司氏、リチャード・セイラー氏、ルカ・マリゲッティ氏、ロレダナ・マッツォレニ・ネルゲン氏に心から御礼を申し上げます。

　本書に記載した計測や実証には、システムの開発や運営が不可欠でした。このために、賀暁琳氏、北村美樹氏、桐原さやか氏、三枝ふみ氏、佐々木真美氏、佐藤絵里氏、佐藤環氏、柴田祥太朗氏、杉浦旭氏、竹松翔氏、谷口浩氏、辻原咲紀氏、徳永竜也氏、飛内彩伽氏、中川真仁氏、根耒京平氏、根本隆之氏、野崎亮氏、浜口斉氏、藤島康次氏、堀田峰布子氏、前川和浩氏、松本浩氏、宮崎直也氏、山根有紀也氏にご協力いただきました。ここに御礼を申し上げます。

荒削りな私の原稿を丁寧に編集していただいた久保田創氏、多岐にわたる内外との調整を担当いただいた小幡葉子さんと伊藤佳枝さんに心から感謝します。

日々の工夫の中で「為せばなる」を実践し、ベンチャースピリッツを体現していた亡き父と母から得たインスピレーションなくしては、本書はありえませんでした。本書の執筆を完了したその日に母は旅立ちました。父と母が示した挑戦し工夫する姿は私が確かに受け継ぎ、次世代に必ずつなぎます。

長女の麻子と次女の柚子からは、私の世代にはない新たな気づきをたくさんもらいました。そして、日々私を励まし、あらゆる面から支え、ともに前に進み、そして本書の草稿に厳しくも暖かい助言をしてくれた妻の史子に心からこの場を借りて感謝します。

しあわせ憲法（草案）

前文

我々は、人類の究極の目的である「幸せ」の実現のために、これまで培ってきた人類の英知をあまねく結集し、この崇高な目的のために邁進する。

このために、社会の新たな物差しを打ち立て、直面する格差、高齢化、気候変動、教育などへの挑戦にも立ち向かい、来るべきより良き社会の実現を目指す。

第1条（基本原則）

「人を幸せにするか」を、あらゆることの「物差し」にする。

第2条（行動理念）

第1条において「物差しにする」とは、あらゆる活動や判断において、「人を幸せにすること」を増やし、一方「人を不幸にすること」を減らし、そのための手段として、お金、物財、人財、情報、知識などのあらゆる手段や資源を活用することである。

第3条（事業の意味）

第1条に従えば、あらゆる公共政策や行政は、それが「人を幸せにするか」を物差しに行い、あらゆる事業活動、即ち、金融取引（融資、出資他）も、商品やサービスの開発、製造、流通、提供も、それが「人を幸せにするか」を物差しに行う。

第4条（対象の範囲）

第1条において「幸せにする対象」は、事業活動においては、顧客、従業員、供給業者、株主などの関係者全体に加え、これらの人たちが大事にし、関わりあう家族、地域、自然環境、文化などのつながりの網の全体とする。

第5条（英知の結集）

以上を進めるにあたり、哲学、物理学、生物学、心理学、経済学、経営学などの「学問」と、人工知能やITなどの「技術」と、未知の領域に挑戦する「事業」とそこから生まれるデータなど、人類のあらゆる英知とデータとを、分野の垣根を越えて統合して推進する。

pp. 633 - 651, April 1999
11 —— 高安秀樹、『経済物理学(エコノフィジックス)の発見』、光文社、2004年
12 —— 青山秀明、 家富洋、池田裕一、相馬亘、藤原義久、『経済物理学』、共立出版、2008年

第 8 章

1 —— 高田眞治・後藤基巳、『易経』、岩波書店、1969年
2 —— 本田済、『易』、朝日新聞社、1997年
3 —— G・W・ライプニッツ, 下村寅太郎・山本信・中村幸四郎・原亨吉 監修、『ライプニッツ著作集:中国学・地質学・普遍学』、工作舎、1991年
4 —— 陸奥宗光、中塚明 校注、『新訂 蹇蹇録:日清戦争外交秘録』、岩波書店、1983年
5 —— ヒルティ, 草間平作 訳、『幸福論』、岩波書店、1961年

あとがき

1 —— ユヴァル・ノア・ハラリ, 柴田裕之 訳、『サピエンス全史:文明の構造と人類の幸福』、河出書房新社、2016年
2 —— 鈴木俊隆、松永太郎 訳、『禅マインド ビギナーズ・マインド』、サンガ、2012年
3 —— アルバート=ラズロ・バラバシ, 江口泰子 訳、『ザ・フォーミュラ:科学が解き明かした「成功の普遍的法則」』、光文社、2019年

sion-and the Unexpected Solutions, Bloomsbury, 2018.
7 —— 日立製作所ニュースリリース、働き方改革を支援するスマートフォンアプリ「ハピネスプラネット」の活用で働く人の「仕事に対する自信」と「働きがい」を示す尺度である「心の資本」が高まる効果を確認、2019年11月15日、[https://www.hitachi.co.jp/New/cnews/month/2019/11/1115.html]

第 6 章

1 —— R. A. Fisher, *Statistical Methods: Experience Design and Scientific Inference*, Oxford Science Publications, 1990.
2 —— 矢野和男、"AIで予測不能な時代に挑む"、「日立評論」、2016年4月号、pp. 12-32、2016年
3 —— 森脇紀彦、秋富知明、工藤文也、嶺竜治、守屋俊夫、矢野和男、"AIのテクノロジー：自ら学習し判断する汎用AIの実現"、「日立評論」、2016年4月号、pp. 33-36、2016年
4 —— 平山淳一、秋富知明、工藤文也、宮本篤志、嶺竜治、"物流分野でのAI活用：倉庫業務の生産性向上"、「日立評論」、2016年4月号、pp. 49-52、2016年
5 —— Hitachi, AI x Swing Robot, [https://www.youtube.com/watch?v=q8i6wHCefU4], 2016.
6 —— D. Silver, A. Huang1, C. J. Maddison, A. Guez, L. Sifre, G. van den Driessche, J. Schrittwieser, I. Antonoglou, V. Panneershelvam, M. Lanctot, S. Dieleman, D. Grewe, J. Nham, N. Kalchbrenner, I. Sutskever, T. Lillicrap, M. Leach, K. Kavukcuoglu, T. Graepel, and D. Hassabis, Mastering the game of Go with deep neural networks and tree search, *Nature*, Vol. 529, pp. 484-489, Jan. 2016.
7 —— D. Silver, T. Hubert, J. Schrittwieser, I. Antonoglou, M. Lai, A. Guez, M. Lanctot, L. Sifre, D. Kumaran, T. Graepel, T. Lillicrap, K. Simonyan, and D. Hassabis, A general reinforcement learning algorithm that masters chess, shogi, and Go through self-play, *Science*, Vol. 362, Issue 6419, pp. 1140-1144, 07 Dec 2018, DOI: 10.1126/science.aar6404.

第 7 章

1 —— P. F. ドラッカー、上田惇生 訳、『創造する経営者』、ダイヤモンド社、2007年（原著1964年）
2 —— トマ・ピケティ、山形浩生・守岡桜・森本正史 訳、『21世紀の資本』、みすず書房、2014年
3 —— ジョセフ・ユージン・スティグリッツ、楡井浩一 訳、峯村利哉 訳、『世界の99%を貧困にする経済』、徳間書店、2012年
4 —— フリードリッヒ・A・ハイエク、西山 千明 訳、『隷属への道』、春秋社、2008年
5 —— ミルトン・フリードマン、村井 章子訳、『資本主義と自由』、日経BP社、2008年
6 —— ミルトン・フリードマン, ローズ・フリードマン, 西山 千明訳、『選択の自由』、日本経済新聞出版、2012年
7 —— レベッカ・ヘンダーソン, 高遠裕子 訳、『資本主義の再構築：公正で持続可能な世界をどう実現するか』、日本経済新聞出版、2020年
8 —— ピーター・W・アトキンス、米沢富美子・森 弘之 訳、『エントロピーと秩序：熱力学第二法則への招待』、日経サイエンス社、1992年
9 —— 大沢文夫, 『大沢流 手づくり統計力学』、名古屋大学出版会、2011年
10 —— K. Yano, T. Ishii, T. Sano, T. Mine, F. Murai, T. Hashimoto, T. Kobayashi, T. Kure, and K. Seki, Single-electron memory for giga-to-tera bit storage, *Proc. of IEEE*, 87(4),

第 4 章

1 —— S. Lyubomirsky, *The how of happiness: A new approach to getting the life you want*, New York, Penguin Press, 2008.（ソニア・リュボミアスキー、金井真弓 訳 、渡辺誠 監修、『幸せがずっと続く12の行動習慣：自分で変えられる40%に集中しよう』、日本実業出版社、2012年）
2 —— S. Lyubomirsky, K. M. Sheldon, and D. Schkade, Pursuing happiness: The architecture of sustainable change, *Review of General Psychology*, Vol. 9, No. 2, pp. 111–131, 2005.
3 —— K. Yano, S. Lyubomirsky, and J. Chancellor, Sensing happiness: Can technology make you happy? *IEEE Spectrum*, pp. 26–31, Dec. 2012.
4 —— F. Luthans and C. M. Youssef-Morgan, Psychological Capital: An Evidence-Based Positive Approach, *Annual Review of Organizational Psychology and Organizational Behavior*, Vol. 4: 339-366, March 2017. [https://doi.org/10.1146/annurev-orgpsych-032516-113324]
5 —— F. Luthans, C. M. Youssef-Morgan, and B. J. Avolio, *Psychological Capital and Beyond*, Oxford Univ Press, 2015.（フレッド・ルーサンス, キャロライン・ユセフ=モーガン, ブルース・アボリオ、開本浩矢ほか 訳、『こころの資本：心理的資本とその展開』、中央経済社、2020年）
6 —— S. Tsuji, N. Sato, K. Yano, J. Broad, and F. Luthans, Employees' Wearable Measure of Face-to-Face Communication Relates to Their Positive Psychological Capital, Well-Being, *WI'19 Companion: IEEE/WIC/ACM International Conference on Web Intelligence - Companion Volume*, October 2019 Pages 14–20 [https://doi.org/10.1145/3358695.3360923].
7 —— 前野隆司、『幸せのメカニズム：実践・幸福学入門』、講談社、2013年
8 —— S. Read, S. Sarasvathy, N. Dew, and R. Wiltbank, *Effectual Entrepreneurship*, Routledge, 2011.（スチュアート・リード、サラス・サラスバシーほか、吉田孟史監訳、『エフェクチュアル・アントレプレナーシップ：創業——すでにここにある未来』、ナカニシヤ出版、2018年）
9 —— S. D. Sarasvathy, *Effectuation: Elements of Entrepreneurial Expertise*, Edward Elgar Publishing, 2009

第 5 章

1 —— 矢野和男、『データの見えざる手：ウエアラブルセンサが明かす人間・組織・社会の法則』、草思社、2014年
2 —— J. Watanabe, K. Takeuchi, N. Ishibashi, and K. Yano, Workscape Explorer: Using group dynamics to improve performance, *CHI'14, Ext. Abstracts*, pp. 2209-2214 (2014)
3 —— J. Watanabe, M. Fujita, K. Yano, H. Kanesaka, and T. Hasegawa, Resting time activeness determines team performance in call centers, *ASE/IEEE International Conference on Social Informatics (SocialInformatics) 2012*, pp. 26-31, doi: 10.1109/SocialInformatics.2012.40.
4 —— J. Watanabe, N. Ishibashi, and K. Yano, Exploring relationship between face-to-face interaction and team performance using wearable sensor badges, *PLOS ONE*, Dec. 15, 2014, DOI: 10.1371/journal.pone.0114681.
5 —— John T. Cacioppo and William Patrick, *Loneliness: Human Nature and the Need for Social Connection*, W. W. Norton & Co. Inc., 2009.
6 —— Johann Hari, *Lost Connections: Uncovering the Real Causes of Depres-*

Learned From Its Quest to Build the Perfect Team: New research reveals surprising truths about why some work groups thrive and others falter, *The New York Times*, Feb. 25, 2016.
38 —— A. Edmondson, Psychological Safety and Learning Behavior in Work Teams, *Administrative Science Quarterly*, Vol. 44, No. 2 (Jun., 1999), pp. 350-383.

第3章

1 —— K. Yano, T. Akitomi, K. Ara, J. Watanabe, S. Tsuji, N. Sato, M. Hayakawa, and N. Moriwaki, Profiting from IoT: The key is very-large-scale happiness integration, *2015 Symposium on VLSI Technology*, pp. C24–C27, June 2015.
2 —— S. Tsuji, N. Sato, K. Ara, and K. Yano, Effect of personal data aggregation method on estimating group stress with wearable sensor: Consideration of group dynamics in workplaces, *2017 IEEE International Conference on Systems, Man, and Cybernetics* (*SMC*), 5-8 Oct. 2017, 17396117 DOI: 10.1109/SMC.2017.8122830, 2017.
3 —— T. Nakamura, K. Kiyono, K. Yoshiuchi, R. Nakahara, Z. R. Struzik, and Y. Yamamoto, Universal scaling law in human behavior organization, *Phys. Rev. Lett.*, Vol. 99, 138103, 2007.
4 —— T. Nakamura, T. Takumi, A. Takano, N. Aoyagi, K. Yoshiuchi, Z. R. Struzik, Y. Yamamoto, Of Mice and Men — Universality and Breakdown of Behavioral Organization, *PLOS ONE*, 2008, [https://doi.org/10.1371/journal.pone.0002050].
5 —— N. Higo, T. Ogata, E. Ono, T. Nozawa, K. Ara, K. Yano, and Y. Miyake, Interpersonal entrainment of body sway in everyday face-to-face communication, *2012 IEEE/SICE International Symposium on System Integration* (*SII*), pp. 906–911, Dec. 2012.
6 —— E. Ono, T. Nozawa, T. Ogata, M. Motohashi, N. Higo, T. Kobayashi, K. Ishikawa, K. Ara, K. Yano, and Y. Miyake, Relationship between social interaction and mental health, *2011 IEEE/SICE International Symposium on System Integration* (*SII*), pp. 246-249, Dec. 2011.
7 —— J. Watanabe, T. Akitomi, K. Ara, and K. Yano, Antiferromagnetic character of stress in workplaces, European Conference on Complex Systems, Vienna, Sept, 2011.
8 —— J. Watanabe, T. Akitomi, K. Ara, and K. Yano, Antiferromagnetic character of stress in workplaces, *Phys. Rev E,* 2011 Jul; 84 (1 Pt 2):017101.
9 —— T. Akitomi, K. Ara, J. Watanabe, and K. Yano, “Ferromagnetic interaction model of activity level in workplace communication,” *Phys. Rev. E* 87, 034801, March 2013
10 —— T. Takaguchi, M. Nakamura, N. Sato, K. Yano, and N. Masuda, Predictability of communication patterns and its correlates to individuals' positions in social networks, European Conference on Complex Systems, Vienna, Sep. 2011
11 —— T. Takaguchi, M. Nakamura, N. Sato, K. Yano, and N. Masuda, Predictability of conversation partners, *Phys. Rev. X* 1, 011008, 2011
12 —— ニコラス・A・クリスタキス、ジェイムズ・H・ファウラー、鬼澤 忍　訳、『つながり：社会的ネットワークの驚くべき力』、講談社、2010年

ables. *17th Pacific Asia Conference on Information Systems (PACIS 2013)*, Jeju Island, Korea, June 18–22, 257, 2013.
23 —— N. Moriwaki, K. Yano, and D. Senoo, Sensor-data-driven knowledge creation model: A model and empirical test, *Proc. 8th Int. Conf. Knowledge Management in Organizations, Social and Big Data Computing for Knowledge Management*, Kaohsiung, Taiwan, pp. 127–137, Sep. 2013.
24 —— H. J. Wilson, Wearables in the workplace, *Harvard Business Review*, pp. 23–25, Sep. 2013.
25 —— Awards site, IEEE, [https://www.ieee.org/about/awards/technical-field-awards/philips.html]
26 —— アントニオ・ダマシオ、高橋 洋 訳、『進化の意外な順序：感情、意識、創造性と文化の起源』、白揚社、2019年
27 —— K. Yano, T. Akitomi, K. Ara, J. Watanabe, S. Tsuji, N. Sato, M. Hayakawa, and N. Moriwaki, Profiting from IoT: The key is very-large-scale happiness integration, *2015 Symposium on VLSI Technology*, pp. C24–C27, June 2015.
28 —— S. Tsuji, N. Sato, K. Ara, K. Yano, Effect of personal data aggregation method on estimating group stress with wearable sensor: Consideration of group dynamics in workplaces, *2017 IEEE International Conference on Systems, Man, and Cybernetics (SMC)*, 5-8 Oct. 2017, 17396117 DOI: 10.1109/SMC.2017.8122830, 2017.
29 —— R. Otsuka, K. Yano, and N. Sato, An organization topographic map for visualizing business hierarchy relationships, *IEEE Pacific Visualization Symposium*, pp. 25–32, 2009.
30 —— 石村遼汰、イ・ジョンヒョク、佐藤信夫、矢野和男、"組織の幸福度は、会話中の体の動きで測れる"、「信学技報」、 vol. 120, no. 324, LOIS2020-25, pp. 15-20, 2021年
31 —— L. Wu, B. N. Waber, S. Aral, E. Brynjolfsson, and A. Pentland, Mining face-to-face interaction networks using sociometric badges: Predicting productivity in an IT configuration task, *Proc. Int. Conf. Information Systems*, Paris, France, Dec. 2008.
32 —— A. Pentland, The new science of building great teams, *Harvard Business Review*, pp. 60–70, April 2012.
33 —— A. Pentland, *Honest signal: How they shape our world*, A Bradford Press, The MIT Press, Cambridge, 2008. （アレックス（サンディ）・ペントランド、柴田裕之 訳、安西祐一郎 監訳、『正直シグナル：非言語コミュニケーションの科学』、みすず書房、2013年）
34 —— A. Pentland, Social physics: How good ideas spread - The lessons from a new science, Penguin Press 2014.（アレックス・ペントランド、小林啓倫 訳、『ソーシャル物理学：「良いアイデアはいかに広がるか」の新しい科学』、草思社、2015年）
35 —— B. Waber, People analytics: How social sensing technology will transform business and what it tells us about the future of work, Pearson Education Inc., FT Press, 2013.（ベン・ウェイバー、千葉敏生 訳、『職場の人間科学：ビッグデータで考える「理想の働き方」』、早川書房、2014年）
36 —— A. W. Woolley, C. F. Chabris, A. Pentland, N. Hashmi, and T. W. Malone, Evidence for a Collective Intelligence Factor in the Performance of Human Groups, *Science*, 29 Oct 2010, Vol. 330, Issue 6004, pp. 686-688, DOI: 10.1126/science.1193147.
37 —— C. Duhigg, What Google

Tsuji, N. Ohkubo, M. Hayakawa, and N. Moriwaki, Life thermoscope: Integrated microelectronics for visualizing hidden life rhythm, International Solid-State Circuits Conference, San Francisco, pp. 136–137, Feb. 2008.
11 —— T. Tanaka, S. Yamashita, K. Aiki, H. Kuriyama, and K. Yano, Life microscope: Continuous daily activity recording system with a tiny wireless sensor, *Proc. 5th Int. Conf. Networked Sensing Systems* (*INSS 2008*), pp. 162–165, 2008.
12 —— K. Yano, The science of human interaction and teaching, *Mind, Brain and Education*, Vol. 7, No. 1, pp. 19–29, March 2013.
13 —— K. Yano, Quest for equation of life: Scientific constraint on how we spend our time, in *Global perspectives on service science: Japan*, (Service Science: Research and Innovations in the Service Economy), S. K. Kwan, J. C. Spohrer, eds., Springer, 2016.
14 —— Y. Wakisaka, K. Ara, M. Hayakawa, Y. Horry, N. Moriwaki, N. Ohkubo, N. Sato, S. Tsuji, and K. Yano, Beam-scan sensor node: Reliable sensing of human interactions in organization, *Proc. 6th Int. Conf. Networked Sensing Systems* (*INSS 2009*), pp. 58–61, 2009.
15 —— K. Ara, N. Kanehira, D. Olguín Olguín, B. Waber, T. Kim, A. Mohan, P. Gloor, R. Laubacher, D. Oster, A. Pentland, and K. Yano, Sensible Organizations: Changing our business and work styles through sensor data, *Journal of Information Processing*, The Information Processing Society of Japan, Information and Media Technologies 3(3), pp. 604-615, 2008.
16 —— S. Tsuji, N. Sato, K. Yano, R. Otsuka, and N. Moriwaki, Measurement and management of face-to-face communication using business microscope, *Proc. Int. Conf. Project Management* (*ProMAC*), 2012.
17 —— K. Ara, T. Akitomi, N. Sato, K. Takahashi, H. Maeda, and K. Yano, Analyzing relation between face-to-face communication and performance of workers, *Proc. Int. Conf. Project Management* (*ProMAC*), 2011.
18 —— S. Tsuji, N. Sato, K. Yano, R. Otsuka, N. Moriwaki, K. Ara, Y. Wakisaka, N. Ohkubo, M. Hayakawa, and Y. Horry, Visualization of knowledge creation process using face-to-face communication Data, *Proc. 6th Int. Conf. Networked Sensing Systems* (*INSS 2009*), pp. 200-203, 2009.
19 —— N. Sato, S. Tsuji, K. Yano, R. Otsuka, N. Moriwaki, K. Ara, Y. Wakisaka, N. Ohkubo, M. Hayakawa, and Y. Horry, Knowledge creating behavior index for improving knowledge workers productivity, *Proc. 6th Int. Conf. Networked Sensing Systems* (*INSS 2009*), pp. 204–207, 2009.
20 —— J. E. Guevara, R. Onishi, H. Umemuro, K. Yano, and K. Ara, Personality and mental health assessment: A sensor-based behavior analysis, *Proc. 4th Int. Conf. Advances in Computer-Human Interactions*, pp. 22–27, 2011.
21 —— R. S. Pujol, H. Umemuro, K. Murata, K. Yano, and K. Ara, Mental health assessment based on personality of individual and associated workers in workplace, *Proc. Int. Conf. Business, Engineering and Industrial Applications* (*ICBEIA 2011*), pp. 16–19, 2011.
22 —— N. Moriwaki, M. Hayakawa, N. Ohkubo, K. Yano, and D. Senoo, Sensor-based knowledge discovery from a large quantity of situational vari-

参考文献

まえがき

1 —— P. F. ドラッカー、上田惇生 訳、『創造する経営者』、ダイヤモンド社、2007年（原著1964年）
2 —— 矢野和男、『データの見えざる手：ウエアラブルセンサが明かす人間・組織・社会の法則』、草思社、2014年

第 1 章

1 —— P. F. ドラッカー、上田惇生 訳、『創造する経営者』、ダイヤモンド社、2007年（原著1964年）
2 —— P. F. ドラッカー、 上田惇生 訳 、『明日を支配するもの：21世紀のマネジメント革命』、ダイヤモンド社、1999年（原著1999年）
3 —— 吉川 洋、『高度成長』、中央公論新社、2012年

第 2 章

1 —— K. Ara, N. Sato, S. Tsuji, Y. Wakisaka, N. Ohkubo, Y. Horry, N. Moriwaki, K. Yano, and M. Hayakawa, Predicting flow state in daily work through continuous sensing of motion rhythm, *INSS'09: Proceedings of the 6th International Conference on Networked Sensing Systems*, pp. 145-150, 2009.
2 —— K. Yano, S. Lyubomirsky, and J. Chancellor, Sensing happiness: Can technology make you happy? *IEEE Spectrum*, pp. 26–31, Dec. 2012.
3 —— S. Tsuji, N. Sato, K. Yano, J. Broad, and F. Luthans, Employees' Wearable Measure of Face-to-Face Communication Relates to Their Positive Psychological Capital, Well-Being, *WI'19 Companion: IEEE/WIC/ACM International Conference on Web Intelligence - Companion Volume*, October 2019 Pages 14–20 [https://doi.org/10.1145/3358695.3360923].
4 —— Special Issue, The value of happiness: How employee well-being drives profits, *Harvard Business Review*, Jan.-Feb. 2012.
5 —— S. Lyubomirsky, L. King, and E. Diener, The Benefits of Frequent Positive Affect: Does Happiness Lead to Success?, *Psychological Bulletin*, Vol. 131, No. 6, 803– 855, 2005.
6 —— Tom Rath, and Jim Harter, *Well-being: The Five Essential Elements*, Gallup Press, 2010.（トム・ラス、ジム・ハーター、森川里美 訳、『幸福の習慣：世界150カ国調査でわかった人生を価値あるものにする5つの要素』、ディスカヴァー・トゥエンティワン、2011年）
7 —— M. Taquet, J. Quoidbach, Y.-A. de Montjoye, and M. Desseilles, Hedonism and the choice of everyday activities, *Proc. of the National Academy of Sciences*, 113(35), 201519998, August 2016.
8 —— S. Yamashita, T. Shimura, K. Aiki, K. Ara, Y. Ogata, I. Shimokawa, T. Tanaka, H. Kuriyama, K. Shimada, and K. Yano, A 15x15 mm, 1μA, reliable sensor-net module: enabling application-specific nodes, *Proc. 5th Int. Conf. Information Processing in Sensor Networks*, pp. 383–390, April 2006.
9 —— K. Yano, Life tapestry: Weaving reality, driving human growth, Second International Summer School on Mind, Brain and Education, Erice, Italy, May 2007.
10 —— K. Yano, N. Sato, Y. Wakisaka, S.

本文・口絵デザイン　内川たくや

著者略歴――――
矢野和男 やの・かずお

株式会社日立製作所フェロー。株式会社ハピネスプラネット代表取締役CEO。1959年山形県酒田市生まれ。1984年早稲田大学物理修士卒。日立製作所入社。91年から92年まで、アリゾナ州立大にてナノデバイスに関する共同研究に従事。1993年単一電子メモリの室温動作に世界で初めて成功し、ナノデバイスの室温動作に道を拓く。

2004年から先行してウエアラブル技術とビッグデータ解析を研究。論文被引用件数は4500件、特許出願350件を超える。「ハーバードビジネスレビュー」誌に、開発したウエアラブルセンサが「歴史に残るウエアラブルデバイス」として紹介される。開発した多目的AI「H」は、物流、金融、流通、鉄道などの幅広い分野に適用され、産業分野へのAI活用を牽引した。のべ1000万日を超えるデータを使った企業業績向上の研究と心理学や人工知能からナノテクまでの専門性の広さと深さで知られる。2014年に上梓した著書『データの見えざる手：ウエアラブルセンサが明かす人間・組織・社会の法則』（草思社）が、BookVinegar社の2014年ビジネス書ベスト10に選ばれる。

無意識の身体運動から幸福感を定量化する技術を開発し、この事業化のために2020年に株式会社ハピネスプラネットを設立、代表取締役CEOに就任。

博士(工学)。IEEE Fellow。電子情報通信学会、応用物理学会、日本物理学会、人工知能学会会員。日立返仁会副会長。東京工業大学情報理工学院特定教授。

1994 IEEE Paul Rappaport Award、1996 IEEE Lewis Winner Award、1998 IEEEJack Raper Award、2007 Mind, Brain, and Education Erice Prize、2012年Social Informatics国際学会最優秀論文など国際的な賞を受賞し、「人間中心のIoT技術の開発と実用化に関するリーダーシップ」に対し、世界最大の学会IEEEより2020 IEEE Frederik Phillips Awardを受賞。

予測不能の時代
——データが明かす新たな生き方、
企業、そして幸せ

2021年5月14日	第1刷発行
2023年1月27日	第3刷発行

著　者　矢野和男
装幀者　内川たくや
発行者　藤田　博
発行所　株式会社 草思社
〒160-0022　東京都新宿区新宿1-10-1
電話　営業 03(4580)7676　編集 03(4580)7680

本文組版　株式会社 キャップス
印刷所　中央精版印刷 株式会社
製本所　加藤製本 株式会社

ISBN978-4-7942-2511-5 Printed in Japan 検印省略

草思社刊

【文庫】
データの見えざる手
ウエアラブルセンサが明かす人間・組織・社会の法則

矢野和男 著

幸福は測れる。幸福感が上がると生産性も向上する――。AI、ビッグデータを駆使した新時代の生産性研究の名著、待望の文庫化。新たに「著者による解説」を追加。

本体 850円

【文庫】
ソーシャル物理学
「良いアイデアはいかに広がるか」の新しい科学

ペントランド 著
小林啓倫 訳

組織の集合知は「つながり」しだいで増幅し、生産性も上がる――。社会実験のビッグデータで、組織運営や制度設計、さらには社会科学に革命を起こす新理論の登場。

本体 1,200円

【文庫】
異端の統計学 ベイズ

マグレイン 著
冨永星 訳

先端理論として現在注目を集めるベイズ統計。実は百年以上に渡り学界で異端とされてきた。それはなぜか。逆境を跳ね返した理由は。数奇な遍歴が初めて語られる。

本体 1,600円

なぜ、それは儲かるのか
〈フリー+ソーシャル+価格差別〉×〈データ〉が最強な理由

山口真一 著

世界のビジネスが1つの勝ちパターンに呑み込まれる！〈フリー〉〈ソーシャル〉〈価格差別〉〈データ〉の4つを相互作用させ、高利益を生む新経営戦略を解説する。

本体 1,600円

＊定価は本体価格に消費税を加えた金額です。